Early Elementary

School Curriculum

2세대 사회정서학습
초등학교 저학년

Social, Emotional, Ethical Learning

SEE Learning
사회 · 정서 · 인성
교육과정

Center for Contemplative Science and
Compassion-Based Ethic at Emory University 저
민희정 역

SEE LEARNING

SEE LEARNING
마음과 생각을 키우는 교육

목차

Center for Contemplative Science and Compassion-Based Ethics | Emory University

여는 말 & 감사의 글

초등학교 저학년(만 5~7세)을 위한 SEE Learning 교육과정에 참여하게 된 것을 환영합니다. 이 교육과정은 사회 · 정서 · 인성 교육을 위한 프로그램(SEE Learning)으로 미국 조지아주 애틀랜타에 있는 에모리 대학교의 명상 과학과 자비에 기반한 인성 센터(Center for Contemplative Science and Compassion-Based Ethics)에서 개발했습니다.

교육과정을 실행할 때에는 SEE Learning Korea(씨러닝코리아)에 꼭 알려주시기 바랍니다. 그리고 온라인 교사 교육 플랫폼에도 가입해 주시기 바랍니다. 이러한 지속적인 교류를 통해 교육과정을 실행하는 데 도움을 받을 수 있을 것이며, 학생들에게는 더욱 질 높은 교육을 제공할 수 있을 것입니다.

SEE Learning 사회 · 정서 · 인성 교육 안내서도 꼭 읽어보시기 바랍니다. 이 안내서는 SEE Learning 교육과정의 목적과 배경, 그리고 이론적 모형에 대해 자세히 설명하고 있습니다. 또한, 교육과정을 잘 실행하기 위해 미리 준비하고 생각해야 할 점들을 알려줄 것입니다. SEE Learning 교육과정 모형은 달라이 라마 존자와 다른 전문 학자들의 도움으로 개발된 것으로, 사회 정서 학습(SEL)과 더불어 인간의 기본적인 덕목들, 시스템적 사고, 집중력, 회복탄력성 등 교육에서 중요하게 여겨지는 많은 능력을 키우기 위한 활동을 제공하고 있습니다. 이 교육과정을 실행하면서 국제적인 SEE Learning 공동체에도 가입해 교육과정에 대한 경험을 나누고, 서로에게서 배우며, 지속적으로 교사 연수에도 참여하시기 바랍니다. 이러한 과정은 교사와 학생 모두에게 도움이 될 것입니다.

SEE Learning 프로그램은 2016년도에 시작되었습니다. 그리고 2019년 현재 600명 이상의 교육자들이 워크숍에 참여했습니다. 지금도 많은 교사가 교육과정을 실행하면서 의미 있는 피드백을 보내 주고 있습니다.

이 교육과정은 프로그램 개발에 전반적으로 도움을 준 린다 란티에리(Linda Lantieri), 부센터장인 브랜던 오자와-드 실바(Brendan Ozawa-de Silva), 프로그램 책임자 린디 세티븐데미(Lindy

Settevendemie)에 의해 만들어졌습니다. 앤 매캐이 브라이슨(Ann McKay Bryson), 제니퍼 녹스(Jennifer Knox), 에밀리 어(Emily Orr), 켈리 리처드(Kelly Richards), 크리스타 티나리(Christa Tinari)도 교육과정을 작성하면서 큰 도움을 주었습니다. 이외에도 많은 교육자가 다양한 방법으로 교육과정 개발을 지원했으며, 약 100여 명의 교육자가 피드백을 제공해 주었습니다. 모든 SEE Learning 프로그램은 센터장인 롭상 텐진 네기(Lobsang Tenzin Negi)의 감독하에 진행되었습니다.

교육과정 범위와 연속성

SEE Learning 교육과정은 총 7개의 장으로 구성되어 있으며, 캡스톤 프로젝트로 마무리한다. 각 장은 주요 내용에 대한 개괄로 시작해 3개에서 7개의 수업 활동으로 이루어져 있다. 각 수업 활동은 20-40분 정도 소요된다. 제안된 시간은 활동을 완성하는 데 걸리는 최소 시간이다. 그러나 수업 활동은 언제든지 확장될 수 있으며, 여러 날에 걸쳐 진행하면서 점차 심화되도록 진행할 수 있다. 대부분의 수업 활동은 두 개의 활동으로 구성되어 있으므로 시간이 충분하지 않으면 그중 하나만 진행할 수 있다.

각 수업 활동은 다음과 같이 다섯 개의 시간으로 구성된다.
1. 도입
2. 설명/토론
3. 통찰 활동
4. 반성적 활동
5. 마무리

이 과정은 SEE Learning의 교수학습 모형과 연결된 것으로 지식이 전달되는 순간부터 중요한 통찰을 거쳐 체화된 이해로 나아가는 과정을 담고 있다. 일반적으로 설명/토론 시간에는 지식을 전달하고, 통찰 활동 시간에는 중요한 통찰을 일으키며, 반성적 활동 시간에는 개인적인 성찰을 통해 지식을 체화하고 이해를 심화한다. 이 내용은 1장에서 좀 더 자세히 설명할 것이다.

전체 교육과정의 순서와 수업 활동의 순서는 순차적으로 진행될 수 있도록 고안했다. 따라서 기존의 장에서 배운 것이 다음 장의 배움을 촉진시킬 것이며, 이번 수업 활동에서 배운 것은 다음 수업 활동에서의 배움을 촉진시킬 것이다. 따라서 교육과정에서 제시한 순서대로 실행하길 권한다. 교육과정을 실행할 때에는 SAFE[1] 의 네 가지 원칙에 따라 진행하는 것이 교육적 효과를 높일 수 있다. SEE Learning은 다음의 이 원칙들을 지키고 있다.

---

1 Collaborative for Academic, Social, and Emotional Learning (CASEL). https://casel.org/what-is-sel/approaches/

4

- **연속성(Sequenced)** : 활동이 서로 조직적이고 유기적으로 연결되어 있다.
- **능동성(Active)** : 새로운 기술과 태도를 습득할 수 있도록 능동적 학습법을 활용한다.
- **집중(Focused)** : 개인적, 사회적인 역량을 개발하는 데 초점을 둔다.
- **명확성(Explicit)** : 구체적인 사회적, 정서적 기술을 목표로 한다.

연속성을 고려하지 않고 각각의 수업을 진행하면 학생들이 혼란을 느낄 수 있다. 예를 들어, 교육과정 초기에 소개된 활동이나 개념들은(상호의존성이나 신경계를 안정시키는 회복탄력성 기술을 사용하는 등) 교육과정 후반부에 완성된다(시스템을 이해하기 위해 상호의존성을 다시 이야기하거나, 감정을 이해하기 위해 신경계에 대한 학습을 다시 검토하는 등). SEE Learning은 외상 치유적 접근법과 회복탄력성 증진 프로그램에 기반하고 있으며, 이러한 회복탄력성 기술은 2장에서 배운다. 따라서 2장을 배우지 않고 다음 장부터 교육하면 교육과정의 효과가 떨어질 수 있다. 그러므로 교육과정을 처음부터 차근차근 진행해 학생들이 기본 지식을 구성하고 자신감을 가지고 깊은 이해로 나아갈 수 있도록 돕는 것이 좋다. 학생들은 이를 통해 학습한 것을 주도적이고 주체적으로 적용할 것이다.

1장 : 친절하고 행복한 교실 만들기

이 교육과정의 첫 번째 장은 시스템적 사고, 친절, 비판적 사고가 어떻게 교육과정을 거치면서 형성되어 가는지를 설명한다. SEE Learning의 핵심은 사회적, 정서적 건강과 행복을 도모하기 위해 학생들이 자신과 타인을 돌보는 최선의 방법을 배우는 것이다. 따라서 이 교육과정은 친절과 자비에 기반한다. 친절과 자비는 자신을 위한 자비(자기 자비)와 타인을 위한 자비(타인 자비)로 나뉜다. 학생들에게 자신과 타인에게 자비를 베풀라고 설명만 하는 것은 충분하지 않다. 친절과 자비를 가르치기 위해서는 다양한 방법과 일련의 도구들을 제시해야 한다. 자비를 키우는 방법과 도구의 가치를 이해하면 학생들은 자연스럽게 이 방법들을 사용하게 될 것이다. 그리고 이때 학생들은 자기 자신의, 그리고 다른 친구들의 선생님이 될 것이다.

2장 : 회복탄력성 키우기

2장에서는 행복과 건강에 있어서 우리의 몸, 특히 신경계가 하는 중요한 역할에 대해 살펴본다.

현대 생활 속에서 우리 몸은 생존에 실제적인 위협이 없는데도 불구하고 위험이 있는 것처럼 느끼거나, 위협이 지나간 후에도 계속해서 위험의 느낌을 가지고 반응할 때가 있다. 이것은 자율신경계의 부조화로 이어지는데, 결과적으로 집중력과 학습 능력을 떨어뜨리고 신체적 건강을 위협한다. 다행히도 학생들은 몸과 마음을 안정시키고 신경계를 조절하는 방법을 배울 수 있다. 2장에서는 이러한 유형의 자기 돌봄을 강화하는 회복탄력성 기술을 소개한다.

이 교육과정에 있는 회복탄력성 기술은 많은 임상과학적 연구에 기초한 트라우마와 회복탄력성 관련 작업의 도움을 받아 개발되었다. 몸의 감각에 집중하면서 어떤 학생들은 교사가 다루기 힘든 어려운 경험을 할 수도 있다. 특히 큰 고통을 겪은 경험이 있거나 현재 트라우마로 고통을 겪고 있는 학생들은 몸의 감각에 집중하는 것을 더욱 어렵게 느낄 수 있다. 학생들에게 이런 예상치 못한 반응이 일어나면 '지금 도와주세요! 전략'을 사용할 수 있다. 외부 상담사나 학교 상담 교사, 현명한 교장 선생님이나 동료 교사에게도 도움을 요청하고 필요하면 추가 상담을 받도록 한다. SEE Learning은 트라우마를 치료하기 위해서가 아니라 개별 학생의 강점에 초점을 맞춰 회복탄력성을 키워주기 위해서 이 기법을 사용한다. 이 기법은 정신적 외상의 경험 수준과는 상관없이 누구나 도움을 받을 수 있는 일반적인 건강 기술이다. 이렇게 신경계를 잘 조절하는 능력을 갖추고 나면, 다음 단계로 나아가 집중력을 개발하고 정서적 알아차림을 기를 수 있다.

3장 : 집중과 자기 인식 강화하기

자기 자비와 타인 자비, 즉 자신과 타인에게 친절을 베풀기 위해서는 자신의 몸과 신경계에 대해 알아차리는 '신체이해력'과 더불어 마음이 어떻게 작동하는지에 대해 이해하는 '정서이해력'이 뒷받침되어야 한다. 이를 위해서는 마음과 경험을 세심하고 세밀하게 집중해 관찰하는 능력이 필요하다. 3장 '집중과 자기 인식 강화하기'에서는 바로 이 주제에 대해서 다룬다.

집중력 훈련은 학생들에게 많은 도움을 준다. 이 훈련은 집중해서 학습하는 능력과 정보를 기억하는 능력을 높여주며, 자신의 충동을 좀 더 잘 조절할 수 있도록 돕는다. 또한 몸과 마음을 차분하고 편안하게 만들어 신체적, 정신적 건강을 도모한다. 그러나 학생들은 "집중하세요!"라는 말은 자주 듣는 반면 실제로 어떻게 집중해야 하는지에 대해서는 배우지 못하고 있다. SEE Learning에서는 다른 기술과 마찬가지로 억지로 훈련시키지 않고, 반복적이고 부드러운 연습을 통해 집중력을 길러줄 것이다.

학생들은 자신이 재미있어 하는 것에는 쉽게 집중한다. 문제는 덜 자극적인 대상에 집중하거나, 관심을 끄는 다른 것이 존재할 때다. 따라서 3장에서는 집중력 훈련을 위해 다양한 방법으로 접근한다. 먼저 집중력 훈련의 개념과 잠재적 효과를 소개한다. 다음으로, 우리가 어떤 것에 관심을 기울이면 그것은 처음에 생각했던 것보다 훨씬 더 흥미롭게 다가올 수 있다는 사실을 탐구한다. 그 뒤 좀 더 재미있고 쉽게 접근할 수 있는 집중력 훈련 방법을 소개한다. 마지막으로 단순한 걸음이나 호흡과 같이 중립적이거나 자극이 없는 대상에도 집중할 수 있는 방법을 학습한다. 이런 과정을 통해 학생들은 차분하고 안정적으로 명료하게 집중하면 마음에서 일어나는 일을 잘 알아차릴 수 있다는 것을 발견하게 될 것이다.

4장 : 감정 안내하기

감정은 원인과 결과의 맥락 속에서, 그리고 시스템적 사고를 통해서 가르쳐야 한다. 4장에서는 감정에 대해 생각하면서 '마음 지도'를 개발하는 시간을 갖는다. 마음 지도는 감정이나 성격과 같은 정신적 상태를 이해하는 것이다. 이는 정서이해력이라고도 말할 수 있는데, 정서 지능이 높아지면 학생들은 자신의 정서적 삶을 잘 '안내할 수' 있게 된다. 강한 감정은 행동을 촉발하기 때문에 감정을 안내하는 방법을 배우면 강한 감정이 일어났을 때 잠시 '뒤로 물러나' 자신과 타인을 해칠 수 있는 행동을 인식하고 자제할 수 있게 된다. 학생들은 이를 통해 '정서적 건강을 돌보는' 방법을 배운다. 감정을 안내하는 것은 감정을 억압하는 것이 아니라 감정을 건강한 방법으로 다루는 방법을 개발하는 것이다.

5장 : 서로에 대해 배우기

5장부터 SEE Learning 교육과정은 개인적 영역의 내용에서 사회관계 영역의 내용으로 전환되며, 따라서 학생들은 자신에게 초점을 두었던 마음을 타인에게 확장하기 시작한다. 개인적 영역과 관련해 1-4장에서 배운 많은 기술이 이번 장에도 적용되지만, 여기서는 시선을 외부에 두고 학생들이 매일 만나고 있는 학급 친구들이나 다른 사람들에게 초점을 맞춰 진행할 것이다.

이 연령대의 아이들은 자연스럽게 타인에 대해 호기심을 갖고 그들에게 관심을 기울인다. 하지만 어떻게 다른 사람에게 주의를 기울여야 하는지, 어떻게 질문하는지, 그리고 어떻게 의미 있는 방식으로 다른 사람과의 유사점이나 차이점을 다루어야 하는지에 대해서는 잘 모르는 경우가 많다. 따라서 이 장에서는 이러한 세 가지 핵심 내용인 맥락 속에서 타인의 감정 이해하기, 마음챙김 듣기(주의 깊게 경청하기), 우리의 공통점과 차이점 탐구하기를 다룰 것이다. 이 장에서 지속적으로 다루어지는 주제는 공감이다. 따라서 타인의 상황과 정서를 이해하고 그것에 공명하는 능력을 계속 키워 나갈 것이다. 공감과 마음챙김 듣기(주의 깊게 경청하기) 기술은 자기 자비와 타인 자비를 배우기 위한 토대를 마련해 준다.

이 연령대의 아이들은 타인이 자신과 똑같이 생각하거나 느끼고 있다고 생각할 수 있다. 그리고 자신과 똑같이 생각하거나 느끼지 않는 사람들을 자신과는 완전히 다른 사람으로 보거나 공통점이 아주 드물다고 생각하기도 한다. 이 장의 핵심은 이 두 극단의 중간지점을 탐색해 서로의 공통점과 차이점을 이해하고, 이 두 가지가 서로를 부정하는 것이 아님을 살펴보는 것이다. 공통점이나 차이점 중 하나를 지우려고 하지 않는 중간 지점에 있을 때 우리는 타인에 대한 진정한 자비와 존중의 마음을 가질 수 있다.

6장 : 자신과 타인을 위한 친절

6장에서는 자기 자신과 타인에게 좀 더 친절하게 대하는 방법을 배운다. 원칙적으로 이렇게 하기 위해서는 학생들이 자신의 정서와 타인의 정서를 인식하는 것이 필요하다. 맥락 속에서 타인의 정서와 행동을 이해하면, 타인에게 좀 더 잘 공감하게 된다. 그리고 이는 타인과 연결되어 있다는 생각을 하게 해 고립감이나 외로움을 덜 느끼게 한다.

이 장에서 전반적으로 다루는 주제는 자기 자비(자기 친절/자기 연민)와 타인 자비(타인 친절)이다. 자비에 대한 저명한 학자인 툽텐 진파 박사는 자비를 "타인의 고통과 마주했을 때 그 고통을 덜어주고자 하는 마음을 내는 것"이라고 정의한다.[2] 이 정의에 따르면 자비는 다른 사람이 놓여 있는 상황을 인식하고 공감하면서 그들에 대한 연민과 사랑의 마음을 내는 것이다. 이러한 능력은 자기 자비에서도 매우 중요하다. 자기 자비에 있어서 세계적으로 저명한 학자인 크리스틴 네프 박사는 자기 자비를 '자신의 실수나 단점을 관대하게 수용하는 것'이라고 정의한다.[3]

이러한 자기 자비는 유치원이나 학교를 다니면서 교사, 부모, 성인, 또래에게 끊임없이 평가받게 될 어린 아동들에게 매우 필요한 것이다. 학생들은 살며 배우는 과정에서 만나게 되는 실패가 자신의 가치를 절대로 떨어뜨릴 수 없으며, 오히려 이를 배우는 기회로 삼으면 미래에 중요한 자산이 될 수 있다는 사실을 반드시 배워야 한다.

7장 : 함께 하는 우리

7장에서는 시스템과 시스템적 사고에 대해 살펴본다. 이들은 교육과정 전반에 걸쳐서 조금씩 소개되고 있기 때문에 완전하게 새로운 주제가 아니다. 1장에서는 상호의존성 그물망을 그리면서 하나의 물건이나 사건에 많은 것이 연결되어 있다는 것을 배운다. 3장과 4장에서는 감정이 맥락 속에서 원인에 의해 생긴다는 것과 작은 불씨가 큰 산불이 되어 주변의 모든 것을 태워버릴 수 있다는 것을 배운다. 이렇게 시스템적 사고는 전체 교육과정을 통해 개발된다. 7장에서는 조금 더 직접적이고 명확하게 시스템적 사고에 대해 살펴볼 것이다.

SEE Learning 교육과정은 시스템적 사고를 '어떤 사람, 사물, 사건이 다른 사람, 사물, 사건과 복잡한 인과적 그물망 안에 연결되어 상호의존적으로 존재하고 있다는 것을 이해하는 능력'으로 정의한다.

이 정의가 복잡해 보일 수 있지만, 어린 아이들도 시스템적 사고를 할 수 있는 능력을 가지고 있다. '시스템'이라는 용어는 사용하지 않지만, 아이들도 가족이나 가정환경이 특정한 역학관계 안에서 복잡하게 이루어져 있다는 것을 직관적으로 알고 있다. 가족 구성원 모두가, 또는 교실

---

2 Jinpa, Thupten. *A Fearless Heart: How the courage to be compassionate can transform our lives* (Avery, 2016), xx.
3 https://self-compassion.org/the-three-elements-of-self-compassion-2/

에 있는 학생 모두가 똑같은 것을 좋아하거나 똑같은 방식으로 행동하지는 않는다. 그러나 시스템에서 한 가지를 바꾸면 그것은 모든 사람에게 영향을 미친다. 우리는 선천적으로 타고난 이러한 시스템적 사고 능력을 학생 스스로 개발하고 연습할 수 있도록 교육의 장을 마련해야 한다.

SEE Learning 캡스톤 프로젝트 : 더 나은 세상 만들기

캡스톤 프로젝트는 능동적 학습이 절정에 이르도록 한다. 학생들은 먼저 학교 전체가 친절과 자비로 가득 차 있다면 어떤 모습일지 상상한다. 그리고 실제로 학교에서 일어나고 있는 일들을 돌아본다. 이를 통해 해결가능한 문제를 한 가지 선택해 개별적으로, 그리고 협력적으로 할 수 있는 행동을 생각한다. 마지막으로 이러한 행동을 실제로 실천하면서 자신의 경험에 대해 돌아보고 다른 사람들과 배운 지식을 나눈다.

캡스톤 프로젝트는 8단계로 나뉘어 있으며, 각 단계별로 수업이 진행되어야 한다. SEE Learning 전체 교육과정은 1년 동안 진행될 수 있도록 구성했다. 이전의 모든 교육과정을 진행한 후에 캡스톤 프로젝트로 마무리하고자 한다면 최소 8주 정도, 이상석으로는 10-12주 정도의 시간을 갖고 프로젝트를 진행하는 것을 권장한다.

수업에의 적용

학교와 교실에 무엇이 필요한지는 담당 교사가 가장 잘 알고 있다. 그러므로 교육과정에서 사용하는 이야기 속 주인공의 이름이나 구체적인 상황들은 교실이나 학교 상황에 맞게 수정해서 사용할 수 있다. 수업 내용의 큰 틀을 바꾸고자 한다면 우선 각각의 수업 활동의 목적과 목표를 살펴보고 동료와 함께 상의하면서 수업의 목적과 목표, 의도, 결과, 학생의 안전 등에 무리가 가지 않는 범위 내에서 수정해 사용한다.

단축된 교육과정

전체 교육과정을 실행할 시간이 없으면 활동들을 짧게 나누어 실행한다. 교육과정을 반으로 나누어 실행할 수 있는데, 이때 중요한 요소와 다음 수업을 위해 꼭 실행되어야 할 내용은 반드시 확인해 가르치도록 한다. 이렇게 해야만 현재 수업과 연결된 적절한 학습이 다음 수업에서도 이

어질 수 있다. 아래와 같이 수업 활동 몇 가지만 선택해 진행할 수도 있다.

1장 : 수업1, 수업4, 수업5   **5장 :** 수업1

2장 : 수업1, 수업2, 수업4, 수업5   **6장 :** 수업1, 수업3, 수업4

3장 : 수업1, 수업2, 수업4   **7장 :** 수업1, 수업2

4장 : 수업1, 수업2, 수업4

효과적으로 SEE Learning 교육과정 실행하기

어떤 프로그램이든 효과적으로 실행되어야 학생들에게 도움이 되고 좋은 결과를 가져올 수 있다.[4] '실행'은 프로그램을 실제로 적용해 가르치는 방식을 의미한다. 이것은 프로그램을 촉진시키고 안내할 방법을 생각하는 것으로 프로그램의 효과를 높이는 데 가장 중요한 요소이다.[5] 증거 기반 프로그램이 효과적으로 잘 실행되기 위해서는 프로그램을 통해 성취하려는 목적을 분명하게 가지고 있어야 한다.

SEE Learning 교육과정을 실행할 때 효과를 극대화하기 위해서는 프로그램을 개발한 사람들이 설계한 방식으로(충실도) 모든 수업과 활동을 완성하는 것(수업량)이 중요하다. 또한, 프로그램이 교육과정 모형에 기반하고 있음을 주지하는 것도 필요하다.

교육과정을 실행할 때에는 교육과정을 검토하고 지원해주는 것이 매우 중요하다. 덜락(Durlak)과 동료들은 메타 분석을 통해 사회 정서 학습 프로그램을 충실하게 다 가르쳤을 때 학업 성취도를 높이고 우울과 불안을 감소시키며 부적응 행동을 줄여준다는 것을 발견했다. 이것은 사회 정서 학습을 배우지 않은 학생들보다 두 배 이상의 효과 차이가 나는 것으로 충실도와 수업량

---

4 SEE Learning 프로그램의 개발과 본 개요의 작성에 있어서 킴벌리 쇼너트-라이클 Kimberly Schonert-Reichl 교수님의 도움이 컸다.

5 Durlak, J. A. (2016). "Programme implementation in social and emotional learning: basic issues and research findings." *Cambridge Journal of Education*, 46, 333-345.

을 지키는 것이 무엇보다 중요하다는 것을 보여준다.[6]

위에서 설명한 바와 같이 프로그램과 개별 요소들을 완전하게 다 가르치고 교육과정에서 설명된 것을 잘 실행하는 것이 중요하지만, 교육적 상황이나 문맥에 맞게 수정해서 사용하는 것도 당연히 고려해야 한다. 이 교육과정의 도입 부분만 사용해 자신의 교실에 적용하거나 학생들의 흥미나 욕구를 확인할 수 있다. 또는 시간이 부족해 완전한 수업을 할 수 없다면 수업 내용을 줄여서 실행할 수도 있다. 이때에는 교육과정의 전체 효과가 감소할 수도 있다는 사실을 염두에 두어야 한다.

교육과정 실행의 질을 높여주는 핵심적인 요소
- **충실도**: 교육과정 주요 구성 요소가 개발된 의도에 맞게 가르쳐졌는가.
- **수업량**: 어느 정도의 프로그램이 가르쳐졌는가(몇 개의 수업 활동이 가르쳐지고 완료되었는가).
- **가르침의 질**: 완전하게 교육과정이 실행되었는가, 그리고 교사의 연습 정도와 지원 정도는 어떠한가.
- **수정 정도**: 프로그램이 얼마나 수정되었는가.
- **학생 참여**: 학생들이 활동에 얼마나 참여하였는가.[7]

---

6 Durlak, J. A., Weissberg, R. P., Dymnicki, A. B., Taylor, R. D., & Schellinger, K. B. (2011). "The impact of enhancing students' social and emotional learning: a meta-analysis of school-based universal interventions." *Child Development*, 82, 405–32.

7 Durlak, J. A., & DuPre, E. P. (2008). "Implementation matters: A review of research on the influence of implementation on program outcomes and the factors affecting implementation." *American Journal of Community Psychology*, 41, 327–350;
Durlak, J. A. (2016). "Programme implementation in social and emotional learning: basic issues and research findings." *Cambridge Journal of Education*, 46, 333-345.

사회 정서 학습(SEL)은 무엇인가?

SEE Learning 교육과정 모형은 사회 정서 학습(SEL)과 여타의 통합적이고 전인적인 교육을 도모하는 교수학습 방법에 기반해 개발되었다. 사회 정서 학습은 아동뿐 아니라 성인까지도 모두가 자신의 감정과 느낌을 이해하고 다루며, 긍정적인 목표를 설정해 성취하고, 타인에게 공감을 보여주고 건강한 관계를 만들어 유지하며 책임감 있는 의사결정을 내릴 수 있도록 돕는 것이다. 그리고 이를 위한 지식, 태도, 기술을 습득하고 효과적으로 적용하는 방법을 가르치는 것이다. 이것은 궁극적으로 자기 자신과의 관계, 타인과의 관계, 그리고 일과의 관계에서 효과적으로 인성을 발휘하도록 돕는다.[8]

사회 정서 능력은 사실상 사람이 살아가는 데 필요한 모든 부분에서 기반이 되는 굉장히 중요한 기술이다.[9] 더군다나 사회 정서 학습은 교사, 학생, 가족, 사회에 '시험을 위한 삶이 아닌 삶을 위한 시험'을 준비하도록 돕는다. 사회 정서 학습은 긍정적으로 건강을 돌보는 습관을 형성하고, 사회 참여를 높이며, 학업 성취도를 증가시키고 인간관계를 성공적으로 이끌어주는 데 필요한 기술을 제공한다. 사실 사회 정서 능력은 학업 성취도와 밀접하게 연관되어 있지만 지금까지 명확하게 설명되거나 조명되지 않았기 때문에 '잃어버린 한 조각'이라고까지 이야기된다. 이 학습법은 다양한 교육과정이나 상황에 보편적으로 적용되어 관련된 태도와 행동, 사고방식을 긍정적으로 길러줄 수 있는 능동적인 학습법이다. 사회 정서 능력은 따뜻하고 배려 깊은 교육 환경에서 교육적 의도를 가지고 실제적인 경험을 통해 가르칠 때 잘 길러질 수 있다.[10]

---

8 Weissberg, R. P., Durlak, J. A., Domitrovich, C. E., & Gullotta, T. P. (2015). "Social and emotional learning: Past, present, and future." In J. A. Durlak, C. E. Domitrovich, R. P. Weissberg, & T. P. Gullotta (Eds.), *Handbook of Social and Emotional Learning: Research and practice* (pp. 3–19). New York, NY: Guilford.

9 Elias, M. J. (2001). Prepare children for the tests of life, not a life of tests. Education Week, 21(4), 40.

10 Greenberg, M. T. (2010). School-based prevention: Current status and future challenges. *Effective Education*, 2, 27–52.

'마음챙김' 용어에 대한 설명

'마음챙김'이라는 용어는 지난 10년간 굉장히 넓은 의미에서 사용되고 있다. 마음챙김은 많은 활동에 광범위하게 적용되고 있으며, 그중 어떤 부분에선 역사적인 기원과는 조금 다르게 사용되기도 한다. 마음챙김의 가장 보편적인 정의 중 하나는 바로 '현재 순간에 대한 비판단적인 알아차림'이다. 많은 사람이 마음챙김이 종교적인 수행인지 대중적인 실천방법인지, 아니면 둘 다인지에 대해서 논쟁을 벌이고 있으며, 이와 더불어 마음챙김에 명상 수행이 반드시 필요한지 등에 대해서도 갑론을박이 있다. 이러한 논쟁은 지금도 계속되고 있기 때문에 SEE Learning에서는 마음챙김을 집중에 좀 더 초점을 두고 정의하고자 한다. 집중은 모든 사람들이 가지고 있는 보편적인 특성이며, 수십 년간 심리학과 신경과학에서 자세하게 연구되고 있는, 과학적으로 증명된 마음 요소다. '마음챙김'이라는 용어의 보편성에 대해 의문을 제기하는 사람들이 있을진 몰라도, 집중의 보편성에 대해서는 그 누구도 의문을 제기하지 못할 것이다.

일부 마음챙김 프로그램에서는 마음챙김을 지금 이 순간의 비판단적인 알아차림으로 설명하지만, SEE Learning에서는 마음챙김을 가치 있는 것에 마음을 두고, 그 마음을 계속 유지하며, 잊어버리지 않고, 주의를 돌리지 않으면서 계속 바라보는 능력으로 정의한다. 이것은 기억의 개념과도 비슷하다고 할 수 있다. 예를 들어 열쇠를 챙겨야 한다는 것을 기억해야 한다면, 열쇠를 기억하도록 도와주는 것이 바로 마음챙김이다. 만약 열쇠를 잊어버렸다면, 그것은 열쇠에 대한 마음챙김을 놓쳤기 때문이다. 여기서 더욱 중요한 사실은 학생들이 자신의 가치와 약속에 대해서도 마음챙김을 할 수 있다는 것이다. 이것은 윤리이해력을 개발하는 데 매우 필수적이다. 마음챙김은 우리가 자신의 가치를 지키고 이에 맞는 행동을 하도록 만드는 핵심요소 중 하나로 '자신을 잊어버리게 되면' 자신의 가치에 반하는 행동을 할 가능성이 커진다.

SEE Learning은 또한 '마음챙김 듣기'와 '마음챙김 걷기'와 같이 잘 알려진 활동을 설명하기 위해서 '마음챙김'이라는 용어를 계속 사용할 것이다. 하지만 각각의 학교에서는 선호하는 단어로 대체해 '적극적으로 주의 깊게 듣기', '주의 깊은 식사' 또는 '주의 깊은 걷기' 등 다른 용어를 사용할 수 있다. 어떤 용어를 사용하든 여기서 중요한 것은 학생들이 집중력을 키우는 것이 왜 중요한지를 이해하고, 이 집중력을 통해 자신의 내적 상태와 외적 상황에 대해 잘 판단할 수 있도록 돕는 것이다.

감사합니다

SEE Learning에 관심을 가져주시는 많은 분께 감사드립니다. 이 교육과정이 여러분과 여러분의 학생들에게 도움이 되길 바랍니다. 이 프로그램을 진행하면서 새로운 것을 배우거나 프로그램의 효과를 경험하면, SEE Learning Korea(씨러닝코리아)에 알려주시기 바랍니다.

SEE LEARNING
마음과 생각을 키우는 교육

초등학교 저학년 교육과정(만 5-7세)

1장
친절하고 행복한 교실 만들기

1

Center for Contemplative Science and Compassion-Based Ethics | Emory University

개요

SEE Learning의 핵심은 학생들이 사회적, 정서적, 인성적으로 건강하게 발달할 수 있도록 자신과 타인을 잘 보살피는 방법을 가르치는 것이다. 따라서 SEE Learning의 모든 활동은 자비(자기 자비와 타인 자비)에 뿌리를 두고 있다. 학생들에게 자신과 타인에게 자비를 베풀라고 설명만 하는 것은 충분하지 않다. 자비를 가르치기 위해서는 다양한 방법과 일련의 도구들을 제시해야 한다. 자비를 키우는 방법과 도구의 가치를 이해하면 학생들은 자연스럽게 자비를 기르고 실천할 것이다. 그리고 이때 학생들은 자기 자신의, 그리고 다른 친구들의 선생님이 될 것이다.

1장 '친절하고 행복한 교실 만들기'에서는 친절과 자비의 개념을 소개한다. '친절'은 저학년 학생에게 사용하는 용어이고, '자비'는 고학년 학생에게 사용하는 용어다. 두 단어 사이에 미묘한 차이가 있을 수 있지만, SEE Learning의 목적에서 봤을 때, 학생들에게 전달하고자 하는 개념을 충분히 설명하고 실제적으로 행동하도록 가르치기 때문에 두 용어를 함께 사용할 것이다. SEE Learning 교육 프로그램에서는 개인적 영역의 자기 자비(자기 친절)부터 탐구한다. 자신의 몸과 마음, 그리고 감정과 관련된 친절(2-4장)을 먼저 배우고, 다음으로 타인에 대한 친절(5-6장)을 배운다. 그 뒤, 총체적 맥락, 즉 시스템 안에서의 친절(7장)을 탐구한다. 첫 장이 SEE Learning이 '무엇'인지에 대해 소개하는 공간이라면, 나머지 장은 '어떻게'에 대한 내용을 채워가는 공간이라 하겠다.

수업 활동 1. '친절 탐구하기'는 친절의 개념을 소개하고 친절이 무엇을 의미하는지, 그리고 왜 친절이 필요한지에 대해 탐구한다. 또한, 두 활동(들어가고 나가기와 친절한 순간에 대해 그림 그리기)을 통해 친절과 행복의 관계를 탐구한다. 여기서 친절과 행복의 관계를 탐구하는 것은 매우 중요하다. 왜냐하면, 다른 사람들이 자신에게(냉혹하기보다) 친절하게 대해주기를 바라는 마음이 자신의 행복과 안녕을 바라는 마음에 뿌리를 두고 있음을 알게 되면, 다른 사람들도 이와 같은 마음이 있다는 것을 깨닫게 되기 때문이다. 우리가 친절하게 대해지기를 원한다면 우리도 타인에게 친절을 베풀어야 한다. 이것이 호혜주의의 원칙이다.

수업 활동 2. '우리의 약속 정하기'는 모두에게 안전하고 친절한 교실을 만들기 위해 함께 지켜나갈 수 있는 학급 약속 목록을 만드는 수업이다. 학생들은 직접 약속을 정하면서 친절함이 무엇인지, 그리고 함께 생활하는 공간에 왜 친절이 필요한지를 탐구할 것이다.

수업 활동 3. '친절 연습하기'는 학급 약속을 마음에 새기는 시간이다. 먼저 학생들은 학급 약속에 있는 내용을 실례로 바꾸는 통찰 활동에 참여한다. 다음으로 친구들 앞에서 이 예를 직접 실행하고 자신의 경험을 성찰한다. 이 과정을 1년 동안 반복하면 체화된 이해로 나아갈 수 있으며, 이를 통해 학급 약속을 잘 수행하게 될 것이다.

수업 활동 4. '진정한 친절'에서는 이야기를 들려주면서 친절에 대해 더 깊이 이해하도록 돕는다. 우리는 보통 음식이나 돈을 건네거나, 다정한 말을 하거나, 넘어진 사람을 돕는 것과 같은 외적인 활동을 친절이라고 생각한다. 그러나 이러한 말과 행동에 자신의 이익을 취하려는 목적이 있다면, 이것은 진정한 친절이라 할 수 없다. 이것은 진정한 도움도 아니다. SEE Learning은 학생들에게 대외적으로 무엇을 해야 할지를 알려주거나 '적절하게' 행동하는 법을 일방적으로 가르쳐 주는 것을 지양한다. SEE Learning의 목적은 자신과 타인에게서 최고의 모습을 찾아내고자 하는 내적 동기를 일으키는 것이다. 따라서 외적 행동이 아니라 내적 성품으로서의 친절을 배우는 것이 중요하다. 그렇기 때문에, 이 수업 활동에서는 단순하게 외적으로 보이는 행동뿐 아니라 더 심화된 생각과 마음 상태, 즉 다른 사람을 도와주고 행복하게 해주고 싶은 마음을 가질 수 있도록 교육할 것이다. 이를 바탕으로 학생들은 친절의 의미를 정의하고 설명할 수 있을 것이며, 이러한 정의는 이해가 깊어질수록 추가되거나 수정될 것이다.

수업 활동 5. '친절을 인식하고 상호의존성을 탐구하기'와 함께 1장은 마무리된다. 이 활동에서는 친절이 상호의존성 개념과 함께 심화되고, 본 교육과정의 끝부분에서 중요하게 다루어질 감사의 개념을 만난다. 여기서는, 우리가 친절한 행동에 둘러싸여 있지만 이러한 친절을 잘 인식하지 못하고 있거나 당연하게 생각하고 있다는 점에 대해 살펴본다. 그리고 일상의 경험을 보다 면밀하게 관찰하고 친절함이 녹아 있는 다양한 모습을 발견하는 시간을 통해 점점 커지는 친절에 감사함을 느끼게 될 것이다. 학생들은 주위에 있는 친절한 행동을 더 자주 발견하게 될 것이며, 자신의 친절한 행동을 더 잘 알아차리고 이해할 것이다. 다양한 방법으로 친절을 인식하면 우리의 일상생활과 행복, 심지어는 생존을 위해 친절이 필수적이라는 사실을 깊이 이해할 수 있다. 이 활동에서 학생들은 상호의존성의 개념을 배우고, 자신이 목표를 달성하거나 어떤 물건을 가지게 된 배경에 다른 사람들의 친절이 영향을 주었다는 사실을 탐구할 것이다. 이는 교육과정 후반부에서 배울 상호의존성과 감사를 더 잘 이해할 수 있도록 도울 것이다.

몇몇 학생들은 자신과 타인의 친절을 인식하는 데 어려움을 느낄 수 있다. 다른 사람을 위해 문을 잡아주거나 누군가를 위해 교육하는 것과 같이 친절하게 보이는 행동이 그들에게는 그렇게 보이지 않을 수도 있다. 이때에는 인내심을 갖고 점차적으로 이 개념을 탐구할 수 있도록 돕는다. 친절하다고 생각하는 행동이나 교실에서 일어났던 친절한 행동에 대해 이야기하는 친구들을 보고 듣는 것이 도움이 될 것이다. 시간이 걸리겠지만, 이 프로그램을 통해 친절의 다양한 면을 발견할 수 있을 것이다.

SEE Learning 수업의 구성 요소

각 수업은 도입 활동과 함께 시작되며, 이 시간에 다루는 내용은 계속해서 변하고 발전한다. 도입 활동은 학생들을 SEE Learning 수업으로 초대하고, 수업에 집중할 수 있도록 준비시킨다. 이 시간에는 지난 시간에 배운 기술도 연습하기 때문에, 기술을 강화하는 시간으로 생각할 수도 있다. 수업 활동을 다 진행할 수 있는 충분한 시간적 여유가 없더라도 도입 활동은 꼭 하기를 추천한다.

수업 활동 중에는 학생들에게 용어나 개념에 대한 기본 지식을 전달하기 위한 설명과 토론 시간을 갖는다. 이 활동은 지식을 전달하는 시간이다. 더불어 수업 활동은 통찰 활동을 포함하고 있는데, 이 시간 동안에 전달된 지식이 "아하!" 하는 깨달음으로 변하는 중요한 통찰이 이루어진다. 가능하면, 통찰 활동 시간에는 학생들이 직접적인 체험을 통해 지식을 전달받고 습득할 수 있도록 한다.

수업 활동에는 반성적 활동(reflective practices)도 포함되어 있다. 이것은 '중요한 통찰'이 '체화된 이해'로 깊어질 수 있도록 돕는다. 반성적 활동에서 학생들은 자신의 경험을 심화한다. 어떤 면에서는 반성적 활동과 통찰 활동이 비슷하게 보일 수도 있다. 왜냐하면 반성적 활동이 통찰을 이끌고, 통찰 활동이 반복되고 깊어지면서 반성적 사고와 내면화를 촉진하기 때문이다. 몇몇 통찰 활동과 반성적 활동에는 별표(*)를 해 놓았는데, 이 표시는 활동이 도움이 된다고 생각하면 몇 번이고 반복해서 실행할 수 있으며, 그렇게 하기를 권장한다는 뜻이다.

마지막으로, 각 수업은 학생들이 전체적으로 배운 것을 돌아보고 생각, 느낌, 질문들에 대해 생각해 보는 '마무리' 시간으로 끝난다.

시간과 속도

수업 활동은 보통 최소 30분 동안 진행되도록 설계되었다. 만약 시간이 충분하면, 이보다 더 많은 시간을 들여 수업을 진행할 수 있으며, 이 경우 반성적 활동에 좀 더 시간을 할애하길 추천한다. 만약 30분의 시간도 만들 수 없다면, 여러 활동 중에서 하나의 활동만 선택해 진행하거나 아니면 활동의 일부분만 먼저 진행하고, 다음 세션에 나머지 활동을 이어서 진행한다. 그러나 '도입'과 '통찰 활동'은 시간 여부와 관계없이 항상 포함시키는 것이 좋다.

평화로운 공간 만들기

학생들이 화가 나거나 자신만의 시간이 필요할 때 교실 안에서 갈 수 있는 평화로운 공간을 만드는 것이 좋다. 이 평화로운 공간은 SEE Learning 수업 시간에 만든 작품이나 결과물들을 전시하기에 좋은 장소가 될 것이다. 또한 이 공간에 베개나 인형, 특별한 사진, 회복탄력영역에 관련된 포스터(2장에서 설명), 스노우볼, 모래시계, 음악, 그림책이나 이야기책, 그리고 다른 자료들을 놓아 둘 수도 있다. 평화로운 공간은 자기 자신에게 친절과 자비를 보여주는 곳이며 SEE Learning에서 배운 것을 연습할 수 있는 장소라고 학생들에게 미리 설명한다. 시간이 흐르면서 평화로운 공간을 안전하고 행복한 공간으로 인식하면서 그곳에서 몸과 마음을 안정시키고 편안한 마음을 가질 수 있을 것이다.

학생의 개인 연습

학생들은 자신이 개인적으로 사용할 수 있는 도구들을 습득하게 될 것이다. 학생들은 SEE Learning의 활동들을 다르게 구성해 연습할 수 있다. 활동을 진행할 때 익숙하지 않은 상태에서 다른 활동으로 넘어가면 학생들이 불편함을 느낄 수 있으므로 점진적으로 진행하는 것이 좋다. 1장은 안전하고 배려 깊은 환경을 조성해 학생들이 스스로 연습할 수 있는 공간을 마련해 준다. 2장에서는 신경계를 안정시키고 조절하는 방법을 소개한다. 3장에서는 일반적으로 '마음챙김' 활동이라고 부르는 집중력 향상 시간을 갖고, 4장에서는 감정과 관련된 활동들을 연습한다. 가능하면 이 순서를 따르는 것이 좋다. 이를 통해 학생들은 다음 활동이 잘 일어날 수 있도록 준비할 수 있을 것이며, 화가 나거나 신경계의 부조화가 일어났을 때 사용할 수 있는 간단한 도구들을 습득할 것이다.

교사의 개인 연습

수업을 진행하기 전에 2장과 3장의 몇몇 활동을 직접 해보는 것을 추천한다. 개인적으로 매일 단 몇 분만이라도 조금씩 연습하면 더 효과적인 수업을 만들 수 있다. 개인 연습을 일찍 시작하면 할수록 가능한 한 많은 활동에 참여한 후 학생들을 가르치게 될 것이다.

추가 자료

SEE Learning 사회 · 정서 · 인성 교육 안내서에 수록된 교육과정 모형 부분을 꼭 읽어보길 추천한다. 아직 읽지 못했다면, 적어도 개인적 영역의 부분까지는 읽고 수업을 진행하길 권장한다.

또한, 대니얼 골먼(Daniel Goleman)과 피터 센지(Peter Senge)가 쓴 '*The Triple Focus*'와 린다 란티에리(Linda Lantieri)와 대니얼 골먼이 쓴 '*엄마표 집중력: 5-12세 아이들의 집중력을 키우는 감성지능*'을 읽어보길 권한다.

부모님/보호자님께 보내는 편지

날짜 : _____

부모님/보호자님께,

여러분의 자녀는 이제 사회 · 정서 · 인성 교육(SEE Learning) 프로그램에 참여합니다. SEE Learning은 유아 · 초등교육부터 중 · 고등교육에 이르기까지 아동, 청소년들의 사회적, 정서적, 인성적 발달을 강화하기 위해 Emory 대학교에서 만든 프로그램입니다. SEE Learning은 기존의 사회 정서 학습 프로그램(SEL)에 집중력 훈련, 자비와 배려, 보다 넓은 시스템에 대한 알아차림, 인성적 실천 등에 대한 내용을 추가해 개발되었습니다.

SEE Learning의 핵심은 학생들이 사회적, 정서적 건강을 높일 수 있도록 자신과 타인을 가장 잘 돌볼 수 있는 방법을 배우는 것입니다. SEE Learning은 자비(자기 자비, 타인 자비)에 뿌리를 두고 있습니다. 자비는 일방적인 명령으로 가르칠 수 있는 것이 아닙니다. 여기서는 자신의 신경계를 조절하거나 스트레스를 다루는 방법, 자신의 감정을 효과적으로 다루는 방법, 사회관계 기술, 우리가 속한 공동체와 사회에 대한 확장된 사고방식 등을 배우면서 자비를 기를 것입니다. SEE Learning의 목적은 학생들이 현재와 미래에 행복을 누릴 수 있도록 다양한 도구를 제공하는 것입니다.

1장 시작하기
SEE Learning은 여러 장으로 구성되어 있습니다. 1장, '친절하고 행복한 교실 만들기'에서는 친절과 자비의 개념을 소개합니다. '친절'은 저학년 학생들에게, '자비'는 고학년 학생들에게 사용하는 용어입니다. 자비는 자신과 타인을 돌보는 능력을 의미하며, 개인적 강점과 내적 힘을 키워줄 수 있습니다. 자비는 약점을 보여주거나 부당함을 받아들이는 것이 아닙니다. 많은 과학적 연구(SEE Learning 교육과정 안내서 참조)를 통해 자비가 우리의 몸과 마음, 그리고 사회적 관계에 긍정적인 영향을 미친다는 것이 밝혀졌습니다.

가정에서의 활동
여러분의 자녀가 SEE Learning 교육과정을 배우는 동안 가정에서도 적극적으로 교육에 참여해 주시기 바랍니다. 교육과정 안내서를 읽으면 프로그램에 대한 개요와 교육과정 모형을 볼 수 있으며, 프로그램을 개발할 때 참고한 많은 과학적 연구를 만나보실 수 있습니다.

1장을 배우는 동안에는 식사 시간이나 다른 시간을 이용해 모든 가족 구성원에게 그날 하루 어떤 친절한 행동을 보았는지, 그리고 어떤 친절한 행동을 했는지 물어봐 주세요. 그리고 친절하거나 자비로운 순간들을 마주했다면 이를 꼭 자녀에게 알려주고, 이와 같이 행동하도록 격려해 주세요. 이렇게 하면 아이들은 친절과 자비를 잘 인식하고 친절의 순간을 소중하게 대하기 시작할 것입니다.

추가 자료

웹사이트에서 SEE Learning에 대한 자료를 찾아볼 수 있습니다. www.seelearningkorea.com

또한, 대니얼 골먼과 피터 센지가 쓴 책 '*The Triple Focus*'나 린다 란티에리와 대니얼 골먼이 쓴 책 '*엄마표 집중력: 5-12세 아이들의 집중력을 키우는 감성지능*'을 읽어보시기를 권합니다.

궁금한 사항이 있으면, 언제든 저희에게 연락을 주시기 바랍니다.

_____

선생님 사인

선생님 이름   _____

선생님 연락처   _____

Center for
Contemplative Science and
Compassion-Based Ethics

EMORY UNIVERSITY

| 수업 활동 **1** | **친절 탐구하기** |

목적

첫 번째 수업 활동에서는 친절이 무엇이고 우리에게 왜 친절이 필요한지에 대해 탐구한다. SEE Learning은 자비와 친절에 기반하고 있다. 그렇기 때문에, 처음 시작할 때 친절이 무엇이고, 왜 우리에게 친절이 필요한지를 배우는 것이 매우 중요하다. 우리는 모두 행복하기를 원한다. 그래서 다른 사람이 우리에게 친절하기를 바란다. 그리고 우리는 슬픔이나 근심, 어려움은 피하고 싶어 한다. 이러한 사실을 인지하면 다른 사람들도 우리처럼 행복을 원하고 슬픔을 원하지 않는다는 것을 알게 되기 때문에, 다른 사람들에게 왜 친절을 베풀어야 하는지 잘 이해할 수 있다. (참고: 다음 수업에서는 우리 모두 친절함을 원한다는 사실에 기반해 안전하고 건설적인 학습 환경을 위한 학급 약속을 만들 것이다.)

활동 옆의 별표(*)는 여러 번 반복해 실행할 수 있음을 나타낸다. (수정 여부는 관계없음)

학습 목표

학습자는

- 모든 사람들이 행복과 친절을 원한다는 것을 인식할 것이다.
- 친절에 대한 자신만의 그림을 가지게 될 것이다.

시간

30분

주요 구성 요소

대인 관계 인식 (2A)

준비물

- 통찰 활동에 제시될 지시문
- 그림을 그릴 수 있는 펜이나 매직

도입 | 3분

• "올 한 해 동안 우리는 매주 우리 자신과 다른 사람들에 대해 배울 거예요.

• 그리고 행복과 친절이 무엇인지 알려주는 몇 가지 활동들도 함께 해볼 거예요.

• 우리 모두가 안전하다고 느끼는 행복한 교실을 만드는 방법에 대해서도 배워 볼게요."

통찰 활동 1 | 12분
들어가고 나가기 활동

개요
교사가 지시문을 읽으면, 해당되는 학생이 지시문에 맞춰 원 안으로 들어가거나 그대로 서 있는다. 이때 학생들은 누가 원 안에 있고 밖에 있는지 알아차린다. 그리고 누구와 비슷한 특성이나 경험을 공유하는지 확인한다.

탐구할 내용/통찰
사람마다 차이가 있을 수 있지만, 행복과 친절을 원하는 것은 우리 모두가 지닌 공통점이다.

준비물
아래의 지시문

수업 방법
• 학생들에게 원을 만들어 서도록 한다.

• 아래 제시된 지시문을 읽으면, 해당하는 학생은 원 안으로 들어간다.

• 누가 안에 있고 누가 밖에 있는지 보도록 한다. 그리고 이에 대해 토론한다.

• 지시문을 다 읽은 후에는 다음과 같이 말한다:

• "여러분, 주위를 둘러보세요. 사람들이 친절하게 대하면 우리 모두는 더 행복하게 느껴요. 우리가 좋아하는 것이나 가지고 있는 물건을 통해 서로 연결될 수 있는 것처럼(같은 수의 형제

자매가 있는 것과 같이), 우리 교실 전체가 하나가 되도록 만들어 주는 것이 있어요. 그것은 바로, 우리 모두는 행복을 원하고, 사람들이 친절하게 대해주길 바라는 마음을 가지고 있다는 거예요."

교사를 위한 팁

- 모든 학생들이 큰 원을 만들 수 있는 충분한 공간이 필요하다. 책상을 미리 옮겨 놓는 것이 좋을 수 있다. 만일 장소가 협소하다면, 야외나 체육관에서 진행할 수도 있다.
- 학생들이 원 안으로 들어가고 나가도록 하는 대신, 의자로 원을 만들어 앉고 해당될 때 의자에서 서는 방식으로 진행할 수도 있다. 아니면 손을 높이 들어 올리는 것으로 대체할 수도 있다. 어느 방법을 선택하든, 다른 친구들이 답변하는 모습을 서로가 볼 수 있도록 자리를 배치하는 것이 핵심이다.
- 활동안에서 제시한 질문 외에 다른 적절한 질문을 추가할 수 있다. 또한, 각자가 가르치는 학생이 성향에 맞게 질문을 수정할 수도 있다. 여기서 중요한 점은 선호도나 정체성적인 측면과 같이 똑같은 답이 나오지 않는 질문에서 시작해 모두가 같은 답을 할 수 있는 질문으로 옮겨가는 것이다. 결론적으로 우리 모두는 행복을 원하고 친절을 선호한다는 답에 도달할 수 있다.
- 마지막에 배치된 질문을 했을 때 원 안으로 들어오지 않는 학생이 있다면 특별히 주의를 기울여야 한다. 간혹 질문을 이해하지 못하는 경우도 있을 수 있다. 그렇다고 학생을 원 안으로 억지로 들어오도록 만들거나 우리의 결론을 수용하도록 요구할 필요가 없다. 이어지는 다음 수업 활동을 통해 행복과 친절에 대해 더 깊이 이해하게 되면 자신의 생각이나 느낌을 얼마든지 변화시킬 수 있다.

활동안

- "우리 함께 원을 만들어보도록 해요. 이 원은 아주 안전한 곳이에요. 우리가 생각하는 것에 대해서 다른 사람이 평가를 할 수 없는 자유로운 공간이지요.
- 선생님이 여러분들에 대해서 진실을 말하면 그때 원 안으로 들어가 주세요. 이 활동은 말하지 않고 조용히 진행할 거예요. 우리 친구들은 말을 하지 않는 대신 주위에서 무슨 일이 일어나는지 알아차려 보세요.

- 자, 그럼 시작할게요.
- 형제나 자매가 있으면 원 안으로 들어가 주세요.
- 이제 멈추고 어떤 친구가 형제나 자매가 있는지, 그리고 어떤 친구가 형제나 자매가 없는지 둘러보세요. 그리고 이제 원 밖으로 물러나 주세요.
- 자, 이제 여러분들이 좋아하는 것들에 대해 생각해 볼게요.
- 피자를 좋아한다면 원 안으로 들어가 주세요.
- 어떤 친구가 피자를 좋아하는지 보세요. 이제 밖으로 나가도 좋습니다.
- 레고놀이를 좋아한다면 원 안으로 들어가 주세요.
- 어떤 친구가 나처럼 레고 놀이를 좋아하는지 한번 둘러보세요. 이제 밖으로 나가도 좋아요.
- 운동이나 활동적인 게임을 좋아하는 사람은 원 안으로 들어가세요.
- 운동이나 활동적인 게임을 좋아하는 다른 친구가 누구인지 보세요. 그리고 이제 밖으로 나오세요.
- 나와 비슷한 점을 가진 친구가 있나요? 그게 누구였나요? (이 질문은 다른 사람과 연결시켜주고 다음 단계를 준비하도록 도와주므로 매우 중요하다.)
- 선생님이 보니까 매번 몇몇 사람들만 원 안으로 들어가는 것 같아요. 그럼 이 질문을 하면 어떻게 될까요? 슬퍼지는 것보다 행복해지는 것이 더 좋은 사람은 원 안으로 들어가 주세요.
- 이제 주변을 둘러보세요. 무엇이 보이나요?
- 보세요! 우리 모두(혹은 거의 모두)가 원 안에 들어와 있어요! 우리는 모두 슬퍼지는 것보다 행복해지는 걸 더 좋아해요. 자, 이제 원 밖으로 나가 볼까요?
- 이번엔 슬플 때보다 행복할 때 더 기분이 좋다고 느끼면 원 안으로 들어가 주세요.
- 이제 주변을 둘러보세요. 우리 중 몇 명이 원 안에 있나요?
- 못되게 구는 사람보다 친절한 사람이 더 좋다면 안으로 들어가세요.
- 주변을 둘러보세요. 우리 모두 원 안에 있나요?
- 우리는 모두 친절한 사람을 더 좋아하나 봐요. 자, 이제 원 밖으로 나가 볼게요.
- 사람들이 우리 친구들에게 못되게 대할 때보다 친절하게 대할 때 더 행복하다고 느낀다면, 안으로 들어가세요.
- 주변을 둘러보세요. 우리 모두는 사람들이 친절하게 대할 때 더 행복을 느끼는 것 같아요.

- 같은 수의 형제나 자매가 있을 때 우리가 연결되는 것처럼, 비슷한 것을 좋아하거나 어떤 물건을 함께 가지고 있으면 우리는 연결될 수 있어요. 그리고 교실 전체를 하나로 연결시켜 주는 것도 함께 가지고 있지요. 무엇이었죠? 그건 바로, 우리 모두는 행복해지길 원하고 사람들이 우리에게 친절하기를 바란다는 거예요."

통찰 활동 2 | 12분
친절의 순간을 떠올리고 그림으로 표현하기*

개요
누군가가 자신에게 친절하게 대했던 때를 떠올려 그림으로 그려보고, 그림 아래에 장면에 대한 설명과 그때의 기분을 간단히 적어 본다.

탐구할 내용/통찰
- 우리는 친절에 관한 기억을 떠올리거나 친절한 행동에 대해 상상할 수 있다.
- 친절은 우리를 더 행복하게 한다.
- 우리 모두는 행복해지길 바란다.

준비물
- 학생 수만큼의 그림 그릴 종이
- 그림을 그리기 위한 연필, 펜, 매직

수업 방법
- 다른 사람이 자신에게 친절하게 대했던 순간을 조용히 떠올려보도록 한다.
- 그 순간을 그려보도록 한다. 그리고 그림 아래쪽에 다음의 질문에 대한 답을 적어보도록 한다.
- 그림 속 모습이 어떻게 보이나요? 그림은 어떤 느낌인가요? 여러분은 어떤 모습인가요? 여러분은 무엇을 느꼈나요?
- 그림을 그릴 수 있도록 몇 분의 시간을 주고, 필요 학생은 개별적으로 지도한다. 대부분의 학

생이 준비되면, 친구들에게 이야기하도록 한다.

• 발표하는 친구에게 친절함을 받았을 때 느꼈던 감정에 대해 물어본다.

• 만약 친절한 순간이 아니라 기분을 나쁘게 만들었던 순간에 대해 이야기하면, 친절이란 우리를 더 행복하게 하는 것이라고 한번 더 상기시켜주고, 다른 사람들이 친절을 베풀어 주어 행복함을 느꼈던 때를 다시 한번 생각해보도록 한다.

• 시간이 허락하는 한 많은 아이가 자신의 그림에 대해 이야기하도록 한다. 이때 친절이 우리를 더 행복하게 하고, 우리 모두는 행복해지기를 바라기 때문에 친절을 원한다는 사실에 집중할 수 있도록 한다.

교사를 위한 팁

• 책상에 앉거나 전체 그룹이 원으로 둘러앉아 진행할 수 있다. 아래 활동안은 책상에 앉아 진행할 경우를 위해 작성되었다.

• 여러 학생들이 그림 그리는 것에 어려움을 느껴 머뭇거리고 있다면 두 명 정도의 학생에게 그림을 소개하도록 한다. 이를 통해 다른 학생들이 친절에 대해 생각할 수 있을 것이다.

• 교사가 그린 그림을 예로 사용할 수 있다.

• 수업의 크기에 따라서, 혹은 단체를 대상으로 이야기하는 것을 불편해하는 학생이 있을 경우, 두 명씩 짝을 지어 먼저 이야기해 보도록 한다.

• 발표를 듣는 학생들도 자신이 받았던 비슷한 친절의 순간을 떠올리거나 행복감을 느낄 수 있다. 따라서 발표를 들은 학생들에게 이러한 느낌에 대해 질문할 수 있다.

• 친절 그리기 활동은 다른 활동과 연계해 진행할 수 있으며, 이 활동 뒤에는 다음 수업에서 활용할 그림 한 장을 꼭 가지고 있도록 한다. 학생들이 가지고 갈 수도 있고, 벽에 걸어 놓을 수도 있으며, 교사가 걸었다가 필요한 시간에 다시 나누어 줄 수도 있다. 이 활동은 최소 한 달에 한번 정도 반복할 수 있다.

활동안

• "자, 모두 책상에 앉아 볼게요.

• 우리는 모두 친절을 베푸는 사람을 좋아한다는 것을 알았어요. 기억나나요?

- 잠시만 조용히 앉아서, 다른 사람이 우리에게 친절하게 대했을 때를 떠올려 볼게요. 가끔은 눈을 감거나 바닥을 바라보면 기억이 더 잘 나기도 해요. 선생님은 눈을 뜨고 있을게요.
- 그때는 아주 특별한 순간이었을 수도, 아니면 아주 일상적인 순간이었을 수도 있어요.
- 우리 친구들을 도와줬던 누군가가 떠오를 수도 있고, 예쁜 말을 해주었던 사람이 떠오를 수도 있어요.
- 함께 놀았던 친구가 떠오르거나, 장난감이나 선물을 준 사람이 떠오를 수도 있어요.
- 마음속에 나에게 친절을 베푼 누군가를 떠올린 사람은 손을 들어주세요. (몇몇 학생들이 아직 떠올리지 못하고 있다면, 손을 든 친구들에게 경험을 이야기하도록 한다. 이를 통해 다른 학생들이 친절의 순간을 떠올릴 수 있을 것이다.)
- 그러면 이제 다른 사람이 나에게 친절하게 대했던 순간을 그림으로 그려보도록 할게요.
- 선생님이 질문 몇 가지를 할 거예요. 그 친절은 어떤 모습인가요? 그 모습을 보니 어떤 느낌이 드나요? 여러분의 모습은 어떻게 보이나요? 우리 친구들은 그때 기분이 어땠나요? (학생들이 그림을 그릴 수 있도록 몇 분의 시간을 주고, 필요한 학생들은 개별적으로 지도한다. 대부분의 학생이 준비되면, 이야기 나누기를 시작한다.)
- 자, 모든 친구들이 다른 사람이 나에게 친절하게 대했던 순간에 대한 그림을 완성했어요.
- 그림과 그 당시 상황에 대해 이야기하고 싶은 친구 있나요?
- 우리가 그린 이 그림은 친절을 떠올리고 싶은 순간에 자원으로 사용될 거예요. 우리가 지금 한 활동을 다시 진행하면서 긍정적인 마음을 갖고 싶다면 언제든 이야기해 주세요."

마무리 | 3분

- "어때요? 우리 친구들 모두가 행복해지고 싶어 하나요? 우리는 못되게 구는 것보다 친절한 것을 더 좋아하나요?
- 다른 사람이 우리에게 친절하게 대할 땐 어떤 기분이 드나요? 못되게 굴 때는 어떤 기분이 드나요?
- 올해 우리는 따뜻한 교실을 만들기 위해 서로를 도와줄 거예요. 우리 모두가 행복해지기를 원하고 있고, 우리 모두가 친절을 좋아한다면, 서로에게 친절하게 대하는 법을 배워야만 해요.

그래서! 앞으로 우리 함께 배워 보도록 할게요.

• 오늘 친절에 대해 배운 것을 한 문장이나 한 단어로 이야기해 볼까요?" (가능한 한 모든 학생이
   이야기하도록 한다.)

목적

이 수업 활동의 목적은 안전하고 건설적인 학습 환경을 만드는 데 도움을 줄 학급 구성원 모두가 동의하는 학급 약속을 만들고, 이를 통해 친절에 대한 개념과 그것이 왜 필요한지에 대해 더 자세히 탐구하는 것이다. 학생들은 학급 약속을 만들면서 다른 사람들과 함께 사용하는 공간에 왜 친절이 필요한지에 대한 답을 명확하게 찾을 수 있을 것이다. 또한 학급 약속에 있는 항목들이 어떻게 자신과 친구들에게 영향을 주는지도 볼 수 있게 될 것이다. 학생들은 건설적이거나 건설적이지 않은 행동에 대해 관찰할 것이며, 다른 사람의 존재와 그들이 가진 느낌과 욕구에 대해서도 주의를 기울이게 될 것이다.

활동 옆의 별표(*)는 여러 번 반복되어 실행할 수 있음을 나타낸다. (수정 여부는 관계없음)

학습 목표

학습자는

• 서로를 대할 때 친절이 필요한 이유를 실제적으로 탐구할 것이다.

• 친절하고 배려 깊은 교실을 만들어 주는 학급 약속을 만들 것이다.

시간

45분, 가능하다면 이틀에 걸쳐 실행한다.

(1일 차엔 30분, 2일 차엔 15분)

주요 구성 요소

대인 관계 인식 (2A)

준비물

• '우리는 교실에서…'라는 제목을 쓴 전지나 포스터

• 칠판이나 아이디어를 적을 수 있는 종이

• 매직

도입 | 3분

• "지난 시간에 우리는 친절과 행복에 대해 배웠어요. '들어가고 나가기' 게임도 했고, 친절을 받았던 순간을 떠올리고 그림도 그렸어요.

• 지난 시간에 나눴던 이야기 중에서 생각나는 것이 있나요?

• 무엇이 생각나나요? 친절과 행복에 대해서 이야기해 줄 수 있을까요? (예상 답변: 우리는 모두 못된 사람보다 친절한 사람을 더 좋아해요.)

• 친절한 사람을 만나면 우리는 더 행복해지나요?

• 지난 시간에 그렸던 친절 그림(혹은 새로운 그림)을 잠깐 떠올려 볼게요. 몸이나 마음에서 달라지는 느낌이 있나요? 무엇이 다른가요?"

통찰 활동 | 24분
학급 약속 만들기

개요
교실에서 행복과 친절을 지키기 위해 무엇이 필요한지를 생각하고, 학급 약속 목록을 작성한다.

탐구할 내용/통찰
• 우리는 모두 친절과 행복을 원한다.
• 서로의 행복을 지켜줄 수 있는 구체적인 행동들이 있다.

준비물
• 표가 그려진 종이나 화이트보드
• 매직

수업 방법
• 재미있고, 안전하고, 배려 깊은 행복한 교실을 만들기 위해 모두가 할 수 있는 일이 있는지 묻는다.

- 최대한 많은 제안을 받고, 모든 학생이 볼 수 있도록 칠판이나 종이에 목록을 작성한다. 필요하다면, 학생들에게 아래의 약속에 대한 아이디어를 제시할 수도 있다.
- 친절하게 대하기
- 재미있게 놀기
- 왕따시키지 않기
- 서로 도와주기
- 함께 쓰기/차례 지키기
- 예의 있게 행동하기
- 친구의 말 경청하기
- 못되게 굴지 않기
- 소리 지르지 않기
- 도움을 청하기
- 집중하기
- 미안하다고 말하기

교사를 위한 팁
질문에 최초로 답을 한 학생뿐 아니라 모든 학생이 대답할 수 있도록 한다.

활동안
- "자, 우리 교실이 이런 모습이었으면 좋겠어요! 하는 목록을 만들어 볼게요.
- 우리는 모두 행복해지길 원하고 있어요. 이게 바로 우리의 공통점이라 할 수 있지요.
- 다른 사람이 친절하게 대하는 것이 우리를 행복하게 한다는 것도 알고 있어요.
- 그럼 목록 안에 친절이 들어갈 수도 있을 것 같은데, 우리 친구들은 어떻게 생각하나요?
- 우리 모두가 안전하고 배려 깊은 행복한 교실을 만들기 위해 무엇을 할 수 있을까요?
- 한 학생이 무언가를 제안하면, 이에 대한 다음의 두 가지 질문을 던져 모든 학생이 심도 있게 그 행동에 대해 탐구할 수 있도록 한다.
- 그건 무슨 뜻인가요?

• 그건 어떤 모습인가요?

• 우리 모두가 그렇게 행동하면 어떤 일이 벌어질까요?

• 우리가 그것을 하지 않으면 어떤 일이 벌어질까요?"

  (시간이 허락하는 만큼 이 과정을 반복한다.)

통찰 활동 ｜ 15분, 가능하다면 다음 날에 실행*

학급 약속 만들기, 두 번째 시간

개요

계속해서 교실에서 행복과 친절을 지키기 위해 무엇이 필요한지 생각하고 학급 약속 목록을 작성한다.

탐구할 내용/통찰

• 우리는 모두 친절과 행복을 원한다.

• 서로의 행복을 지켜줄 수 있는 구체적인 행동들이 있다.

준비물

• 표가 그려진 종이나 화이트보드

• 매직

• 지난 활동에서 만든 목록

수업 방법

• 지난 시간에 만든 목록에 적힌 약속들을 하나로 묶어 '우리는 교실에서…'라고 쓴 종이에 옮겨 적는다.

• 항목을 적을 때에는 능동 형태로 적는다. 예를 들면, '친절하게 대하기' '도와주기' '도움을 요청하기' 등과 같이 능동적인 형태로 확실하게 적는다.

- 학급 약속을 다 함께 읽는다.
- 학급 약속에 학생들이 지키겠다는 사인을 하도록 한 후 교실에 걸어놓는 것도 좋다.
- 학급 약속을 만드는 이유가 우리 모두를 더 행복하게 하고 안전한 교실을 만들기 위한 것임을 다시 한번 상기시킨다.

교사를 위한 팁

- 가능하면, 첫 번째 수업을 한 다음 날 통찰 활동을 마치도록 한다. 학생들은 종종 합의에 이른 약속도 받아들이는 데 시간이 걸린다. 그리고 가끔씩은 다음날 더 많은 약속들을 생각해 오기도 한다.
- 만일, 첫 번째 활동 다음날에 두 번째 활동을 이어서 수행할 수 있다면, 아래에 제시된 '도입'을 활용해 시작할 수 있다.

활동안

[두 번째 날 사용할 도입:

"지난 시간에 교실에서 안전하고 행복한 느낌을 가지기 위해 필요한 많은 것을 생각해 냈어요. 오늘은 그 목록들을 다시 한번 살펴볼 거예요. 혹시 더 넣고 싶은 게 있다면 이야기해 주세요"]

- 목록에 있는 비슷한 약속들을 하나로 합쳐보는 게 어떨까요? 이렇게 하면 중요한 약속들을 잘 기억할 수 있게 될 거예요.
- 여기 '우리는 교실에서'라고 쓰인 종이가 있어요. 여기에 우리가 만든 약속 목록들을 넣어 볼게요.
- 이 약속들을 하나로 합치면 어떨까요?
- 아니면 이 약속들은 '… 친절하게 대하기'라고 바꿔 보는 건 어떨까요?
- (시간이 허락되는 만큼 이 과정을 계속한다.)
- 자, 이제 우리가 함께 지킬 수 있는 약속이 만들어졌어요.
- 이제 이 약속들을 살펴보고 큰 소리로 함께 읽어 볼게요.
- 우리는 더 행복해지기 위해서, 그리고 교실에서 안전함을 느끼기 위해서, 이 약속들을 지킬 거예요.

• 우리가 다시 만날 때까지 이 목록에 대해서 계속 생각해 볼게요. 더 추가하고 싶은 게 있으면 언제든지 이야기해 주세요.

마무리 | 3분

• "앞으로 1년 동안 우리는 우리 자신에게, 그리고 다른 사람에게 친절하게 대하는 최고의 방법들을 배울 거예요. 함께 만든 이 학급 약속이 바로 첫 번째 방법이라고 할 수 있어요!

• 오늘 배운 내용 중 자신이나 다른 사람을 위해 바로 사용할 수 있는 것을 찾았나요? 한 단어나 한 문장으로 이야기해 볼까요?"

친절하고 행복한 교실 만들기

친절 연습하기

목적

세 번째 수업 활동은 기존에 배운 것을 토대로 친절을 모델링하고 연습하는 것을 통해 경험적이고 체화된 이해를 얻는 것에 초점을 둔다. 이를 위해 두 가지 단계를 진행한다. 먼저, 학급 약속을 실천할 수 있는 실제 사례를 탐구해 보는 통찰 활동을 진행하고, 이어서 친구들 앞에서 학급 약속을 행동으로 설명해보고 이에 대한 경험을 이야기해 보는 반성적 활동을 진행한다. 교실에서 보이길 원하는 행동을 직접 몸으로 체험하면서 학생들은 친절, 학급 약속, 그리고 약속이 실행되는 모습에 대해 더 잘 이해할 수 있게 된다. 이러한 체화된 이해의 과정은 한 해 동안 계속되어야 하며, 학생들은 시간이 지날수록 학급 약속을 더 잘 수행하게 될 것이다.

활동 옆의 별표(*)는 여러 번 반복해 실행할 수 있음을 나타낸다. (수정 여부는 관계없음)

학습 목표

학습자는

• 학급 약속에서 이야기하는 친절을 표현하는 방법을 개발할 것이다.
• 친절에 대한 이해를 개별적이고 집단적인 행동에 구체적으로 적용할 수 있다.

주요 구성 요소

사회관계 기술 (2E)

시간

30분 (모든 학급 약속을 체험해보기 위해 이 수업 활동을 반복할 수 있다.)

준비물

• 학급 약속 목록
• 학급 약속을 연습하기 위한 아이디어를 적을 종이나 칠판

도입 | 3분

• "이제 잠시 조용히 앉아서 우리의 몸과 마음이 쉴 수 있도록 해 볼게요. (잠시 멈춤) 몇몇 친구들은 피곤한 상태이거나 아니면 에너지가 넘칠 수도 있어요. 힘든 아침을 보냈거나 신나는 아침이었을 수도 있을 거예요. 어떤 상태든 다 괜찮아요.

• 자, 오늘 이 시간까지 경험했던 친절한 순간을 떠올려 볼게요. 집에서 일어났을 수도 있고, 학교에 오는 도중에 일어났을 수도 있고, 아니면 바로 몇 분 전에 일어난 것도 좋아요. 어떤 생각이 떠오르는지 보세요. 만약 아무것도 생각이 나지 않으면, 그것도 괜찮아요. 이때에는 친절하다고 생각하는 순간을 상상으로 만들어 보세요. (잠시 멈춤)

• 친절의 순간을 떠올리고 그 순간에 잠시 머물러 볼게요.

• 방금 떠오른 것을 이야기해 보고 싶은 친구 있나요?

• 친절을 생각하면 기분이 어떤 것 같아요?

• 또 다른 친구 있나요?"

통찰 활동 | 12분
학급 약속을 도와주는 행동으로 바꾸기

개요
이 통찰 활동에서는 학급 약속을 구체적인 행위와 행동으로 묘사하면서 '시각적'으로 볼 수 있게 한다.

탐구할 내용/통찰
• 우리는 모두 친절과 행복을 원한다.
• 서로의 행복을 지켜줄 수 있는 구체적인 행동들이 있다.

준비물
• 학급 약속 목록
• 학급 약속을 연습하기 위한 아이디어를 적을 종이나 칠판

수업 방법

- 학생들에게 학급 약속이 효과적으로 지켜질 때 각각 어떻게 보이고, 들리고, 느껴지는지 물어본다.
- 학생들이 보여준 예를 종이에 적거나 그림을 그리고, 이들을 반영하는 학급 약속에 연결한다.

교사를 위한 팁

- 학급 약속에 따라 다르겠지만 몇몇 약속은 관련된 행동이 매우 명확하게 표현되는 경우가 있다. 이 경우, 학생들에게 예를 들어보도록 하여 실제로 어떻게 행동할 수 있는지 이해하도록 한다. 예를 들어, 학급 약속 중 하나가 '친구 경청하기'인 경우, 다음의 질문을 통해 구체적인 행동에 관한 답을 이끌어낼 수 있다. "우리가 서로의 말을 들을 땐 어떤 모습일까요?"라고 묻거나 "듣고 있을 때 눈은 어떻게 해야 할까요? 상대방을 바라봐야 할까요?" 혹은, "친구가 말하는 동안 내가 하고 싶은 말을 바로 해야 할까요? 아니면 조용히 들어 주는 것이 좋을까요?"
- 한 수업에서 시간 관계상 모든 약속을 다 이야기할 수는 없을 것이다. 이 경우에는 반성적 활동으로 넘어가고 다음 시간에 다시 약속에 대해서 이야기하도록 한다.

활동안

- "우리가 _____ (예를 들어, "서로를 돕는다"와 같은 약속을 목록에서 하나 고른다)라고 이야기하더라도, 실제로는 서로를 돕는 게 어떤 모습인지 모를 수 있어요. 우리 친구들은 "구체적이다"라는 것이 어떤 뜻인지 아나요? '구체적'이라는 말은 실제 예와 함께 분명하게 아는 것을 말해요. 우리가 만든 학급 약속을 다시 한번 보고 우리가 약속을 구체적으로 설명할 수 있는지 살펴볼게요.
- _____ (서로를 돕는 것은) 어떻게 보이나요? _____ (서로를 돕는 것에 대한) 생각을 실제로 도와주는 행동으로 바꿀 수 있을까요? _____ (서로를 도와주는 행동을 하는 것은) 어떻게 보이나요? 우리가 이런 행동을 하면 다른 사람의 기분이 어떨까요?
- _____ (도와주지 않는) 사람을 봤을 때, 우리는 어떤 말이나 행동을 할 수 있을까요?"

이 활동안을 가지고 여러 학급 약속에 대해 이야기 나눌 수 있다. 다른 수업을 하다가 학급 약속에 대해 이야기할 수 있는 시간을 발견하면, 나머지 약속에 대해서도 이와 같은 방식으로 구체적으로 살펴볼 수 있다. 이를 통해 학생들은 모든 학급 약속에 대해 구체적으로 이해할 수 있을 것이다.

반성적 활동 | 10분
친절을 연습하고 행동하기

개요
이 반성적 활동에서 학생들은 도와주기 행동을 직접 실행해 볼 것이다.

탐구할 내용/통찰
• 우리는 모두 친절과 행복을 원한다.
• 서로의 행복을 지켜줄 수 있는 구체적인 행동들이 있다.

준비물
• 학급 약속 목록
• 통찰 활동에서 만든 구체적 행동 목록

수업 방법
• 교사가 먼저 모델링을 보여준다. 우선, 도움 행동 목록에서 가장 구체적이고 모델링하기 쉬운 행동을 하나 선택한다. 그리고 두세 명의 지원자를 모아 도움 활동을 행동으로 보여 준다.
• 다음으로, 지원자를 모아 한 명은 도움이 필요한 것을 연기하고, 또 다른 한두 명은 그 사람을 보고 도움을 주는 역할을 하도록 한다. 학급 친구들이 모두 볼 수 있는 곳에서 연기를 하도록 한다.
• 다른 학생들은 이 학생들을 조용히 가까이서 지켜보고, 후에 자신이 본 것을 이야기한다.

- 1분도 채 안 걸리는 시나리오를 실행하고 나면, 자원한 학생들이 연극을 하면서 보고 느낀 것을 이야기하도록 한다.
- 연극을 관찰한 학생들도 자신이 보고 느낀 것을 이야기한다.
- 끝나고 나면 또 다른 도움을 주는 행동에 대해 예시를 제시하거나 목록에 있는 다음 행동으로 이동해 다시 몸으로 표현해 보도록 한다.
- 모든 학급 약속에 대해 이 활동을 반복한다.

교사를 위한 팁

- 경우에 따라서는 도움을 필요로 하는 사람이 없을 수도 있지만 교실에서 일어날 수 있는 시나리오를 학급 약속이나 도와주기 행동과 연관지어 만들 수 있다.
- 통찰 활동 중에 만든 모든 도움 행동을 연습하기에는 10분이 충분하지 않을 수 있다. 반성적 활동은 각각 다른 약속이나 행동을 강조하면서 여러 번 반복해 진행될 수 있다.

활동안

- "어떻게 교실에서 서로를 도울 수 있는지에 대해 우리 친구들이 정말 많은 의견을 주었어요. 그리고 이제 이 학급 약속에 대해 더 정확히 알게 되었어요.
- 우리가 방금 이야기한 도움 활동 몇 개를 직접 연습해 보면 훨씬 더 잘 이해할 수 있을 거예요.
- 우리 중 한 명이 도움이 필요한 사람을 연기해 보는 건 어떨까요? 그리고 우리가 도움이 필요한 사람을 보고 도와주는 행동 중에서 어떤 행동을 할지 결정하고 도와주는 거예요. 어떤 도움 활동부터 시작해 볼까요? 두세 명의 친구가 앞으로 나와서 도와주기 행동을 해 볼 수 있을까요?
- 그럼 선생님이 먼저 도움이 필요한 사람이 되어 볼게요. 그리고 우리 친구들은 나를 보고 앞으로 나와서 도와주면 돼요. (시나리오를 수행한다.)
- 아주 멋졌어요! 이제 선생님이 느낀 점을 이야기해 줄게요. ("도움을 받으면서 너무 행복했어요", "도움을 받으면서 기분이 좋아졌어요", 또는 "이제 안전하다는 생각이 들었어요" 등과 같이 도움받을 때 느낀 점을 이야기한다.)
- 이제 선생님을 도와줬던 친구들에게 물어볼게요. 이 방법으로 선생님을 도와준 소감이 어떤가요?

- 이제 선생님을 지켜봤던 친구들에게 물어볼게요. 무엇을 봤고, 어떤 걸 느꼈나요?
- 자, 이제 여러분 중 한 명이 도움이 필요한 사람이 되어 볼게요. 그럼 우리가 도와줄 수 있어요."

마무리 | 4분

- "잠시 앉아서 우리가 보고 느낀 것들을 생각해 볼게요.
- 도움이 필요한 사람이나 도움을 받고 있는 사람을 볼 때 어떤 느낌이 드는지 보았나요? 도움을 받을 때만 기분이 좋은 게 아니라 도움을 줄 때에도 기분이 좋았어요. 그리고 누군가 도움을 받는 것을 보는 것만으로도 우리는 기분이 좋았어요. 우리가 도움을 받거나 다른 사람의 친절을 보는 것은 우리를 안심시키고, 더 행복하게 해요.
- 오늘 배운 친절에 대한 것 중 다음에 사용해 보고 싶은 것이 있나요?
- 이 활동을 하고 난 지금, 학급 약속에 추가하고 싶은 내용이 더 있을까요?"

추가 학습

아이들이 현실에서 친절한 행위를 실천하도록 하는 것이 더욱 중요하다. 이를 위해, 아이들이 학급 약속을 하나 정하고(아침에 하나를 정한다), 일과를 정리하면서 그 약속을 잘 지켰는지 체크해 보는 시간을 가지는 것도 좋다. 이 활동은 아이들이 학급 약속을 잘 지키지 않는다고 생각될 때 언제고 다시 실행할 수 있다.

친절하고 행복한 교실 만들기

진정한 친절

목적

네 번째 수업 활동의 목적은 친절이 외적인 행동만을 이야기하는지, 아니면 우리의 마음과 가슴에 있는 어떤 것과도 연관되어 있는지를 탐구하면서 친절의 개념을 더 깊이 이해하는 데 있다. 우리는 음식이나 돈을 주거나, 다정한 말을 하거나, 누군가가 넘어졌을 때 도와주는 것과 같은 외적인 활동을 친절이라고 생각한다. 그러나 이러한 행동과 말의 이면에 자신의 이득을 취하려는 마음이 있다면, 이것은 진정한 친절로 볼 수 없다. 이것은 진정한 도움도 아니다. 친절은 단순히 외적으로만 보이는 행동만 이야기하는 것이 아니라 마음의 상태와 깊이 연결되어 있으며, 이러한 친절의 마음을 가지도록 교육하는 것이 바로 SEE Learning의 핵심이라 하겠다. 여기서 친절한 마음이란 다른 사람을 도와주고 행복을 가져다주려는 성품을 말한다.

활동 옆의 별표(*)는 여러 번 반복해 실행할 수 있음을 나타낸다. (수정 여부는 관계없음)

학습 목표

학습자는
- 친절을 외적 행동과 내적 의도의 맥락에서 탐구할 것이다.
- 실제적(내면의, 진정한) 친절과 표면적 친절의 차이를 인식할 것이다.
- 친절에 대한 자신만의 정의를 만들 것이다.
- 불친절해 보이지만 실제로는 친절한 행위의 예와 그 반대되는 예를 살펴볼 것이다.

시간

30분

주요 구성 요소

타인 자비 (2C)

준비물

- '친절'이라고 쓰인 종이
- 본문에 제시된 이야기

도입 | 3분

- "지난 시간에 우리 친구들과 친절하고 배려 깊은 교실을 만드는 방법에 대해 이야기 나누었어요. 그리고 학급 약속도 만들었지요. 지난 시간에 나누 었던 이야기나 목록에 대해 기억하는 친구 있나요? (이야기할 시간을 준다.)
- 오늘은 친절을 실천하는 방법에 대해 생각해 볼 거예요."

통찰 활동 | 10분
두 형제와 아기 백조

개요

이 활동에서는 이야기를 통해 우리 모두가 안전하게 보호받고 있다는 느낌을 주는 친절을 좋아한다는 것을 보여줄 것이다. 이 활동 속 이야기는 친절이 우리의 마음속 성품이나 의도와 연관되어 있음을 보여준다. 누군가가 친절한 척하며 그로부터 이익을 얻으려고 한다면 그것은 진정한 친절로 볼 수 없다. 친절이 표면적 행동이 아니라 내면적 자질이라는 것을 학생들이 이해하면, 친절을 마음으로 느끼고 실천하려 할 것이다.

탐구할 내용/통찰

- 우리는 모두 친절을 좋아하고, 못된 행동보다는 친절한 행동을 원한다.
- 친절은 우리를 안전하게 보호받고 있다고 느끼게 한다.
- 친절은 내적 자질이다.
- 친절한 척하는 것(좋은 의도가 없는 표면적 행동)은 진정한 친절이 아니다.

준비물

본문에 제시된 이야기

수업 방법

• 학생들에게 이야기를 읽어준다.

• 토론을 진행한다. 이때 사용할 수 있는 질문들이 제시될 것이다.

교사를 위한 팁

• 활동에서 제시하는 토론 질문들은 토론을 촉진하고 이야기에 대해 다양한 차원에서 바라보도록 도울 것이다. 토론의 흐름에 맞게 여러 질문을 자유롭게 추가할 수 있다.

• 학생들에게 토론 중 자유롭게 이야기 나누도록 하고, 정답이나 오답이 없음을 알려준다. 그리고 중요한 통찰(탐색할 내용에 나열됨)을 향해 나아갈 수 있도록 토론을 이끌어간다. 통찰은 자연스럽게 일어나도록 해야 하며, 모든 학생들이 통찰에 도달하지 못했다 하더라도 다음 수업에서 계속해서 통찰이 일어날 수 있기에 걱정하지 않아도 된다.

활동안

• "이제 친절과 관련된 이야기를 함께 읽어볼 거예요. 가끔 보면 친절하게 행동하지만, 실제로 마음속에는 친절과 자비를 가지지 않은 사람들이 있어요. 이 이야기를 읽는 동안 누가 진짜 친절한 사람인지, 아니면 누가 친절한 척 연기를 하고 있는지 우리 친구들이 잘 살펴보도록 할게요."

• (아래 이야기를 읽는다.)

• "자 이제 이야기에 대해 이야기 나눠 볼까요?

• 어떤 일이 일어났나요? 이야기 속에서 일어난 일을 이야기해 주세요.

• 이야기에 있는 다른 사람들은 무엇을 느끼고 있었나요?

• 만약 아기 백조가 우리에게 이야기할 수 있다면, 무엇을 이야기하고 싶어 할까요? 또 어떤 이야기를 해 줄까요?

• 우리 친구들은 백조가 왜 동생에게 간 것 같아요?

• 형이 백조에게 다정한 말을 했던 거 기억하나요? 그 후에는 어떤 일이 일어났죠?

• 형이 그 말을 할 때 친절했나요? 왜 그렇게 생각하나요? 아니면 왜 친절하지 않았다고 생각하나요?

- 친절이 어떻게 도움이 될까요?
- 어떤 사람이 마음 속에는 도와주고 싶은 마음이 없는데 친절한 척을 한다면, 그건 진정한 친절일까요? 우리 친구들은 어떻게 생각하나요?
- 친절은 달콤한 말을 하는 것처럼 행동으로 보이는 모습일까요? 아니면 우리 마음속에 있는 것일까요? 우리가 마음속에 가지고 있는 특별한 무엇일까요? 우리 친구들은 어떻게 생각해요?
- 처음 보면 불친절해 보이는데, 사실은 친절한 것이 있을 수 있을까요? 만약 엄마, 아빠가 우리 친구들에게 "안 돼"라고 말하면, 이건 불친절한 것일까요? 친절한 것일까요? 만약 우리 친구들이 위험해질 수 있어서 부모님이 "안 돼"라고 한다면요? 이건 친절한 것일까요?"

이야기 | 두 형제와 아기 백조

"두 형제는 어느 날 공원에서 놀고 있다가 예쁜 아기 백조를 발견했어요. 형은 '우아, 정말 예쁜 새다!'라고 생각하면서 새를 갖고 싶어 했지요. 그리고 아기 백조를 잡으려고 막대기를 던졌어요. 아기 백조는 무서워서 도망치려고 했어요. 하지만, 아직 어려서 잘 날 수가 없었기 때문에 걸어서 도망가고 있었어요. 동생은 "그만해! 새가 다치잖아! 아직 아기란 말이야!"라고 이야기하면서 백조를 보호해 주기 위해 다가갔어요. 그리고 쓰다듬으며 먹이를 주었지요. 하지만 형은 계속 화를 내면서 아기 백조를 잡으러 쫓아다녔어요.

그때 엄마가 다가와 물었어요. "얘들아, 무슨 일이니?"

아기 백조를 잡고 싶어 하던 형은 "저 새는 내 거예요. 동생한테 새를 저에게 주라고 하세요!"라며 백조를 가지려 했어요.

"안 돼요. 형한테 백조를 주면 안 돼요. 백조를 아프게 하려고 했단 말이에요." 동생이 말했어요.

이때 엄마는 "내가 여기 없었기 때문에 무슨 일이 있었는지 모르겠네. 그럼, 백조가 결정하도록 하는 건 어떨까?"라고 말했어요.

엄마는 아기 백조를 두 형제 사이에 놓았어요. 그리고 백조에게 물었어요. "누구와 함께 있고 싶니?"

아기 백조를 잡고 아프게 하려던 형은 다정하게 말했어요. "아기 새야, 나에게 오렴. 내가 잘 보살펴 줄게!"

하지만 아기 백조는 형에게 가지 않았어요. 아기 백조는 자신을 지켜주려고 했던 동생에게 갔어요.

"새가 너를 더 좋아하네. 네가 백조를 지켜주면 되겠다."

엄마는 아기 백조를 잘 돌봐주고 보호해준 동생에게 말했어요."

[끝]

반성적 활동 | 10분
친절 정의하기

개요
이 반성적 활동에서는 '친절'이라는 단어의 지도를 만든다. 이 단어 지도는 교실에서 사용할 수 있는 친절(하나 또는 두 개의 문장)에 대한 간단한 정의를 개발하는 데 사용한다. 학생들이 친절을 정의하는 동안이나 친절에 대해 정의를 내린 후에는 이에 대한 이해를 심화시킬 수 있도록 잠시 동안 조용한 성찰의 시간을 갖는다.

탐구할 내용/통찰
• 우리는 모두 친절을 좋아하고, 못된 행동보다는 친절한 행동을 원한다.
• 친절은 우리를 안전하게 보호받고 있다고 느끼게 한다.
• 친절은 내적 자질이다.
• 친절한 척하는 것(좋은 의도가 없는 외적 행동)은 진정한 친절이 아니다.

준비물
• 적을 수 있는 종이와 칠판

수업 방법

- 종이나 칠판 가운데에 '친절'이라고 적는다.
- 친절을 정의하는 데 도움이 되는 단어들을 '친절' 주위에 적는다. 선을 사용하여 친절이라는 단어와 연결한다. 이 활동은 일종의 단어 지도를 만드는 것이다.
- 만약 학생들이 토론 중에는 위의 '탐색할 통찰'과 관련된 단어를 언급했으나, 지금은 말하지 않고 있다면 이렇게 안내한다. "누군가 친절이 단지 말과 행동이 아니라 내적 자질이라고 말했던 것을 기억해볼까요. 여기에 무엇을 더 추가해야 할까요?"
- 친절이 무엇을 의미하는지 표현하기 위한 학생들만의 단어와 방법을 찾도록 도와준다.
- 친절에 대해 한 문장으로 정의를 내려본다. 학생들이 스스로 친절에 대해 한 문장으로 정의 내리는 것이 어려울 수 있기 때문에, 학생들이 말한 단어의 의미를 포함하는 다른 단어들을 제안한다. 학생들의 생각 중에서 비슷한 단어를 먼저 묶어 제시하는 것이 더 쉽게 정의를 찾을 수 있도록 도와줄 수 있다.
- 임시적일지라도 짧은 정의가 나오면 새 종이에다가 적고, 학생들에게 1분 동안 그 정의에 대해 조용히 생각해 보도록 한다.

교사를 위한 팁

- 완벽한 정의가 바로 생각나지 않는다고 걱정할 필요는 없다. 수업 중에 정의가 내려지지 않으면, 학생들이 이야기한 것과 목록에 적힌 것을 바탕으로 나중에 만들 수 있다.
- 참고: SEE Learning의 많은 반성적 활동에는 자신이 얻은 통찰을 생각하고, 고민하고 내면화하기 위한 조용한 성찰의 시간이 포함되어 있다. 성찰의 시간을 얼마나 가져야 하는가는 교실 환경과 학생들의 성향에 따라 달라질 수 있다. 짧게는 15초부터 길게는 수분 동안 성찰의 시간을 가질 수 있을 것이다. 적절한 시간은 교사가 가장 잘 찾을 수 있다. 이 활동을 많이 하면 할수록 학생들은 점점 이 시간을 편안하고 친근하게 느낄 것이며, 이때에 더 많은 성찰의 시간을 가질 수 있다.

활동안

- "우리 친구들은 친절이 무엇인지 한 문장으로 설명할 수 있을까요? 누가 "친절이 뭐예요?"라고 물어보면 바로 답할 수 있도록 말이에요.
- 잠깐 우리가 나눴던 이야기와 토론에 대해 조용히 생각해 보는 시간을 가져 볼게요.
- 선생님이 '친절'이라는 단어를 칠판 중앙에 써 볼게요. 친절을 설명하기 위해서 친절과 비슷한 단어들은 어떤 것이 있는지 이야기해 주세요.
- 친절이라는 단어 옆에 어떤 단어를 넣어야 할까요? 어떤 단어가 친절과 비슷한가요? 어떤 단어가 친절을 잘 설명해 줄까요?
- 자, 여기 몇 가지 단어가 나왔어요. 친절에 대한 단어 지도가 완성되었어요.
- 잠시 시간을 가지고 이 단어들에 대해 생각해 볼게요. 빠진 단어가 있을까요? 더 넣고 싶은 단어가 있나요? 바로 이야기하지 말고, 1분 동안 생각하고 이야기 나눌게요. (1분의 성찰 시간을 가진다. 짧게는 15초에서 시작해 1분보다 더 길게 가질 수도 있다.)
- 자, 이제 생각해 봤으니, 더 넣고 싶은 단어가 있으면 조용히 손을 들어 주세요. 없으면, 다른 친구들이 이야기하는 동안 계속해서 생각해 보세요.
- (학생들이 제안한 것을 추가해 넣는다.)
- 자, 이제 지난번에 그렸던 친절에 대한 그림을 꺼내 보세요.
- 잠시 동안, 그림을 보면서 조용히 생각해 볼게요. 그림을 봤을 때, 단어 지도에서 우리가 놓치고 있는 것이 있을까요? 지금은 이야기하지 말고, 잠시 동안 조용히 생각해 보는 거예요. (1분의 성찰 시간을 가진다. 짧게는 15초에서 시작해 1분보다 더 길게 가질 수도 있다.)
- 이제, 단어를 더 넣고 싶은 친구가 있으면, 조용히 손을 들어 주세요. 없는 친구들은 이야기하는 동안 계속해서 생각해 보세요.
- (학생들이 제안한 것을 추가해 넣는다.)
- 자, 이제 우리가 이야기 나눈 것을 토대로 친절을 한 문장으로 만들 수 있는지 보도록 할게요. 여기 있는 단어와 생각들을 이용해서 친절을 한 문장으로 어떻게 표현할 수 있을까요? 선생님이 문장을 한번 만들어 볼 테니까, 우리 친구들이 도와주세요.
- 자, 여기 우리가 만든 친절에 대한 설명이 나왔어요. 완벽할 필요는 없어요. 우리는 친절에 대해서 배우면서 언제든지 이 설명문을 다시 수정할 수 있어요.

• 잠깐 동안 우리가 만든 친절에 대한 정의를 조용히 읽어 볼게요. 그리고 이 친절이 우리에게 어떤 의미이고 얼마나 중요한지 생각해 볼게요. 친절의 의미에 대해 깊이 생각할 수 있도록 조용히 마음으로 읽어 볼게요."(조용히 성찰할 시간을 갖는다.)

마무리 | 2분

• "오늘 친절에 대해서 배운 것은 무엇인가요?
• 마무리 활동을 할 때 학생들은 짝을 지어서 이야기할 수 있고, 전체 수업으로 진행할 수도 있으며, 그룹을 지어 조별로 이야기하도록 할 수 있다."

1장	친절하고 행복한 교실 만들기
수업 활동 **5**	# 친절을 인식하고 상호의존성을 탐구하기

목적

이 수업 활동의 목적은 친절을 인식하고 상호의존성을 탐구하는 것이다. 일상생활에서 친절한 행위를 발견하면서 학생들은 이미 친절이 무엇인지 잘 알고 있다. 하지만, 친절에 대한 이해는 아직 더 깊어질 여지가 많다. 학생들은 또한 상호의존성에 대해 어느 정도 알고 있을 수도 있다. 하지만, 상호의존성은 학생들이 얻은 성취와 그 성취를 가능하게 한 많은 것들에 대해 그려보면서 더욱 명확하게 이해할 수 있을 것이다. 상호의존성이란 모든 사물과 사건이 다양한 원인에서 기인하므로 모든 것은 다른 것에 의존해 존재하고 있다는 것을 말한다. 상호의존성을 탐구하는 것은 다른 사람이 어떻게 우리에게 도움을 주고 우리는 어떻게 다른 사람에게 도움을 주고 있는지를 명확하게 인식하도록 돕는 효과적인 도구이다. 이것은 다른 사람들과의 연결감과 감사의 마음을 키우는 데 중요한 호혜성의 원칙도 알려준다. 또한, 상호의존성은 모든 시스템의 특징이기 때문에 상호의존성에 대한 이해를 통해 시스템적 사고도 키울 수 있다.

활동 옆의 별표(*)는 여러 번 반복해 실행할 수 있음을 나타낸다. (수정 여부는 관계없음)

학습 목표

학습자는
- 일상생활 속에서 친절한 행동을 인식할 것이다.
- 상호의존성을 우리가 함께 살고 있는 현실의 특징으로 인식할 것이다.
- 우리가 원하는 많은 물건과 사건이 수많은 타인의 행동으로부터 기인한다는 것을 인식할 것이다.

주요 구성 요소

대인 관계 인식 (2A)

시간

35분

준비물

- 화이트보드 또는 종이
- 매직

도입 | 5분

• "친절이 무슨 뜻인지 기억하는 친구 있나요? 지난 시간에 우리는 다른 사람한테 친절을 설명하는 방법을 찾아보았어요. 우리가 어떤 말을 했는지 기억하는 친구 있나요?

• 친절에 대한 설명을 살펴보도록 할게요. 여기 적어 두었어요.

• 우리 친구들 중에 오늘 친절을 만난 친구가 있나요? 있었어요? 어땠나요? 오늘 친절의 순간을 만나지 못했다면, 상상으로 만들어 보아도 좋아요.

• 잠시 앉아서 친절이 어떤 기분인지 떠올려 볼게요. 눈을 감아도 좋아요. 눈을 감고, 누군가가 친절했던 순간을, 혹은 누군가에게 친절을 베풀었던 순간을 마음으로 그려볼게요. 상상력을 사용해서 친절의 순간을 만들어 보아도 좋아요. (잠시 멈춤)

• 좋아요. 방금 떠올려 본 친절한 행동에 대해 이야기 나눠볼 친구 있을까요?"

교사를 위한 팁

• 자신의 교실에 대해서는 교사가 가장 잘 알기 때문에 이 활동을 지도할 때는 신중하게 진행하도록 한다. 사소한 것이라도 친절의 순간을 떠올리도록 격려한다. 경비 아저씨가 미소를 지어준 순간, 필요할 때 펜을 건네 받은 순간, 평소에 관심이 없었던 사람에게 미소를 보낸 순간 등이 될 수 있다. 학생들에게 친절의 순간을 떠올리지 않아도 괜찮다고 말하고, 상상으로 만들어 보도록 한다. 연습을 하면 할수록 이 활동이 더욱 쉬워질 것이다. 호기심을 자극해 친절에 대해 함께 궁금해하고 탐구하고 있다는 느낌을 가지도록 하는 것이 좋다.

• 일과 중 오전 시간에 도입하고, 오후에 나머지 과정을 진행해도 괜찮다. 아이들은 이를 통해 친절에 대해 오전부터 생각하게 될 것이다.

통찰 활동 | 5분
친절 인식하기*

개요

교사는 학생들에게 그날 하루 동안 관찰했거나 참여했던 친절의 순간을 이야기하도록 한다.

그리고 그것이 자신과 다른 사람들에게 어떤 감정을 느끼게 했는지 되돌아보게 한다. 최대한 많은 종류의 친절을 인식하도록 하는 것이 목표이다.

탐구할 내용/통찰
• 우리는 매일 주변에서 수많은 친절한 행동을 본다. 그러나 주의 깊게 보지 않는다면 그중 많은 친절을 인식하지 못한다.

준비물
화이트보드나 종이, 매직

수업 방법
학생들에게 오늘 교실에서 얼마나 많은 친절이 일어날지 숫자를 이야기하도록 하고, 그 숫자를 칠판에 적어 놓는다. 활동이 끝나고 나면 처음에 이야기했던 숫자가 맞았는지, 아니면 너무 낮거나 높았는지 물어본다.

교사를 위한 팁
모든 통찰 활동에서와 같이, 이 활동을 진행하는 동안 학생들은 중요한 통찰을 얻게 될 것이다. 만일 그렇다면, 이러한 통찰들을 다시 이야기 나눌 수 있도록 칠판에 적어두는 것이 좋다. 초등학교에 다니는 연령의 아이들은 관점을 받아들이거나 더 넓은 생각을 할 수 있는 능력을 발달시키고 있는 중이다. 따라서 이 활동이 도움이 될 수 있다. 이 활동은 1년에 걸쳐 여러 번 시행될 수 있으며, 이를 통해 친절을 강화하게 될 것이다.

활동안
• "자, 여러분. 선생님이 질문을 하나 가지고 왔어요. 오늘 있을 학교에서의 하루를 생각해 본다면, 얼마나 많은 '친절'을 셀 수 있을까요? 10? 20? (학생들이 추측하도록 하고, 숫자를 칠판이나 종이 적는다.)
• 좋아요. 나중에 다시 확인할 수 있게 칠판에 숫자를 적어 놓을게요.

- 자, 이제 우리가 얼마나 많은 친절을 베풀 수 있는지 볼게요. 오늘 일어난 일 중 친절을 보여주는 예라고 생각할 만한 것이 있었나요? 오늘 친절을 베푼 사람을 보았나요? 아니면 여러분 중 친절을 베푼 사람이 있나요?

- (학생들이 자신의 생각을 이야기하도록 한다. 학생들이 이야기하는 것을 단어나 구문으로 작성하여 목록에 적어 놓을 수도 있다. 이야기가 끝나면, 다음과 같은 후속 질문을 한다. "그게 왜 친절한 것으로 보였나요? 친절을 보면서 어떤 기분이 들었나요? 친절을 받은 사람은 어떻게 느꼈을 것 같나요?")

- (이런 후속 질문은 발표를 한 학생들에게 할 수도 있지만, 다른 친구들을 위한 질문이기도 하다. 이 질문을 통해 다양한 방법으로 친절한 행동을 생각할 수 있고, 다른 사람들이 어떻게 느꼈는지 생각할 수 있다.)

- 자, 이제 좀 더 자세히 살펴보도록 할게요. 우리가 더 많은 친절한 행동을 찾을 수 있을지 궁금한데요.

- 우리 친구들은 우리가 눈치채지 못했거나 알지 못하는 친절이 더 있을 거라고 생각하나요?

- 더 자세히 봤을 때 친절한 행동을 더 많이 찾을 수 있었어요. 우리가 이렇게 많은 친절한 행위 속에 둘러싸여 있다는 것을 알게 되었는데, 기분이 어떤가요?

- 자, 그럼 한번 볼까요? 지금까지 우리가 몇 개의 친절을 찾았나요? 우리가 아까 생각했던 것보다 더 많은 것을 찾았나요? (이전에 학생들이 제안한 숫자와 칠판에 적은 숫자를 비교할 수 있다.)

- 우리가 찾으려고만 하면 친절한 행동은 우리 주변에 많이 있는 것 같아요. 그런데, 보지 않으면, 친절을 만날 수 없어요."

반성적 활동 | 20분
상호의존성 탐구하기

개요
학생들은 하나의 성취, 하나의 사건, 하나의 물체에 대해서 생각하면서 상호의존성 그물을 그린다.

탐구할 내용/통찰

- 사물과 사건들은 상호의존적 그물 안에 존재한다. 그것들은 수많은 다른 물체와 사건들에 연결되어 존재한다.
- 우리는 낯선 사람들일지라도 다양한 방법으로 수많은 사람들과 연결되어 있고, 그들에 의지하고 있다.

준비물

- 각 그룹마다 주어질 전지
- 매직

수업 방법

- 우리 모두가 친절한 행동에 대해 굉장히 많이 생각했다는 것을 이야기한다.
- 오늘 상호의존성이라는 것의 개념을 탐구하게 될 것이라고 이야기한다.
- 그룹별로 그들의 인생에서 중요한 성취나 사건을 떠올리도록 한다. 예를 들면, 여행을 간 것, 자전거를 배운 것, 게임을 배운 것, 읽고 쓰기를 배운 것 등이 있을 것이다. 1-2분 정도 학생들이 이야기하도록 한다.
- 학생들이 이야기하는 것을 기록하고, 그중 가장 많은 학생들이 공감했거나 모든 학생과 연관될 만한 주제를 하나 선택한다.
- 만약 그룹 내에서 다수의 학생이 공감할 만한 예를 떠올릴 수 없다면, 우리 모두가 필요한 것이고, 사람이 만든 사물 중 하나를 선택하도록 한다.
- 이렇게 나온 성과, 사건, 사물을 종이 중심부에 그린다. 이것이 이번 활동의 '주제'가 된다.
- 다음에서 제시하는 내용을 학생들에게 보여준 후 직접 해보도록 한다.
  - 주제가 의존하고 있거나 존재하기 위해 필요한 무언가를 쓰거나 그려 넣은 후 첫 번째 원을 그린다. "X(주제)를 갖기 위해 필요한 것이 무엇일까요?"라고 질문한다.
  - 이렇게 만든 원을 주제에 연결한다.
  - 예를 들어, '자전거 타는 법 배우기'를 주제로 선택했다면 선생님, 친구, 자전거, 자전거 도로, 자전거를 발명한 사람 등을 추가할 수 있다. 연필을 주제로 선택했다면 나무, 납, 공장,

페인트 등을 추가할 수 있다.

- 주제가 의존하고 있는 최소 10명 이상의 사람이나 사물을 생각해보도록 한다.
- 이제 첫 번째 원 안의 항목이 의존하는 것을 추가하고 그린다. 추가된 새 항목을 첫 번째 원과 연결한다.
- 다음 항목을 선택하고 그것이 의존하는 사물과 사람을 확인하는 작업을 계속해서 자유롭게 하도록 한다.
  - "여기 있는 이것이 홀로 존재하는 걸까요? 아니면 이것이 존재하기 위해 다른 사람이나 물건을 필요로 할까요?"라는 질문을 통해 학생들이 더 깊이 생각할 수 있도록 돕는다.
- 충분히 논의할 시간을 준 후, 학생들에게 '주제'가 존재하기 위해 필요한 사람이 몇 명인지 세어 보도록 한다.
  - 예를 들어, "그 연필을 만들기 위해서 총 몇 명의 사람이 필요했을까요?" 아니면 "여러분이 자전거 타는 것을 배우는 데 총 몇 명의 사람이 필요할까요?"라는 질문을 할 수 있다. 학생들에게 시간을 조금 주고 이를 계산하고 논의하도록 한다.
- 마무리한다.

교사를 위한 팁

- 이 활동은 화이트보드 주위에 학생들이 선 상태로 진행을 하거나, 원으로 둘러앉아 전지를 원 가운데 놓고 매직을 가지고 쓰면서 진행할 때 효과적으로 수행할 수 있다.
- 성과나 사건의 예는 여행을 간 것, 자전거를 배운 것, 게임을 배운 것, 읽고 쓰기를 배운 것 등이 있다.
- 모든 통찰 활동에서와 같이, 학생들은 어떤 통찰을 얻을 것이다. 만일 그렇다면 칠판이나 종이에 써두어 다음에 다시 이야기할 수 있도록 한다.

활동안

- "우리는 지금까지 삶에서 일어나는 친절에 대해 매우 많은 이야기를 나누었어요. 혹시 눈치챈 친구들이 있을지 모르겠지만, 친절은 사실 나 혼자만으로는 느낄 수 없다는 것을 잘 볼 수 있었어요. 우리가 친절을 만나려면 보통 적어도 한 사람 이상은 필요한 것 같아요.

- 우리는 이것을 상호의존성이라고 불러요. 우리는 계속해서 타인에게 의존하면서 살아가고 있어요.

- 오늘은 상호의존성이 무슨 뜻인지 좀 더 알아볼 거예요. 우리 친구들이 달성했거나 경험했던 중요한 성과나 사건을 떠올려 볼까요? [학생들이 이야기하는 것을 적은 후 그중 모든 학생에게 사용할 수 있는 주제 하나를 정한다. 만약 그룹 내에서 공통적으로 생각하는 예를 떠올릴 수 없다면, 우리 모두가 필요로 하는 것 중 사람이 만든 물건을 하나 떠올려 보도록 한다.]

- 이제, ____ (자전거를 타는 것)이 의존하고 있는 사람이나 사물에 대해 생각해 볼게요. 생각이 날 때마다 쓰거나 그림을 그리고 원을 그려주세요. 그리고 그 원을 주제와 연결해 주세요. 어떻게 하는지 먼저 보여줄게요. 지금 우리는 (자전거를 타는 것)을 생각하고 있어요. 그 행동은 자전거, 길, 그리고 가르쳐 줄 누군가에 의존하는 거예요.

- (자전거를 타는 것)이 의존하는 것을 최소 10가지를 찾아볼게요. (학생들에게 충분한 시간을 준다.)

- 무엇을 알게 되었나요?

- 이제, 더 나아가 볼게요. 우리가 원으로 그려 놓은 각각의 항목들을 한번 볼게요. 이 항목은 또 무엇에 의존하고 있나요?

- 선생님이 먼저 해 볼게요. 자전거로 돌아가서, 이 자전거는 공장에서 만드는 사람 때문에 존재할 수 있었어요. 그래서 '자전거' 옆에 '공장에서 일하시는 분들'이라고 써볼게요.

- 이렇게 계속해서 각 원마다 가지를 추가하고, 각 항목이 무엇에 의존하는지 써보거나 그려보는 거예요. 가능한 한 많은 가지를 만들어보세요.

- 서로 도와가며 해 볼게요. 얼마나 많은 연결고리가 만들어지는지 한번 볼까요?"

마무리 | 5분

- "우리가 만들어 낸 이 그물망에서 무엇을 알아냈나요?

- 이 그물망의 일부가 여러분 자신이라고 생각한다면, 어떤 기분이 드나요?

- 상호의존성은 무엇일까요? 상호의존성에 대해 어떻게 생각하나요?

- 어떻게 상호의존성을 감사한 마음과 연결시킬 수 있을까요?"

SEE LEARNING
마음과 생각을 키우는 교육

초등학교 저학년 교육과정(만 5-7세)

2장

회복탄력성 키우기

2

Center for Contemplative Science and Compassion-Based Ethics | Emory University

개요

우리는 1장에서 친절과 행복의 개념을 탐구하고, 학급 약속을 정하면서 함께하는 공간 속에서 친절과 행복이 어떤 의미가 있는지 살펴보았다. 2장에서는 우리의 몸, 특히 신경계가 행복과 건강에 미치는 영향을 살펴볼 것이다. 이 장에서 실행할 활동은 다음과 같다.

회복탄력영역

신경계가 지나치게 흥분되거나(높은 영역에 갇혔을 때) 무기력해지지(낮은 영역에 갇혔을 때) 않고 (항상성으로) 잘 조절될 때를 설명하는 용어다. 'OK 영역' 또는 '웰빙 영역'이라고도 부른다.

감각

감정과 비신체적 느낌(행복하거나 슬픈 느낌)과는 구별되는 것으로, 신체 내부에서 일어나거나 오감을 통해 느껴지는 신체적 느낌과 이에 대한 자각을 말한다.

따라가기(Tracking)

신체 인식 또는 '신체이해력'을 높이기 위해 신체 감각을 알아차리고 주의를 기울이는 것이다.

개인적 자원

자신이 좋아하는 물건으로, 안전과 행복에 크게 연관되어 있다. 이 자원을 활용해 회복탄력영역으로 돌아가거나 머무를 수 있다.

접촉하기(Grounding)

회복탄력영역으로 돌아가거나 머무르기 위해 몸과 접촉된 사물이나 지면에 주의를 기울이는 것이다.

지금 도와주세요! 전략

회복탄력영역에서 이탈했을 때 다시 돌아갈 수 있도록 도와주는 간단하고 즉각적인 기술들이다.

신 경 계

중추신경계와 말초신경계

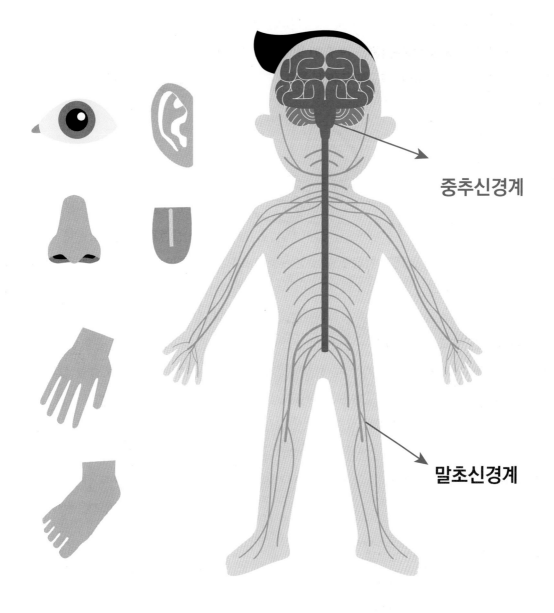

중추신경계

말초신경계

자율신경계

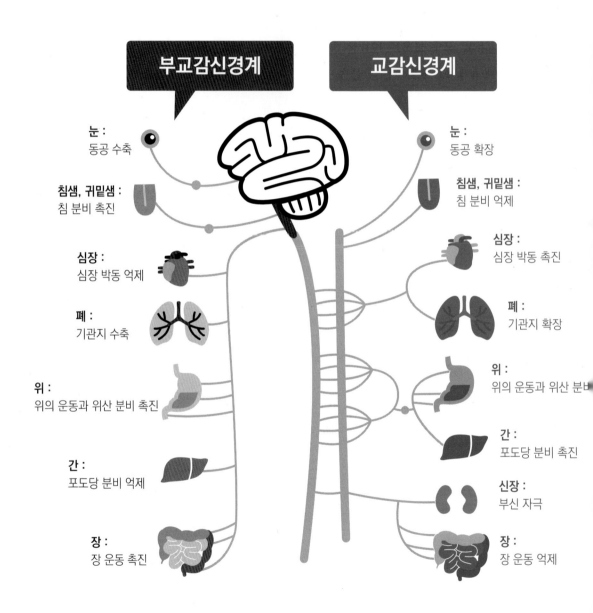

신경계

　　신경계는 우리 몸에서 필수적인 역할을 하는 것으로, 신경계에 대한 이해를 통해 우리의 행복을 증진시킬 수 있다. 신경계는 뇌와 척수(중추신경계), 그리고 뇌와 척수를 내장 기관이나 감각 등 다른 신체 부위로 연결시키는 신경망(말초신경계)으로 구성되어 있다.

　　신경계의 일부는 의식적인 통제 없이 자동적으로 실행된다. 이것을 자율신경계(말 그대로, '자율적으로 운영하는' 신경계)라 한다. 자율신경계는 우리의 심장 박동, 호흡, 혈압, 그리고 소화와 같이 생존에 필요한 수많은 신체 작용을 조절한다. 또한 위, 간, 신장, 방광, 폐 그리고 침샘과 같은 우리 몸의 내부 기관도 조절한다.

　　신경계의 주된 기능은 우리를 살아 있게 하는 것이기 때문에, 위협을 감지하거나 안전을 인지하면 매우 빠르게 반응한다. 자율신경계는 우리가 위험(투쟁 또는 도피 반응)을 감지하는지, 안전(휴식과 소화 반응)을 감지하는지의 여부에 따라 두 개의 경로로 활성화된다. 투쟁이나 도피 반응은 교감신경계를 자극해, 소화와 성장의 시스템을 차단한다. 그리고 행동을 준비하거나 일어날 수 있는 부상에 대비한다. 반면에 휴식과 소화 반응은 부교감신경계를 자극해 우리 몸을 편안하게 하고, 성장이나 소화와 같은 기능을 재개하도록 만든다. 이것이 우리가 위험을 감지했을 때나 투쟁―도피 반응을 나타낼 때 심장 박동, 호흡, 혈압, 동공 확장, 그리고 내장 기관의 변화 등을 알아차릴 수 있는 이유이다. 신경계가 위험이 지나가고 안전해진 것을 감지하면, 우리는 해당 기관들에서 일어나는 다른 변화들도 알아차릴 수 있다.

　　현대 생활 속에서, 우리 몸은 생존에 실제적인 위협이 없는데도 위험이 있는 것처럼 느끼거나, 위협이 지나간 후에도 계속해서 위험의 느낌을 가지고 반응할 때가 있다. 이것은 자율신경계의 부조화로 이어지는데, 교감신경계와 부교감신경계 사이의 정기적인 교대가 어긋났다는 것을 의미한다. 이러한 신경계의 부조화는 염증과 같은 다른 큰 문제들을 야기한다. 이런 부조화가 장기화되면 만성적인 스트레스가 되고, 결과적으로 건강과 행복에 부정적인 영향을 미친다.

다행히도 우리는 몸과 마음을 진정시키고 신경계를 조절하는 법을 배울 수 있다. 신경계는 오감을 통해 외부와 내부(긴장, 이완, 열, 차가움, 고통 등) 모두에서 일어나는 일을 감지하는 능력이 있다. 따라서, 우리 몸의 상태에 대해 지속적인 정보를 제공한다. 이 장에서는 이러한 유형의 자기 돌봄을 강화시키는 정보와 기술들을 중점적으로 다룰 것이다.

감각

첫 번째 수업 활동인 '감각 탐구하기'에서는 신경계의 상태를 알아보는 데 필요한 감각과 연관된 단어들을 배울 것이다. 감각(따뜻함, 차가움, 열감, 따끔따끔함, 긴장 등)은 신체적인 것으로, SEE Learning의 후반부에 탐구할 감정(슬픔, 분노, 행복, 질투)과는 구별된다. 이러한 감정들에 대해서는 후반부에 배우겠지만, 이 시점에 감정, 생각, 신념 등이 신체 내에 상응하는 감각을 가지고 있다는 것을 아는 것은 중요하다. 감각에 대해 배우는 것은 자신에 대한 새로운 이해를 발달시킬 것이다.

지금 도와주세요! 전략

수업 활동 1. 감각 탐구하기 활동은 지금 도와주세요! 전략으로 이어진다. 여기서는 우리 몸과 마음을 지금 여기로 빠르고 쉽게 가지고 오는 방법을 배운다. 이를 통해 우리 몸이 높거나 낮은 영역에 있을 때(과흥분 영역이나 무기력 영역) 다시 균형을 잡을 수 있다.

자원 활용하기(Resourcing)

수업 활동 2. '자원 활용하기'에서는 1장에서 그린 친절 그림을 개인적 자원으로 사용한다. 개인적 자원은 각 개인이 가지고 있는 고유한 내적 자원, 외적 자원, 그리고 상상의 산물을 의미하며, 이것이 현재의 알아차림으로 연결되면 행복감, 안정감, 안녕감을 가져다 준다. 멋진 기억, 좋아하는 장소, 사랑하는 사람, 재미있는 활동, 편안함에 대한 상상과 같이 개인적 자원을 생각하는 것은 우리 몸에 즐거운 감정을 불러일으킨다. 의식적으로 그런 감각들에 주의를 기울이고 약간의 시간과 공간을 허용하면, 이러한 감각들은 더욱 깊어질 것이다. 그리고 이것은 신경계를 안정시키고, 우리 몸에 큰 행복감과 휴식을 가져다 줄 것이다.

따라가기(Tracking)

감각을 알아차리고 그것에 주의를 기울이는 것을 '따라가기'라고 한다. 감각은 신경계의 '언어'라고 볼 수 있다. 따라서 감각을 '따라가'거나 '읽는다'고 표현할 것이다. 따라가기는 신체에 대한 우리의 이해를 돕고, 신체가 스트레스와 안전에 대응할 방법을 알려 주어 신체이해력을 높인다. 우리 모두는 신경계를 가지고 있다. 그러나, 우리 몸은 조금씩 다른 방식으로 스트레스와 안전에 반응한다. 우리 몸은 서로 다른 부분에서 긴장을 느끼거나 다양한 방법으로 행복에 반응할 수 있다. 행복할 때 어떤 사람은 가슴에서 기분 좋은 따뜻함을 경험하고, 다른 사람은 얼굴 근육이 이완되는 것을 느낀다. 이러한 감각을 추적하고 따라가는 것을 배우면 우리가 편안하고, 안전하고, 행복할 때, 그리고 스트레스에 반응하고 있을 때 그것을 잘 이해하게 된다. 이 능력은 우리에게 더 많은 '선택'이 있다는 것을 알려 주어, 우리가 괴로울 때 신체 내에 있는 행복한 느낌이나 중립적인 느낌에 집중할 수 있도록 돕는다. 이러한 알아차림은 감각을 깨우고 행복감을 높인다.

감각은 모든 사람에게 똑같이 항상 유쾌하거나 불쾌하거나 중립적이지 않다. 예를 들어, 따뜻함은 때에 따라 즐겁거나 불쾌하거나 중립적인 것이 될 수 있다. 그래서 그 느낌이 유쾌한지 불쾌한지 중립적인지 묻는 것이 중요하다.

따라가기는 문제를 유발할 수 있는 불쾌한 감정도 인식하도록 만들 수 있기 때문에 항상 자원 활용하기, 접촉하기(Grounding), 지금 도와주세요! 전략과 함께 실행해야 한다. 다음에 나올 '주의를 옮겨 머물기' 전략도 따라가기 전략을 소개할 때 함께 가르쳐야 할 중요한 전략 중 하나다.

주의를 옮겨 머물기

따라가기를 하면 그 감각이 유쾌하거나 불쾌하거나 중립적인지를 알아차릴 수 있다. 우리 몸에서 유쾌하거나 중립적인 감각을 발견하면, 그곳에 주의를 두고 잠시 머문다. 이는 감각을 더욱 깊어지게 해 몸의 긴장을 풀어 주고 회복탄력영역으로 돌아가도록 돕는다. 만약 불쾌한 감각을 알아차리게 되면, '주의를 옮겨 머물' 수 있다. 다시 말해, 우리 몸을 스캔하여 좋은 느낌을 주는 장소를 찾고, 그 새로운 장소에 주의를 가져가 잠시 머문다.

보물상자와 자원 돌

수업 활동 3. '보물상자 만들기'에서는 이전의 경험을 기반으로 학생들이 필요할 때 언제든지 찾을 수 있는 자신만의 '보물상자' 또는 '행복 상자'를 만든다. 이것은 자원 활용하기와 따라가기 전략을 강화시킬 것이다.

접촉하기(Grounding)

수업 활동 4. '접촉하기'에서는 무언가에 닿은 느낌을 알아차리는 활동을 소개한다. 접촉하기란 우리가 서 있거나 앉아 있을 때 몸이 어딘가에 닿은 것을 알아차리는 것이다. 즉, 우리가 만지고 있는 것을 알아차리거나 서 있을 때나 앉아 있을 때 우리 몸이 닿아 있는 곳을 알아차리는 것이다. 접촉하기는 몸과 마음을 진정시키는 데 매우 유용한 도구가 될 수 있다. 일반적으로 살펴보면, 우리는 이미 무의식적으로 몸을 편안하게 하고, 안정감을 주며, 기분을 좋게 하는 많은 접촉하기 기술을 개발해 놓았다. 여기에는 특정한 방식으로 앉기, 팔 접기, 좋아하는 물건 잡기, 소파나 침대에 누워 있기 등이 있다. 하지만, 몸을 안정시키고 회복탄력영역으로 돌아가기 위해 의도적으로 이 기술을 사용하고 있다는 것을 우리는 잘 알아차리지 못한다. 접촉하기를 연습하면 새로운 기술을 발견하게 될 것이며, 이미 개발한 기술들을 의식의 영역으로 가져와 필요할 때 더 쉽게 접근하게 될 것이다.

세 개의 영역

수업 활동 5. '회복탄력영역'에서는 우리 몸(특히 자율신경계)이 어떻게 작동하는지에 대한 이해를 돕기 위해 '세 개의 영역'을 소개한다. 세 개의 영역은 높은 영역, 낮은 영역, 그리고 회복탄력영역(또는 웰빙 영역)을 말한다. 이 모형을 이해하는 것은 교사와 학생 모두에게 매우 도움이 될 것이다.

우리 몸은 이 모형의 세 영역 중 하나에 머문다. 회복탄력영역은 행복 영역으로, 이곳에 있으면 깨어 있는 차분함을 느끼고, 몸에 대한 통제력이 생기며, 더 나은 결정을 내릴 수 있다. 비록 우리가 이 영역 안에서 올라가거나 내려가면서 약간 흥분되기도 하고 살짝 무기력해지기도 하지만, 우리의 판단능력은 약화되지 않으며 심각한 스트레스를 받지도 않는다. 이때 우리의 자율신경계는 안정적인 생리적 균형의 상태로 이야기되는 항상성을 갖는다. 그리고, 교감신경계와 부교감신경계 사이의 교대를 적절히 수행한다.

가끔 우리는 어떤 사건들로 인해 회복탄력영역을 벗어나곤 한다. 이런 일이 생기면, 자율신경계는 제대로 조절되지 않는다. 우리가 높은 영역에 갇히면, 과흥분 상태에 있게 된다. 그리고 불안, 분노, 초조, 떨림, 두려움, 광기, 좌절, 격앙 등 통제할 수 없는 정신 상태에 놓인다. 생리적으로는 떨림, 빠르고 얕은 호흡, 두통, 메스꺼움, 근육의 긴장, 소화불량, 시력과 청력의 변화 등을 경험할 수 있다.

만약 우리가 낮은 영역에 갇히면, 무기력한 상태를 경험하게 된다. 이때의 우리는 무기력하고, 지치고, 힘이 없으며, 침대에서 일어나고 싶지 않고, 어떤 활동도 하고 싶지 않게 될 수 있다. 또한 고립감을 느끼거나 외롭다고 생각하고, 무감각해지거나 동기부여가 되지 않으며, 긍정적인 생각이 나지 않고, 평소에 즐겁다고 생각한 활동에도 무관심을 보일 수 있다. 중요한 것은, 높은 영역과 낮은 영역이 둘 다 통제불능 상태이기 때문에, 서로 반대되는 것이 아니라는 것이다. 이 둘은 생리적 특성을 공유할 수도 있고, 부조화가 일어날 때는 높은 영역과 낮은 영역을 번갈아 오고갈 수도 있다.

수업 활동 6. 에서 학생들은 시나리오를 통해 이 세 개 영역에 대해 배운다. 그리고 이전에 배운 기술들(자원 활용하기, 접촉하기, 따라가기, 지금 도와주세요! 전략)을 사용해 회복탄력영역으로 돌아가는 방법에 대해 토론하며 서로를 도와준다.

자율신경계가 우리 뇌의 한 부분을 차단시킬 수 있기 때문에(의사결정을 방해하거나, 집행 기능을 실행하지 못하도록 하는 등), 몸의 상태를 감지하는 능력은 건강과 행복에 필수적이다. 회복탄력영역에 머무르는 법을 배우면 행동과 감정에 평화롭게 대응하면서 신체적 건강을 지킬 수 있다.

수업 활동 7. '몸에서의 친절과 행복'은 우리 몸을 1장에서 배운 행복, 친절, 학급 약속과 연결한다. 학생들은 자신의 몸이 행복과 건강에 중요한 역할을 한다는 것을 알고 있기 때문에, 서로에게 친절과 배려를 행하는 것이 왜 중요한지 이해할 수 있다. 여기서는, 못되게 굴거나 배려하지 않는 행동이 스트레스를 유발하며, 우리 몸은 그 스트레스에 불쾌하게 반응해 행복해질 수 없다는 것을 배울 것이다. 또한, 우리가 한 공간에서 끊임없이 관계를 맺으며 함께 생활하고 있기 때문에 회복탄력영역으로 돌아오거나 머무르는 데 서로가 긍정적인 역할을 할 수 있다는 것도 살펴볼 것이다.

경우에 따라서는 이번 장에서 진행되는 활동들이 원하는 결과나 통찰력을 바로 제공하지 못할 수도 있다. 하지만 낙담하지 않아도 된다. 왜냐하면 감각을 알아차리고 설명하는 것은 어른들에게도 처음엔 쉽지 않은 일이기 때문이다. 학생들이 감각을 설명하고, 그 감각이 유쾌하거나 불쾌하거나 중립적인지 알아차리고, 자원 활용하기와 접촉하기 기술을 사용하도록 돕기 위해서는 이 활동을 몇 번이고 반복해야 한다. 학생들이 빠른 시간 안에 중요한 통찰을 얻었다 하더라도, 기술을 습득하기 위해서는 반복적인 연습이 중요하다. 시간이 지나면, 몇몇 학생들은 도전적이거나 스트레스를 받는 상황에 직면했을 때 자발적으로 이 기술을 사용하기 시작할 것이다.

이 장에서 가르치는 기술은 많은 임상과학적 연구에 기초한 트라우마와 회복탄력성 관련 작업의 도움을 받아 개발되었다. 어떤 학생들은 몸의 감각을 탐색하는 동안 교사가 다루기 힘든 어려운 경험을 하게 될 수도 있다. 특히 큰 고통을 겪었던 경험이 있거나 현재 트라우마로 어려움을 겪고 있는 학생들은 더 힘들어 할 수 있다. 학생들에게 이런 예상치 못한 반응이 일어나면 지금 도와주세요! 전략을 사용할 수 있다. 그리고 외부 상담사나 학교 상담 교사, 현명한 교장 선생님이나 동료 교사들에게 도움을 요청하고 필요하면 추가 상담을 받도록 한다. SEE Learning에서는 트라우마를 치료하기 위해서가 아니라 개별 학생의 강점에 초점을 맞춰 회복탄력성을 키워주기 위해서 이 기법을 사용하고 있다. 이 기법은 정신적 외상의 경험 수준과는 상관없이 누구나 도움을 받을 수 있는 일반적인 건강 기술이다. 신경계를 잘 조절하는 능력을 갖추면, 다음 단계로 나아가 집중력을 개발하고 정서적 알아차림을 기를 수 있다.

도입 활동과 반복 연습

SEE Learning의 2장부터는 활동을 반복하는 것이 더욱 중요해진다. 이번 장부터 도입에서는 이전 수업에서 다룬 기술과 자료를 통합하는 시간을 가질 것이다. 수업에 가장 적합한 도입 활동을 자유롭게 선택하고 완전한 수업 활동을 진행하지 않는 경우에도 정기적으로 도입 활동을 진행한다. 수업 활동에 체화된 이해를 개발하기 위한 '반성적 활동'이 포함되어 있긴 하지만, 도입과 통찰 활동을 반복하는 것(각자에 맞게 적절한 수정을 거친)도 배운 내용을 내면화해 제2의 본성이 되도록 도울 것이다.

시간과 속도

각 수업 활동은 최소 30분 정도로 진행한다. 시간과 학습자의 능력을 고려해 반성적 활동이나 통찰 활동을 늘리는 것도 좋다. 30분 미만의 시간만 허락되는 경우에는, 여러 활동 중에서 하나의 활동만 선택해 진행하거나, 활동의 일부만 먼저 진행하고, 다음 세션에 나머지 활동을 이어서 진행한다. 그러나 시간이 부족할 때에도 '도입 활동'과 '통찰 활동'은 항상 포함하는 것이 좋다.

학생의 개인 연습

SEE Learning의 두 번째 장을 배우면서, 학생들은 비형식적이더라도 개인적으로 연습을 시작할 수 있다. 학생들의 개인적 연습을 격려할 때에는 모든 학생이 다르다는 것을 기억하고, 어떤 학생들에게 안정을 주는 이미지, 소리, 활동들이 다른 학생에게는 반대로 작용할 수 있다는 사실을 인지하는 것이 중요하다. 어떤 학생들은 종소리, 귀여운 동물의 이미지, 요가 자세, 긴 침묵, 앉아서 하는 긴 호흡과 같은 것들에 불쾌함을 느낄 수 있기 때문에, 이런 것을 사용해 연습하면 마음이 안정되기보다 오히려 방해를 받을 수 있다. 따라서, 학생들을 관찰하고 그들이 좋아하는 것이 무엇인지 질문하면서 학생들이 가진 차이를 알아둔다. 이렇게 하면, 학생들이 자신에게 가장 잘 맞는 연습 도구를 개발하도록 여러 선택지를 제공할 수 있을 것이다.

교사의 개인 연습

교사가 수업 활동에 먼저 익숙해지면 학생들에게 자연스럽게 잘 가르칠 수 있다. 가능하면 이 장에 있는 활동을 혼자서, 또는 동료 교사, 친구, 가족들과 함께 미리 연습해 본다.

더 많이 경험할수록, 학생들과 함께하는 활동이 더 쉬워질 것이다. 이번 장에서 제안하는 모든 활동은 고학년의 아이들이나 성인에게도 적용 가능하다.

추가 자료

이번 장에서 진행하는 수업의 내용은 일레인 밀러-카라스(Elaine Miller-Karas)와 트라우마 자원 연구소(Trauma Resource Institute)에서 사용하는 방법들이다. 이 내용과 기술에 대해 더 알고 싶다면 일레인 밀러-카라스가 쓴 '트라우마에 대한 회복탄력성 키우기: 트라우마와 공동체 회복탄력성 모델*(Building Resilience to Trauma: The Trauma and Community Resiliency Models)* (2015)'을 참고하거나 www.traumaresourceinstitute.com 홈페이지를 방문해 보기를 추천한다.

또한, 베셀 반 데어 콜크(Bessel van der Kolk)의 '*몸은 기억한다: 트라우마가 남긴 흔적들*'이라는 책도 읽어보기 바란다.

부모님/보호자님께 보내는 편지

날짜 : _____

부모님/보호자님께,

여러분의 자녀는 이제 SEE Learning의 2장 '회복탄력성 키우기'를 시작합니다. SEE Learning이 유아 · 초등교육부터 중 · 고등교육에 이르기까지 아동, 청소년들의 사회적, 정서적, 인성적 발달을 강화하기 위해 에모리 대학교에서 만든 프로그램이라는 것을 기억할 것입니다.

이번 교육을 통해 여러분의 자녀는 스트레스와 어려움에 대한 회복탄력성을 향상시키기 위해 신경계를 조절하는 다양한 방법들을 배울 것입니다. 이것은 행복이나 고통을 알려주는 신체 감각을 더 잘 알아차릴 수 있도록 도와주고('따라가기'라고 합니다), 우리 몸을 안정시킬 수 있는 간단한 전략들도 전해줄 것입니다. 여기서 사용하는 기술은 자율신경계와 스트레스에 대한 중요한 연구들에 기초해 만들어졌습니다. 이 기술들을 여러분의 자녀가 효과적으로 사용할 수 있길 기대합니다.

가정에서의 활동
이 장에서는 자신을 탐구하는 기술들을 배울 것입니다. 이 기술들은 성인에게도 적용할 수 있습니다. 자녀들에게 부모님의 몸에서는 스트레스가 어떻게 느껴지고 이러한 스트레스에 대한 반응이 행복의 반응과 어떻게 다른지 이야기해 주세요. 또한 부모님은 회복탄력성을 유지하기 위해 어떤 방법을 사용하고 있는지, 그리고 이 방법들이 어떤 상황에 효과를 발휘하는지에 대해서도 이야기해 주세요. 자녀에게 학교에서 배우고 있는 기술을 설명해 달라고 요청해 보는 것도 좋습니다.

지금까지 배운 내용
1장에서는 친절과 자비의 개념을 탐구하고, 그것이 우리의 행복과 건강에 어떻게 연결되는지를 살펴보았습니다.

추가 자료
대니얼 골먼과 린다 란티에리가 쓴 책, '*엄마표 집중력: 5-12세 아이들의 집중력을 키우는 감성지능*'을 읽어 보시기 바랍니다.

웹사이트에서 SEE Learning에 대한 자료를 찾아볼 수 있습니다. www.seelearningkorea.com

궁금한 사항이 있으면, 언제든 저희에게 연락주시기 바랍니다.

_____

선생님 사인

선생님 이름   _____

선생님 연락처 _____

Center for
Contemplative Science and
Compassion-Based Ethics

EMORY UNIVERSITY

목적

첫 번째 수업 활동의 목적은 감각을 탐구하면서 관련 어휘를 학습하는 것이다. 감각은 신경계의 상태를 가장 직접적으로 알려주기 때문에 감각을 이해하는 것은 매우 중요하다. 이와 함께, 교실 주변의 사물들을 감지해보는 지금 도와주세요! 전략을 학습한다(일레인 밀러-카라스와 트라우마 자원 연구소에 의해 개발되었음). 지금 도와주세요! 전략은 학생들이 지나치게 흥분했거나 안정이 필요할 때 몸을 조절할 수 있도록 도와주는 도구들이다. 이 전략을 통해 감각의 개념을 이해하고 감각을 알아차리는 활동을 수행할 수 있을 것이다.

학습 목표

학습자는

- 다양한 감각을 설명하는 단어 목록을 만들 것이다.
- 신체를 조절하기 위해 지금 도와주세요! 전략을 배우고, 외부 감각에 주의를 기울이는 연습을 할 것이다.

주요 구성 요소

집중 & 자기 인식 (1A)

시간

30분

준비물

- 감각 단어를 적을 수 있는 종이나 칠판
- 지금 도와주세요! 전략 인쇄물(선택)
- 매직

도입 | 4분

- "어서 오세요. 자 이제, 오늘 아침 눈을 떴을 때부터 지금 여기 교실에 오기까지 일어났던 일들을 생각해 볼게요. 오늘 다른 사람의 친절한 행동을 보았거나 스스로 친절을 베푼 친구는 손을 들어 볼까요? 누가 이야기해 볼까요?
- 학급 약속에 있는 친절을 연습해 본 친구 있나요? 어떤 약속을 연습했나요? 기분이 어땠나요?
- 다른 친구가 학급 약속을 지키는 것을 본 친구 있나요? 이야기해 줄래요? 그 친구를 보면서 어떤 기분이 들었나요?
- 우리가 계속 서로에게 친절을 베풀면 어떤 일이 일어날까요?"

설명/토론 | 10분

감각은 무엇일까요?

개요

학생들은 설명을 통해 감각이 무엇인지 이해하고 감각을 설명하는 단어 목록을 만들어 감각과 관련된 단어들을 습득한다.

탐구할 내용/통찰

- 오감을 통해 외부의 사물을 감지할 수 있는 것처럼, 우리 몸 안의 감각에도 주의를 기울일 수 있다.
- 감각은 유쾌하거나 불쾌하거나 중립적일 수 있다.
- 우리의 몸을 차분하게 안정시키는 간단한 방법들이 있다.

준비물

- 종이나 화이트보드
- 매직

수업 방법

• 우리가 가진 오감을 살펴보고, 오감을 어디에 사용 하는지 이야기 나눈다. 신경계와 오감이 어떤 관련이 있는지 토론한다. 감각의 개념에 대해 이야기 나눈다.

• 감각에 대한 단어 목록을 만든다.

  • 만약 학생들이 "기분이 좋아요!"라는 식으로 감각이 아닌 느낌을 말하면, "기분이 좋으면 몸에서는 어떤 느낌이 드나요?" 혹은 "몸의 어떤 부분에서 좋은 기분을 느꼈나요?" 등으로 질문한다. 이를 통해 학생들은 감각 단어를 사용하는 연습을 할 것이다. 학생들이 이야기하는 단어가 정확하게 감각에 대한 단어가 아니어도 괜찮다. 이어지는 활동에서 감각이 무엇인지에 대해 배워나갈 것이다.

교사를 위한 팁

• 감각은 따뜻한, 차가운, 따가운, 느슨한, 조이는, 무거운, 가벼운, 열린 느낌과 같이 신체에서 발생하는 물리적인 느낌이다. 신체에 대한 감각 단어들은 좋다, 나쁘다, 스트레스 받는다, 안심된다 등과 같은 일반적인 느낌의 단어들과 구별되며 행복, 슬픔, 두려움, 흥분 등과 같은 감정 단어들과도 다르다. 학생들은 감각 단어 목록을 만들면서, 신체의 감각을 인식하게 될 것이며, 나아가 몸의 상태를 잘 관찰할 수 있게 될 것이다.

• 원한다면 학생들에게 **신경계**의 역할을 소개하는 것도 좋다(예를 들면, 오감을 통해). 신경계는 우리 몸의 일부로 외부(예를 들면, 오감을 통해)와 내부에 있는 어떤 것을 느낄 수 있도록 도와주고 호흡, 심박수, 혈액 순환, 소화 등 중요한 기능을 조절해 우리를 살아있게 한다. 이 장에서 이러한 신경계(특히 자율신경계)를 이해해보는 시간을 가질 것이다. 관련된 내용이나 기술을 가르칠 때에는 신경계라는 이름 대신 '몸'이라는 일반적 용어를 사용할 수도 있다. 여기에 자율신경계에 대한 정보를 점진적으로 추가하면, 학생들의 이해를 좀 더 증진시킬 수 있을 것이다.

활동안

• "우리는 요즘 친절과 행복에 대해서 배우고 있어요. 오늘은 감각에 대해서 배워볼 건데요. 우리 몸이 느끼는 것들을 알아보도록 할게요.

• 오감이 무엇인지 한번 이야기해 볼까요? 오감은 보고, 듣고, 냄새 맡고, 만지고, 맛보면서 우

리 몸 밖에 있는 어떤 것을 느낄 수 있게 해줘요.

- 오감을 통해 우리는 무엇을 느낄까요? 오감 중 먼저 듣는 것에 대해 생각해 볼게요. 잠시만 우리가 들을 수 있는 소리에 귀를 기울여 볼까요? 무엇을 들었나요? 듣는 감각을 사용해 우리 친구들이 느끼는 것을 한번 이야기해 볼까요? 보는 것을 한번 볼까요? 만지는 것은 어떤 가요? 냄새 맡는 것은요?

- 이렇게 우리 몸 밖이나 몸 안에서 일어나는 것을 느낄 수 있도록 도와주는 신체의 한 부분이 있는데, 그것을 우리는 신경계라고 불러요.

- 우리 몸은 신경이라는 것으로 가득 차 있어요. 이 신경은 몸을 통해 받은 정보를 뇌로 보내고, 또 뇌에서 얻은 정보를 몸으로 보내는 일을 하고 있어요. 이 신경계는 우리가 더 행복하고 건강해지도록 도와준대요. 이 신경계는 신기한 일들을 많이 하고 있는데, 앞으로 좀 더 자세히 배워보도록 할게요.

- 감각은 소리나 냄새 같은 몸 밖에 있는 것들을 느끼도록 도와줘요. 그럼 우리 몸 안에서는 어떤 것을 느낄 수 있는지 한번 볼까요? 한 손은 심장에 가져다 놓고, 다른 손은 배에 올려 놓도록 할게요. 그리고 눈을 감고 몸 안에서 일어나는 것들을 한번 느껴 보세요.

- 몸이 덥거나 춥다고 느낄 수 있어요. 이런 느낌을 바로 감각이라고 해요. 감각을 통해 우리는 어떤 것을 느껴요.

- 무언가를 느끼는 것은 우리 몸에서 그것을 알아차리고 있다는 것을 말해요. 감각은 우리가 몸을 사용해서 느끼는 것이라고 할 수 있어요. 우리 몸은 우리가 느끼고 있는 것을 말해줘요.

- 몸 밖에서 느낄 수 있는 것들을 생각해 볼까요? 그리고 다같이 감각에 대한 단어를 생각해 볼 게요.

  - 책상을 만지면 딱딱한가요? 아니면 부드럽나요? 책상의 온도는 어때요? 따뜻한가요? 차가운가요?

  - 옷을 만지면 부드럽게 느껴지나요? 아니면 거칠게 느껴지나요?

  - 연필/색연필/볼펜을 꺼내보세요. 볼펜을 만지면 둥근 느낌인가요? 평평한 느낌인가요? 따뜻한가요? 차가운가요? 날카롭나요? 또 다른 느낌이 있을까요?

  - 책상 위에 있거나 가까이 있는 물건 중에 감각 단어를 사용해 설명할 수 있는 것이 있나요?

- 이제 우리가 몸 안에서 무엇을 느끼는지 한번 생각해 볼게요. 예를 들어, 햇살이 뜨거운 곳에

서 있다면 우리의 감각은 몸이 뜨겁게 느끼고 있다는 것을 알려줄 거예요. 그럼 우리는 더위를 식히기 위해 그늘로 옮겨 갈 거예요. 처음에는 몸이 뜨겁게 느껴지겠지만, 그늘로 이동하고 나면 몸 안에서 열이 식는 것을 느낄 거예요. 우리 몸속에서 느낄 수 있는 다른 감각들도 함께 생각해 볼까요?

- 몇 개의 감각을 생각했는지 한번 볼까요? 우리 친구들이 이야기할 때, 선생님이 여기 단어를 적을 거예요. 만일 그 단어가 감각인지 정확히 잘 모르겠으면 이쪽에 따로 적어 둘게요.
- (일부 학생들은 감정을 이해하기 위해 추가적인 설명이 필요할 수 있다. 따라서 이 학생들을 위해 다음과 같은 질문을 할 수 있다.)

졸릴 때는 몸 안에서 어떤 것을 느끼나요? 몸의 어떤 부분이 졸린 것을 알려줘요? 배고플 때는 어떤가요? 즐거운 시간을 보내고 있을 때 어떤 기분이 드나요? 행복할 때는 몸 안에서 무엇을 느끼죠? 우리 친구들이 운동을 할 때는 몸 안에서 무엇을 느껴요? 신이 났을 때는 몸 안에서 무엇을 느끼나요? 몸의 어디에서 그것을 느끼나요? (즐거운 것을 생각하고 있을 때 어깨와 볼이 따뜻해지는 것을 느끼는 것과 같은 개인적인 경험의 예를 이야기해 주면 학생들이 감정과 감각의 차이를 좀 더 잘 이해할 수 있다.)"

통찰 활동 | 12분
내부(몸 안)와 외부(몸 밖)의 감각 느껴보기*

개요

- 이 활동은 학생들이 외부(오감을 사용해)와 내부(우리의 주의를 안으로 가져와 몸 안에서 발견한 것을 알아차리고 이름 붙이며)의 무언가를 느낄 수 있음을 계속해서 인지하도록 돕는다.
- 트라우마 자원 연구소에서 만든 공동체 회복탄력성 모델(The Community Resiliency Model)은 '지금 도와주세요!' 전략이라고 부르는 활동을 소개한다. 여기서 소개하는 활동들은 학생들에게 쉬운 인지적 작업을 하도록 유도하거나 주의를 감각으로 돌리도록 하는 작업들로 이루어져 있다. 신경계가 균형을 잃었을 때 이런 활동을 통해 감각에 주의를 기울이면, 신체에 즉각적인 안정을 가져올 수 있다. 이 통찰 활동은 지금 도와주세요! 전략들을 하나씩 살펴보면서 주

의를 기울이는 연습을 한다. 이를 통해 집중력을 기르는 토대도 마련할 수 있을 것이다. 집중력 개발은 다음 장에서 다룰 예정이다.

탐구할 내용/통찰

• 오감을 통해 외부의 사물을 감지할 수 있는 것처럼, 우리 몸 안의 감각에도 주의를 기울일 수 있다.
• 감각은 유쾌하거나 불쾌하거나 중립적일 수 있다.
• 우리 몸을 차분하게 안정시키는 간단한 방법들이 있다.

준비물

• 선택 사항: 스테이션 활동을 할 경우, 영역별 유인물이 필요함(스테이션: 지금 도와주세요! 전략을 하나씩 실행할 수 있는 곳).
• 지금 도와주세요! 전략 포스터(이 두 가지 준비물은 본 수업 활동 끝에 첨부됨.)

수업 방법

• 지금 도와주세요! 전략 하나를 선택해 수업을 진행한다. 감각에 대해 편안하게 질문할 수 있도록 아래의 활동안을 참고해 실행한다. 지금 도와주세요! 전략 포스터를 학생들에게 보여준다.
• 시간이 허락하는 만큼 지금 도와주세요! 전략을 다양하게 탐색하고 필요에 따라 이 활동을 반복한다.
• 참고: 교실에 스테이션을 만들어 놓고 각각의 영역을 다니며 지금 도와주세요! 전략을 탐색하도록 할 수도 있다. 이때 본 프로그램에서 첨부한 지금 도와주세요! 유인물이나, 교사가 직접 만든 유인물을 스테이션에 배치한다. 학생들은 본인이 체험해 보고 싶은 지금 도와주세요! 전략을 찾을 때까지 짝을 지어 스테이션을 모두 둘러보고, 실제로 실행해 본다. 그리고 체험한 내용을 다른 친구와 나눈다. 모든 학생이 두 개 이상의 전략을 시도해 본 후에, 학생들을 모두 모아 자신의 경험을 반 전체와 나누도록 한다.

교사를 위한 팁

- 이 활동을 통해 신체가 어떻게 달라지는지를 탐구하면서 그 감각이 유쾌한지, 불쾌한지, 혹은 중립적인지 알아보는 것도 중요하다. 유쾌함, 불쾌함, 중립과 같은 단어를 신체 내 감각과 연결하는 능력은 이 장의 모든 수업 활동에서 중요하게 다루어지기 때문에, 이 세 가지 느낌으로 감각을 인식할 수 있도록 이끌어 주는 것이 좋다. 감각은 본질적으로 모든 사람에게 항상 유쾌하거나, 불쾌하거나, 중립적이지 않다. 예를 들어, 따뜻함은 각기 다른 상황에서 유쾌하거나, 불쾌하거나, 중립적인 것으로 경험될 수 있다(겨울에는 따뜻한 것이 유쾌한 느낌이지만, 여름에는 따뜻한 것이 불쾌할 수 있다).

- 지금 도와주세요! 전략이 모든 학생에게 효과가 있는 것은 아니다. 어떤 학생들은 벽을 미는 활동을 더 좋아하고, 또 다른 학생은 벽에 기대는 활동을 더 좋아할 수 있다. 어떤 학생은 주변 가구를 만지는 것을 좋아하는 반면, 다른 학생은 이 활동을 좋아하지 않을 수 있다. 학생들이 자신에게 어떤 전략이 효과가 있는지 배우는 동안 교사는 각각의 학생에게 어떤 전략이 효과가 있는지를 파악하는 것이 중요하다. 이것은 신체이해력, 즉 신체에 대한 지식을 쌓고 신체가 어떻게 행복과 고통을 경험하는지에 대한 이해를 강화하는 것이다. 한번 효과가 있었던 전략도 다음 번에는 효과적이지 않을 수 있으므로 다양한 전략을 배우는 것이 중요하다.

- 학생들이 지금 도와주세요! 전략을 연습하는 것에 익숙해지면, 자신이 선택한 지금 도와주세요! 전략을 설명하고 교실에 배치하도록 한다.

　다음은 지금 도와주세요! 전략들이다. 아래의 활동안은 한두 개 정도의 전략을 탐색하도록 구성했다.

- 교실 안에서, 그리고 밖에서 나는 소리를 찾아보세요.
- 교실 안에서 찾을 수 있는 색을 말해보세요.
- 옆에 있는 가구를 만져보세요. 가구의 온도나 촉감을 알아차려 보세요. 뜨겁나요? 차갑나요? 따뜻한가요? 부드럽나요? 거친 느낌인가요? 또 다른 느낌은요?
- 손이나 등으로 벽을 밀어보고, 근육을 한번 느껴 보세요.
- 10부터 1까지 거꾸로 세어보세요.

활동안

- "우리는 모두 행복을 원하고, 친절을 경험하고 싶다고 이야기했던 것 기억하나요?

- 우리 몸도 행복한 것과 행복하지 않은 것을 느껴요. 우리가 조금만 주의를 기울이면 우리 몸이 친절하다고 생각할 만한 행동을 할 수 있을 거예요.

- 오늘 우리 친구들과 함께 몇 가지 감각 활동을 해볼 거예요. 우리 몸에서 어떤 일이 일어나는지 한번 알아볼게요.

- 몸 밖에서 느껴지는 것부터 시작해볼까요?

- 모두 귀를 기울여서 교실에서 나는 세 가지 소리를 찾아보세요. 세 가지 소리를 찾은 친구는 손을 들어 주세요. (거의 대부분의 학생이 손을 들 때까지 기다린다.)

- 다같이 이야기 나눠 볼게요. 우리 친구들이 들은 세 가지 소리가 무엇인가요? (한 명씩 지목해 이야기하도록 한다.)

- 자, 이제 교실 밖에서 나는 소리를 세 가지 찾아볼게요. 세 가지 소리를 다 찾은 친구는 손을 들어 주세요. (참고: 이 활동은 음악과 함께 진행할 수 있다. 음악을 틀어 놓고, 학생들에게 음악을 들으면서 느끼는 몸 안의 감각을 알아차리도록 한다.)

- (거의 대부분의 학생이 손을 들 때까지 기다린다.)

- 교실 안과 밖에서 나는 소리를 들었을 때 우리 몸에서는 어떤 일이 일어났나요? 알아차린 것이 있나요? (학생들이 이야기하도록 한다. 모두가 소리를 듣고 교실이 굉장히 조용하고 차분했다는 것을 알려줄 수도 있다.)

- 자, 이제 우리가 이렇게 할 때 몸속에서 어떤 일이 일어나는지 알아보도록 할게요.

- 우리 감각은 좋다고 느낄 수도 있고, 안 좋게 느낄 수도 있고, 좋고 싫은 느낌이 없는 것으로 느낄 수도 있어요. 이것을 유쾌한 감각, 불쾌한 감각, 중립적인 감각이라고 할게요. 여기서 맞거나 틀린 감각은 없어요. 우리 감각은 햇볕이 뜨거우니 그늘로 가서 쉬라고 하는 것처럼 우리 몸에게 좋은 정보를 줘요.

- 교실 안과 밖에서 우리가 전에는 알아차리지 못했던 소리를 한번 들어 볼게요. (잠시 멈춤)

- 소리를 듣고 있을 때, 몸 안에서 무엇이 느껴졌나요? 지금 몸 안에서 어떤 감각을 느끼고 있나요? 몸 안에서 어떤 감각을 느끼는 친구는 손을 들어주세요.

- 어떤 것을 느꼈나요? 몸 어디에서 느꼈나요? 그것은 유쾌한 것인가요, 불쾌한 것인가요, 아니면 중립적인 것인가요? (학생들과 이야기 나눈다.)
- 자, 이제 교실에 있는 색을 찾아 볼게요. 빨간색부터 찾아 볼까요?
- 교실에서 빨간색을 세 개 찾아 보세요.
- 빨간색을 찾았을 때 몸속에 어떤 느낌이 드는지 보세요. 무언가가 느껴지나요? 그럼 손을 들어주세요.
- 그건 어떤 감각인가요? 유쾌한가요, 불쾌한가요, 아니면 중립적인가요?"

마무리 | 4분

- "오늘 감각에 대해 무엇을 배웠나요?
- 감각을 설명하는 단어는 무엇이 있을까요?
- 오늘 감각에 대해 배운 것이 우리를 더 행복하게 그리고 더 친절해지도록 도울 수 있을까요? 어떤 상황에서 지금 도와주세요! 전략을 사용할 수 있을까요?
- 오늘 배운 것을 기억하고, 다음에 사용해 보도록 할게요."

전략	몸속에서 어떤 감각이 느껴지나요?	감각이 유쾌한가요, 불쾌한가요, 중립적인가요?
교실에서 찾을 수 있는 색 여섯 가지를 말해봅니다.		
10부터 1까지 거꾸로 세어 봅니다.		
교실 안과 밖에서 나는 세 가지 소리 (총 여섯 가지)를 각각 찾아봅니다.		
천천히 물을 마셔 봅니다. 입과 목에서 물을 느껴봅니다.		
1분 동안 교실을 거닐어봅니다. 바닥에 닿는 발의 감촉을 느껴봅니다.		
손바닥을 마주 잡고 꽉 눌러보거나 따뜻해질 때까지 문질러 봅니다.		
주변의 가구나 바닥을 만져봅니다. 온도와 감촉을 느껴봅니다.		
손이나 등으로 벽을 밀어보고 근육을 느껴봅니다.		
교실에서 시선을 끄는 것을 찾아봅니다.		

스테이션 1

천천히 물을 마셔 봅니다.

입과 목에서 물을 느껴 봅니다.

몸속에 어떤 감각이 느껴지나요?

그 감각은 유쾌한가요, 불쾌한가요,

중립적인가요?

스테이션 2

교실에서 찾을 수 있는 색
여섯 가지를 말해 봅니다.

몸속에 어떤 감각이 느껴지나요?
그 감각은 유쾌한가요, 불쾌한가요,
중립적인가요?

지금 도와주세요! 전략

스테이션 3

교실에서 자꾸 보고 싶은 것을 찾아봅니다.

몸속에 어떤 감각이 느껴지나요?

그 감각은 유쾌한가요, 불쾌한가요,

중립적인가요?

지금 도와주세요! 전략

스테이션 4

10 9 8 7 6 5 4 3 2 1

교실을 걸으면서 10부터 1까지

거꾸로 세어 봅니다.

몸속에 어떤 감각이 느껴지나요?

그 감각은 유쾌한가요, 불쾌한가요,

중립적인가요?

스테이션 5

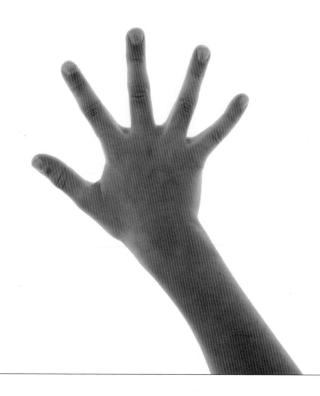

주변의 가구나 바닥을 만져봅니다.

온도와 감촉을 느껴봅니다.

몸속에 어떤 감각이 느껴지나요?

그 감각은 유쾌한가요, 불쾌한가요,

중립적인가요?

스테이션 6

손바닥을 마주 잡고 꽉 눌러보거나
따뜻해질 때까지 세게 문질러 봅니다.

몸속에 어떤 감각이 느껴지나요?
그 감각은 유쾌한가요, 불쾌한가요,
중립적인가요?

스테이션 7

교실 안에서 나는 세 가지 소리와 교실 밖에서
나는 세 가지 소리를 찾아봅니다.

몸속에 어떤 감각이 느껴지나요?
그 감각은 유쾌한가요, 불쾌한가요,
중립적인가요?

스테이션 8

교실을 거닐어봅니다.

바닥에 닿는 발의 감촉을 느껴봅니다.

몸속에 어떤 감각이 느껴지나요?

그 감각은 유쾌한가요, 불쾌한가요,

중립적인가요?

스테이션 9

손이나 등으로 벽이나 문을 천천히
밀어봅니다.

몸속에 어떤 감각이 느껴지나요?
그 감각은 유쾌한가요, 불쾌한가요,
중립적인가요?

회복탄력성 키우기

자원 활용하기

목적

이 수업 활동의 목적은 학생들이 신체적으로 건강하게 성장할 수 있도록 개인적 자원(1장에서 만든 친절 그림)을 사용하도록 돕는 것이다. 개인적 자원은 몸에 행복의 느낌을 가져오는 내적, 외적 대상이나 상상으로 만든 대상을 의미한다. 사람마다 다 다른 개인적 자원을 가지고 있지만, 개인적 자원을 생각하는 것은 우리 몸에 행복 감각을 느끼게 한다. 이러한 감각을 알아차리고(따라가기) 유쾌하거나 중립적인 감각에 초점을 맞추면 신체는 긴장을 풀고 (나중에 학생들이 배울) 회복탄력영역으로 돌아온다. 자원 활용하기와 따라가기는 모두 자신의 신체에 대한 정보와 신체가 스트레스와 행복에 반응하는 방식을 알려주기 때문에 학생의 신체이해력을 키우는 데 도움을 준다.

학습 목표

학습자는

• 자신의 신체를 차분하게 안정시키기 위해 개인적 자원을 사용하게 될 것이다.

• 신체 감각을 따라가고 확인하는 방법을 개발할 것이다.

주요 구성 요소

자기 조절 (1E)

시간

25분

준비물

• 1장에서 그린 친절에 대한 그림. 그림이 없다면 새로 그리도록 할 수 있지만, 이를 위해서는 시간이 더 필요하다.

도입 | 5분

- "지난 시간에 배운 지금 도와주세요! 전략을 몇 개 연습해 볼게요. (지금 도와주세요! 활동에서 사용한 유인물을 보여주면서 학생들에게 하나를 고르게 할 수 있다.)
- 교실에서 세 가지 소리를 찾아 볼까요?
- 자, 이제 교실 밖에서 세 가지 소리를 찾아 보세요.
- 소리를 들으면서 우리 몸에서 느껴지는 것을 알아차릴 수 있을까요? 즐겁거나 중립적인 감각을 느꼈나요? 중립은 좋거나 불편한 것의 중간을 말하는 거예요. 좋은 느낌도 아니고 불편한 느낌도 아닌 것이죠.
- 방을 둘러보면서 좋은 느낌이나 중립적인 느낌을 주는 것을 찾아보세요. 그것은 물건일수도 있고, 색이나 친한 친구, 아니면 또 다른 것일 수도 있어요.
- 이제 우리 몸을 한번 볼게요. 몸 안에서 무엇이 느껴지나요? 몸 안에서 유쾌하거나 중립적인 감각을 찾을 수 있나요?
- 유쾌하거나 중립적인 감각을 아직 찾지 못했다면, 손을 들어주세요. (학생들이 손을 들면, 좋은 기분을 느낄 수 있는 신체 부위를 찾을 수 있도록 도와준다.)
- 유쾌하거나 중립적인 느낌을 찾았다면, 조용히 그곳에 주의를 기울여 보세요. 그리고 그 감각이 변하는지, 아니면 그대로 있는지 살펴보세요. "

통찰 활동 | 20분
친절 그림을 개인적 자원으로 사용하기

개요
- 학생들은 자신의 그림에 대해서 이야기하면서 몸 안에서 느껴지는 감각을 알아차린다. 특히 유쾌하고 중립적인 감각에 주의를 기울인다.

탐구할 내용/통찰
- 감각은 유쾌하거나 불쾌하거나 중립적일 수 있다. 같은 감각(따뜻함 등)도 이 세 가지로 느껴

질 수 있다.
- 유쾌하거나 중립적인 감각에 집중하면, 우리 몸은 편안해진다.
- 자원을 사용하고 감각에 집중하는 것은 우리 몸을 편안하게 한다.

준비물
1장에서 학생들이 그린 친절 그림

수업 방법
처음 소개할 때에는 자원 활용하기를 쉽게 할 수 있도록 돕기 위해 아래의 활동안을 따라 수업을 진행할 수 있다.

교사를 위한 팁
- 우리의 마음속에 더 큰 행복감과 안정감, 그리고 보호받는 느낌을 가져오도록 하는 것을 '자원 활용하기'라고 한다. 각자가 마음에 떠올리는 대상은 개인적 자원이라고 한다. 일어나는 감각을 알아차리는 것은 감각을 '따라가기' 또는 감각을 '읽기'라고 한다(선호하는 용어를 선택해 사용하면 된다). 따라가기를 통해 좋거나 중립적인 느낌을 발견하면, 그 느낌에 얼마간 주의를 기울여 그 느낌이 그대로 유지되는지 아니면 변하는지 관찰할 수 있다. 이 활동을 통해 감각은 깊어지며 몸은 매우 편안해질 수 있다.
- 우리는 모두 신경계를 가지고 있지만, 개인적 자원이 기능하는 방식이나 행복과 스트레스로 인해 일어나는 감각은 매우 다양할 수 있다. 따라가기를 통해 불쾌한 감각을 찾게 되면, 기분을 좋게 하는 신체 부위를 찾아 그곳에 집중한다. 이것을 '주의를 옮겨 머물기'라고 한다. 따라가기를 하면서 몸에서 유쾌하거나 중립적인 감각을 발견하면, 잠깐 동안 그곳에 머물며 주의를 기울인다. 앞에서 이야기한 것처럼, 이러한 조용한 집중은 경험을 깊어지게 하고, 안전하다고 느끼게 해 몸이 긴장을 풀고 편안해지도록 돕는다.
- 자원 활용하기를 하면서 느끼는 감각에 대해서 이야기할 때, 친절 그림 이외에 다른 것으로부터 오는 감각에 대해서도 이야기할 수 있다. 예를 들어, 사람들 에게 자신의 의견을 이야기할 때 긴장하는 친구가 있을 수 있는데, 이때 그 감각을 설명하도록 할 수 있다. 만약 이런 상황

이 생기면, 주의를 친절 그림으로 돌려 유쾌하거나 중립적인 느낌을 가지도록 도울 수 있다. 이때 좋은 느낌이 든다고 이야기하면, 잠시 멈추고 그 느낌에 집중해 감각을 알아차리도록 한다. 좋거나 중립적인 느낌에 멈춰 머무는 것은 신체가 긴장을 풀고 안정감을 느끼도록 한다. 만약 학생이 불쾌한 감정을 이야기하면, 몸 안에서 기분 좋게 하는 다른 장소가 있는지 물어보고, 그곳에 멈춰서 좋은 기분을 느껴보도록 한다.

• 참고: 하나의 느낌(예: 따뜻함)은 유쾌하거나 불쾌하거나 중립적일 수 있다. 시원함도 좋거나 싫거나 중립적인 느낌일 수 있다. 따라서 학생들에게 감각이 좋은지, 불쾌한지, 아니면 중립적인지를 구체적으로 물어보는 것은 따라가기 기술을 발달시킨다. 또한, 신경계가 자극에 매우 빠르게 반응한다는 것을 알아둘 필요가 있다. 친절 그림에 대한 질문을 나중에 하게 되면 학생들의 관심이 이미 다른 곳으로 옮겨가 친절한 순간의 감각을 경험하지 못할 수도 있다. 연습을 통해 적절하게 시간을 조절할 수 있을 것이다.

활동안

• "우리 모두가 친절을 좋아한다고 말했던 것 기억하나요?

• 오늘은 좋아하는 걸 보거나 생각하는 게 우리 몸에 어떤 감각을 가져오는지 살펴볼 거예요.

• 우리 몸에 물체를 감지하고 뇌로 정보를 보내는 것이 있다고 했는데, 무엇인지 기억하는 친구 있나요? 맞아요, 신경계예요. 이제 신경계에 대해서 좀 더 이야기해 볼게요.

• 감각은 우리에게 좋게 느껴질 수도 있고, 불쾌하게 느껴질 수도 있고, 둘 다 아니게 느껴질 수도 있어요. 좋은 느낌을 유쾌하다고 하고, 나쁜 느낌을 불쾌하다고 이야기하기도 해요. 감각이 좋지도, 나쁘지도 않으면, 우리는 그것을 "중립적이다"라고 하거나 좋고 나쁜 것 "사이에 있다"고 말해요.

• 어떤 감각이 유쾌하거나, 불쾌하거나, 아니면 그 사이에 있을까요?

• 따뜻한 것은 어떨까요? 따뜻한 느낌이 좋다는 것은 어떤 걸까요? 불쾌하다고 느끼는 건 어떨까요? 아니면 그 사이에 있을 때는 어떨 것 같아요?

• 차가움은 어떨까요?

• 우리 몸이 많은 에너지와 움직임을 가지는 건 어떨 것 같아요? 즐거움을 느끼는 건 어떤 걸까요? 우리 몸에 에너지가 많고 움직임이 많을 때 기분이 안 좋은 적이 있었나요? 아니면 그 사

이에 있는, 중립적인 느낌일 때도 있었나요?

• 이제 우리가 그린 친절 그림을 꺼내 볼게요.

• 그림을 바라보세요. 그리고 그림이 무엇에 관한 것이었는지 생각해 보세요.

• 그림에서 여러분들의 주의를 끄는 게 무엇인지 보고, 원한다면 그 부분을 만져보아도 좋아요.

• 그 감각은 유쾌한가요, 불쾌한가요, 아니면 중립적인가요? 그림을 볼 때와 만질 때 감각이 다르게 느껴지나요?

• 자신의 친절 그림을 소개하고 싶은 친구 있나요?

• 친구가 이야기할 때에는 조용히 그 친구를 바라보고 귀를 기울이는 것이 중요해요.

한 번에 한 명씩 이야기하도록 한다. 발표한 학생에게는 즉시 다음과 같이 질문한다. (너무 오래 기다리면 감각이 사라질 수 있다.)

• 친절했던 순간을 떠올리면서 몸 안에서 무엇을 느꼈나요?

• 몸에서 감각이 느껴지나요?

• 방금 말한 감각은 유쾌한가요, 불쾌한가요, 아니면 그 사이에 있나요?

• 친절한 순간을 떠올리면서 느낀 다른 감각이 있나요?

• 누가 이야기해 볼까요?

그림 이외에 학생들을 행복하게 하거나 안전하다고 느끼도록 하는 기분 좋은 것을 이야기하도록 할 수도 있다.

• 그림 대신 다른 걸 생각하고 싶으면, 여러분 기분을 좋게 만드는 사람이나, 장소, 동물, 물건, 추억들을 생각해보고 이야기해 주세요. "

학생 한두 명의 이야기를 들으면서, 위의 과정을 모두 거친다. 유쾌한 감정을 이야기하면서 몸이 편안해지는, 눈에 띄는 변화를 경험할 수도 있다. 그리고 다른 학생이 이것을 알아차릴 수도 있다. 만약 그렇다면, 그들이 발견한 신체적 변화를 이야기하도록 한다.

이 과정을 두 번 이상 실행한 후, 학생들이 짝을 지어 이야기 나누도록 한다.

마무리 | 5분

• "나의 자원과 감각에 대해 무엇을 발견했나요?

• 나의 자원을 보면 어떤 감각이 느껴지나요?

• 신체 어떤 부위에서 그런 감각을 느꼈나요?

• 더 많은 나의 자원을 가질 수 있을까요?

• 불쾌한 느낌을 가질 때 나의 자원을 사용해서 몸이 좀 더 편안해지도록 도울 수 있을까요?"

2장	회복탄력성 키우기
수업 활동 **3**	**보물상자 만들기**

목적

이 수업 활동에서는 지난 활동에 이어 학생들이 자신의 자원을 담을 '보물상자'를 만들어 볼 것이다. 자원은 더 큰 신체적 행복감을 가져오는 내적, 외적, 그리고 상상의 대상을 의미한다. 우리는 각자 다른 자원을 가지고 있지만, 자원을 통해 행복한 감각을 느낀다. 특정 자원이 매번 잘 작동하는 것은 아니기 때문에 여러 개의 자원을 가지고 있는 것이 좋다. 예를 들어, 어떤 자원은 기분이 가라앉았을 때 활기를 찾을 수 있게 도와주는 한편, 다른 자원은 예민한 우리를 진정시켜 준다. 따라가기 기술은 신체이해력을 키워주는 기술이기 때문에, 자원 활용하기와 함께 연습하는 것이 중요하다.

학습 목표

학습자는

- 스트레스를 받았을 때 안정을 되찾아주는 자신만의 자원이 담긴 보물상자를 만들 것이다.
- 개인적 자원을 사용해 몸을 편안하게 하는 방법을 발견할 것이다.
- 신체 내부의 감각을 확인하고 따라가는 기술을 발달시킬 것이다.

시간

30분(선택 활동을 한다면 40분)

주요 구성 요소

자기 조절 (1E)

준비물

- 1장에서 그린 친절 그림
- 10cm×15cm 크기의 흰 종이나 색종이(비슷한 크기로 자른 종이), 각 학생들이 사용할 색연필이나 매직
- 자신의 자원을 보관할 '보물상자'로 쓸 수 있는 작은 상자나 가방, 또는 큰 봉투
- 선택 사항: 여러 색깔의 작은 돌, 자갈, 수정 등이 담긴 상자
- 선택 사항: 보물상자를 꾸밀 미술 용품

101

도입 | 4분

학생들에게 지난 시간에 사용한 친절 그림을 나눠준다.

- "오늘은 지난 시간에 그린 친절 그림을 다시 보면서 마음을 편안하게 안정시키는 시간을 가져볼게요.

- 교실을 둘러보고, 주의를 끄는 것 중 유쾌하거나 중립적인 느낌을 주는 것을 찾아보세요. 물건이 될 수도 있고, 색이나 친한 친구, 아니면 다른 무언가가 될 수도 있어요.

- 몸 안에서 유쾌하거나 중립적인 느낌이 있는 곳에 주의를 기울여보세요.

- 친절한 순간이나 친절 그림을 그렸을 때를 떠올려 볼까요. (잠시 멈춤) 그림을 보고, 친절한 행동이나 자원이 무엇이었는지, 어디에 있었고, 누구와 함께 있었는지 떠올려 보세요.

- 친절한 순간이나 자원을 생각하면, 몸속에 어떤 일이 일어나나요? (학생들이 유쾌하거나 중립적인 감각을 이야기하면 조용히 그 감각에 집중하도록 한다. 불쾌한 감각을 이야기하면, 주의를 옮겨 머물기 기술을 사용하거나, 지금 도와주세요! 전략 중에 좋아하는 방법을 사용해 보도록 한다.)

- 이 활동을 계속하면, 우리 몸에 대해서 더 잘 알게 되고 어떻게 몸을 진정시키고 기분을 좋게 하는지 배울 수 있어요."

통찰 활동 | 16분

자신만의 보물상자 만들기*

개요

학생들은 이 활동을 통해 자신이 가진 자원이 무엇인지 알게 될 것이다. 나의 자원은 생각했을 때 기분이 좋아지는 것을 말한다. 이 활동에서 학생들은 자신이 가진 자원을 생각하고, 하나씩 종이에 그린 후 이름을 붙일 것이다. 그리고 종이를 접어 자신만의 자원 보물상자(혹은 봉투)에 넣는다. 이 상자는 '보물 주머니', '자원 주머니', '도구 상자' 또는 '도구 키트'와 같이 다른 이름으로 부를 수도 있다(상자 대신 주머니를 제공해도 된다). 1년 동안 학생들은 보물상자에 자신의 자원을 추가할 수 있으며, 필요할 때 언제든 자원을 꺼내 쓸 수 있다.

탐구할 내용/통찰

• 우리 몸을 더 편안하게 안정시켜주는 다양한 자원을 개발하고 사용할 수 있다.

• 신경계는 우리가 좋아하거나 재미있어 하는 것, 또는 우리를 안전하게 느끼게 하는 것에 반응한다.

• 자원은 상황에 따라 다르게 작용한다.

• 자원 활용하기는 연습할수록 더 쉬워진다.

준비물

• 10cm×15cm 크기의 흰 종이나 색종이(비슷한 크기로 자른 종이), 각 학생들이 사용할 색연필이나 매직, 개인적 자원을 보관할 '보물상자'로 쓰일 상자나 주머니, 또는 큰 봉투 (선택 사항: 여러 색의 작은 돌, 구슬, 수정 등이 담긴 상자, 보물상자를 꾸밀 미술 용품)

수업 방법

• 보물상자를 만들 것이라고 말하고, 자원이 무엇인지 설명한다.

• 자신이 가진 자원에 대해 이야기하도록 한다.

• 충분한 시간 동안 자원 그림을 그리고 이야기 나눈다. 이야기를 할 때는 짝을 지어 하거나 전체 그룹으로 진행할 수 있다. 이 두 가지를 병행해서 진행할 수도 있다.

교사를 위한 팁

• 이 수업 활동에서 중요한 것은 자신이 가진 자원을 확인하는 것이다. 즉, 자신을 기분 좋게 만들어주거나 기분을 더 나아지게 하는 것의 가치를 알고 이것을 자원으로 인식하는 것이다. 우리 모두는 기분이 좋아지게 만드는 것을 가지고 있다(사람, 장소, 활동, 기억, 소망 등). 하지만, 그것들을 당연하게 여기거나 특별한 가치를 부여하지 않는다.

• 이 활동을 반복해 학생들이 더 많은 자원을 가지도록 하는 것이 좋다. 또한, 학생들이 자신만의 개성 있는 보물상자를 만들 수 있도록 따로 시간을 마련하는 것도 좋다. 이렇게 하면, 보물상자 자체가 또 하나의 자원이 될 수 있다. 또한 제시한 통찰 활동(자원 돌 활동)을 하면서 보물을 추가할 수도 있다.

• 참고: 개인적 자원은 아주 소소한 것일 수 있다. 자원은 엄청나게 놀라운 것일 필요가 없다.

또한 자신에게만 특별한 것이기 때문에 다른 사람에게는 적용되지 않는 경우가 많다. 처음에는 '행복', '안도', '기쁨' 등과 같은 한 단어를 사용해 개인적 자원을 설명하기보다는 좀 더 넓은 범위에서 다양한 단어를 사용해 설명하는 것이 좋다. 이를 통해 학생들은 자신에게 맞는 자원을 더 쉽게 찾을 수 있을 것이다.

활동안

- "오늘은 자신만의 보물상자를 만들어 볼 거예요.
- 보물상자는 뭘까요? 보물상자 하면 무엇이 떠오르나요?
- 이 보물상자에는 우리 기분을 좋게 만들어주고 안전하다고 느끼게 하는 물건이나 우리가 좋아하는 것을 넣을 거예요.
- 이런 것을 나의 자원(개인적 자원)이라고 해요. 자원은 우리를 유익하게 하는 것을 말해요. 이 자원은 나 자신에게 특별한 것이기 때문에 나의 자원이나 개인적 자원이라고 부를 거예요. 내가 가진 자원이 다른 사람들에게 특별할 필요는 없어요.
- 나의 자원은 나를 기분 좋게 만들거나 행복하게 해줘요. 그리고 편안함을 느끼게 해줘요.
- 이 자원은 우리가 좋아하는 일이 될 수도 있어요. 우리가 편안하거나 재미있다고 생각하는 것일 수 있고, 우리가 좋아하는 사람이 될 수도 있어요. 또 내가 가진 자랑스러운 부분이나 좋아하는 부분처럼 나 자신에 대한 것일 수도 있어요.
- 떠올리면 마음이 안정되고 행복해지는 사람이 있나요?
- 실제로 가거나 생각만 해도 기분이 좋아지는 장소가 있어요?
- 우리 친구들이 재미있어 하고 좋아하는 것은 무엇인가요?
- 지금까지 이야기한 모든 것이 다 내 자원이에요. 기분이 좋지 않을 때 우리의 기분을 좋게 만들어주는 것이라면 어떤 것이든 나의 자원이 될 수 있어요.
- 상상으로 만든 것도 우리의 기분을 좋게 만들어 주면, 자원이 될 수 있어요.
- 내가 가진 자원이 뭐가 있을지 생각해 볼게요. 두 개나 세 개 정도 생각할 수 있어요.
- 이제 그 자원을 그려볼까요.
- 무엇을 그렸는지 기억하기 쉽게 각 자원에 이름을 적어 볼게요.
- (학생들이 그림을 그릴 수 있는 충분한 시간을 준다.)

- 자, 이제 나의 자원을 가지게 되었어요. 하나하나가 다 나만의 보물이에요. 굉장히 가치 있는 것이죠. 이 자원들을 보물처럼 가지고 있다가 나중에 필요할 때 쓰는 거예요.
- 보물상자에 자원을 넣어 볼게요. 그리고 보물상자에는 자신의 이름을 적어 볼게요.
- 자신이 만든 보물상자에 대해 이야기해 볼까요? 자원 중 하나를 골라서 그것이 왜 여러분에게 보물이 되었는지 이야기해 주세요."

반성적 활동 | 7분
자원 활용하기와 따라가기 연습*

개요
이번 반성적 활동에서는 보물상자에서 자신의 자원 하나를 골라 바라보면서 몸 안에 일어나는 감각을 알아차릴 수 있는지를 살펴본다. 그리고 그 감각이 유쾌한지, 불쾌한지, 혹은 중립적인지(사이에 있는지) 확인한다.

교사를 위한 팁
- 학생들이 불쾌한 감정을 이야기하면, 몸에서 기분을 좋게 하거나 중립적인 기분을 느끼게 하는 다른 곳으로 옮겨갈 수 있다는 것을 알려준다. 이 기술은 '주의를 옮겨 머물기'라고 부른다. 또한, 지금 학생들에게 감각을 가르치고 있다는 것을 기억하고, 학생들이 감각을 말하기 전에 "기분이 좋다"라고 하거나 "기분이 나쁘다"고 말하면, "좋은 기분은 어떤 느낌인가요? 감각을 설명해 줄 수 있을까요?"라고 질문한다. 이전 수업에서 만든 감각 단어 목록을 사용할 수도 있다.
- 자원 활용하기는 익숙해지는 데 시간이 꽤 걸린다. 학생들이 개인적 자원을 생각하면서 몸에서 좋은 감각을 직접 느낄 수 있을 때까지 이 활동을 몇 번이고 반복하는 것이 좋다. 이러한 중요한 통찰이 생기고 난 후에도 계속 연습을 하면, 신경계가 경험하는 것과, 신경계가 스트레스와 행복을 표현하는 방법에 대해 체화된 이해를 얻게 될 것이다.

활동안

- "자, 지금부터 몸 안에 있는 감각들을 느껴볼 거예요. (필요하면 감각이 무엇인지 예와 함께 설명한다.)
- 자, 여러분이 좋아하는 자원을 보물상자에서 하나 골라보세요.
- 마음을 편안하게 하고, 자원 그림을 앞에 놓아두세요.
- 산만하게 느껴지면, 집중을 잘 할 수 있는 곳을 찾아 가도 돼요.
- 잠깐 멈춰서 자원을 가만히 바라보면서 생각해보세요.
- 자원을 볼 때 우리 몸 안에서는 무엇이 느껴지나요?
- 좋은 감각인가요? 그렇지 않아도 괜찮아요.
- 불쾌한 감각이 느껴지면 시선을 돌려 기분이 더 좋아지는 곳으로 가 볼게요. 기분이 더 좋아지는 곳에 머물러 보세요.
- 좋은 감각이나 좋지도 싫지도 않은 사이 감각을 찾았다면, 그대로 머물러 감각을 있는 그대로 느껴보세요. (잠시 멈춤)
- 이건 우리 몸과 감각을 읽고 있는 거라고 할 수 있어요. 이것을 따라가기라고 불러요. 따라가기는 무언가를 아주 가까이서 계속 바라보는 거예요. 우리가 몸 안의 감각을 알아차리고 그것에 집중한다면 우리는 그 감각을 따라가고 있는 거예요.
- 몸 안에서 느낀 감각에 대해 누가 이야기해 줄 수 있을까요?
- 그 감각에 집중하면 기분이 어떤가요?"

마무리 | 3분

- "이 보물상자는 여러분이 더 편안해지고 싶을 때, 그리고 평화로운 마음을 가지고 싶을 때 사용할 수 있어요.
- 좀 더 편안함을 느끼고 싶으면 잠깐 동안 돌을 잡고 조용히 감사한 것을 생각해 보세요. 아니면 자원 그림을 바라보세요.
- 나의 자원을 보면서 어떤 종류의 감각이 느껴졌나요?
- 우리가 더 많은 자원을 떠올릴 수 있을까요?

• 이 보물상자를 언제 사용하게 될까요?"

선택적 통찰 활동 | 10분
자원 돌

개요
이 활동은 보물상자 활동과 함께 진행할 수 있는 추가적인 통찰 활동이다. 한 번에 두 가지 활동을 다 수행할 시간이 없으면, 이 활동은 다음 시간에 실행할 수 있다. 먼저, 학생들에게 원으로 둘러앉도록 한다. 그리고 작은 상자 안에 있는 작은 돌, 수정, 구슬 중에서 하나 고르도록 한다. 돌을 잡고 감사한 것을 떠올리면서 돌 안에 감사함이 깃들도록 한다. 이제 이 돌은 감사의 돌이 되었다. 그리고 그 감사의 돌을 보물상자에 넣는다.

준비물
• 학생들에게 줄 작은 돌, 수정, 구슬 등이 담긴 상자, 학생들의 보물상자

수업 방법
• 학생들에게 원을 만들도록 한다.
• 작은 수정이나, 돌, 구슬 등이 담긴 상자를 학생들에게 주고 마음에 드는 것을 하나 고르도록 한다. 하나는 꼭 가지도록 한다.
• 아래 제시될 활동안에 따라 자원 활용하기 활동을 진행한다.

활동안
• "여기 우리 친구들의 보물상자에 들어갈 특별한 보물을 가지고 왔어요.
• 여기 있는 작은 돌이나 구슬(또는 수정)들은 여러분을 차분하게 안정되고 편안하게 만들어 줄 자원 돌이에요.
• 하지만 이 돌을 우리의 보물상자에 넣기 전에 해야 할 일이 있어요.
• 우리 친구들, 혹시 고마운 마음을 느끼는 것이 있다면 한번 떠올려 볼까요?

- 내가 가진 자원에서 하나를 찾을 수도 있고, 새로운 것이 될 수도 있어요.
- 우리는 아주 작은 것에 감사함을 느낄 수 있어요. 우리에게 미소를 지어주는 누군가도 될 수 있고, 우리 삶에 있는 아주 특별한 사람이 될 수도 있어요.
- 잠시 우리가 감사함을 느끼는 것을 떠올려 볼게요. 장소나 사람, 물건, 아니면 다른 어떤 것이든 괜찮아요.
- 우리 친구들에게 중요한 어른일 수도 있고, 반려 동물이나 좋아하는 놀이터일 수도 있어요. 어떤 것이든 마음속에 그려보세요.
- 무언가 특별한 것이 떠오르면, 손으로 돌을 잡아 보세요. 손가락으로 문질러도 좋아요.
- 돌을 잡았을 때 몸에서 어떤 감각이 느껴지는지 보고, 고마운 것을 떠올리세요.
- 이제 한 명씩 돌아가면서 우리가 무엇에 감사함을 느끼는지 이야기해 볼게요.
- 선생님이 먼저 시작할게요. "나는 …에 대해 감사합니다. (창밖에 보이는 나무, 집에 가는 길, 좋은 친구들, 나의 고양이 등)"

돌아가면서 원에 있는 모든 학생들이 한 명씩 이야기한다. 이야기하고 싶지 않아 하는 학생이 있다면 다음 학생으로 넘어간다.

- "감사한 마음을 표현하면서 몸 안의 감각을 느껴 보세요.
- 어떤 감각이 느껴졌나요? 무엇을 느꼈나요?
- 이제 책상으로 돌아가 이 특별한 돌을 보물상자에 넣을게요.
- 무엇에 감사하는지 기억할 수 있도록 작은 종이에 적어서 보물상자 안에 함께 넣어도 좋아요."

회복탄력성 키우기

접촉하기(Grounding)

목적

이 수업 활동에서는 회복탄력영역/OK 영역으로 돌아가거나 계속 그곳에 머물기 위해 접촉하기 기술을 배우고 실행할 것이다. 접촉하기란 자신의 신체가 닿는 것에 주의를 기울이는 것을 말한다. 접촉하기는 항상 따라가기(tracking)와 함께(신체의 감각에 주의를 기울이는 것) 실행되는데, 이유는 이 두 가지가 신체이해력을 함께 발달시키기 때문이다. 접촉하기를 수행하는 방법에는 여러 가지가 있기 때문에 학생들은 자신에게 가장 잘 맞는 방법을 찾을 수 있다. 따라서 이 수업 활동의 몇몇 활동은 여러 번 반복하는 것이 좋다.

학습 목표

학습자는

• 특정한 방법으로 몸을 움직일 때 느끼는 감각을 알아차릴 것이다.

• 다양한 자세로 연습하면서 접촉하기에 능숙해질 것이다.

• 물건을 잡는 연습을 통해 접촉하기에 능숙해질 것이다.

시간

30분

주요 구성 요소

자기 조절 (1E)

준비물

• 학생들의 보물상자

• 인형이나 부드러운 놀잇감, 옷가지, 펜던트, 시계, 작은 물건 등을 넣은 가방 (원한다면, 혹은 이러한 물품을 준비하는 것이 어렵다면, 학생들에게 자신이 좋아하는 물건을 가져오도록 요청할 수도 있다.)

도입 | 4분

- "보물상자를 꺼내서 오늘 사용하고 싶은 자원이 있는지 한번 볼까요?
- 자신의 자원 중 하나를 골라 손에 올려놓거나 앞에 놓아 주세요.
- 자원을 지긋이 바라보거나 눈을 감고 손에 있는 자원을 느껴보세요.
- 잠시 그 물건에 집중해 보세요. (잠시 멈춤) 몸 안의 감각을 알아차려 볼까요? 따뜻하거나 차갑거나, 가볍거나, 무겁거나, 따가운 느낌을 느낄 수 있고, 호흡을 알아차릴 수도 있고, 아니면 그냥 재미있게 바라보고 있을 수도 있어요. 아무 느낌이 없어도 괜찮아요. 그냥 지금 어떤 감각도 느끼지 않는다는 것을 알아차리면 돼요. 그저 조용히 앉아서 느껴보는 거예요."

통찰 활동 1 | 12분
다양한 자세로 접촉하기*

개요
다양한 자세에서 접촉하기를 시도해보고, 몸이 가장 편안한 자세를 찾아본다.

탐구할 내용/통찰
- 어떤 물체나 표면에 신체적인 접촉이 일어나면 신경계가 반응한다.
- 접촉하기를 통해 편안함을 찾으면, 몸 안의 유쾌하거나 중립적인 감각에 집중한다.
- 나에게 가장 도움이 되는 접촉하기 기술이 있다.
- 연습을 통해 접촉하기의 효과를 높일 수 있다.

준비물
없음

수업 방법
- 학생들이 책상을 누르거나, 벽을 밀거나, 벽에 기대는 것과 같은 활동을 할 수 있는 공간을

마련한다.

- 아래의 활동안을 사용해 접촉하기와 따라가기를 연습한다.
- 학생들에게 우리 몸을 더 편안하고, 안전하고, 안정되게 느끼도록 돕는 '접촉하기'라는 기술을 배우게 될 것이라고 설명한다. (자원 활용하기와 비슷해 보일 수 있지만 접촉하기는 자원을 떠올리는 대신 몸이 가장 편안해질 때까지 몸을 움직이는 것이다.)
- 학생들은 다양한 자세(일어서기, 앉기, 책상 아래로 누르기, 벽에 기대기, 벽을 밀기)를 취한 후, 잠시 멈추고 감각을 따라간다. 그리고 자신이 느낀 감각(있는 경우)을 이야기한다.
- 자신이 가장 좋아하는 자세를 취하도록 하면서 수업을 마무리하고, 몸을 편안하게 할 필요가 있을 때 이 자세를 사용할 수 있도록 한다.

교사를 위한 팁

- 신경계는 신체가 취하고 있는 자세와 사물과 접촉한 부위(바닥이나 침대나 의자들에 닿을 때도)를 지속적으로 감시하기 때문에, 단순히 자세를 바꾸는 것만으로도 신경계 조절을 도울 수 있다. 감각을 따라가면 경험의 깊이가 깊어지고 신체이해력이 발달한다.
- 바닥에 등을 대고 눕거나 벽에 등을 대고 앉아 있는 것과 같은 자세도 추가할 수 있다. 팔을 접는 등 팔을 이용한 자세도 적용할 수 있다. 신체에 있는 감각들을 알아차리기 위해 따라가기를 사용하는 것이 좋다. 이를 통해 어떤 자세가 가장 도움이 되는지 찾을 수 있을 것이다.

활동안

- "우리는 오늘 '접촉하기' 기술을 연습하기 위해서 촉각을 사용해 볼 거예요.
- 간단한 실험 하나를 해 볼 건데요. 우리 몸이 하고 있는 것에 따라 우리의 느낌이 어떻게 달라지는지 알아볼 거예요. 우리가 가진 신경계는 모두 다르게 반응하기 때문에 나에게 기분 좋은 것이 다른 사람에게는 불쾌한 느낌을 줄 수 있다는 것을 꼭 기억하세요. 지금 우리 모두 앉아 있으니까, 앉아 있는 것에서부터 시작할게요. 가장 편한 자세로 앉아주세요. 자, 이제 감각에 집중해서 따라가 보세요. (잠시 멈춤)
- 이제 일어서 볼까요. 가장 편한 자세로 서 보세요.
- 일어난 상태에서 우리 몸에서 느껴지는 감각을 따라가 볼까요? 안에서 무엇이 느껴지는지 볼

게요. (잠시 멈춤)

- 무엇을 느끼는지 누가 이야기해 볼까요? (학생들이 무엇을 느끼는지 이야기하도록 한다.)

- 서 있는 것이 더 좋으면 손을 들어주세요. 앉아 있는 것이 더 좋으면 손을 들어주세요.

- 신기하지 않아요? 따라가기는 우리가 더 좋아하는 것을 알려줘요. 그런데 우리가 좋아하는 건 다 달라요.

- 지금 하고 있는 것이 바로 '접촉하기'예요.

- 접촉하기는 우리 몸을 편안하고 건강하고 행복하게 만들기 위해 사용해요.

- 접촉하기를 하는 이유는 신경계가 항상 우리 몸의 자세와 접촉하고 있는 것에 주의를 기울이기 때문이에요. 신경계는 우리의 자세를 알아내고 그것에 반응해요. 우리가 어떻게 서 있는지에 따라, 아니면 무엇을 만지고 있는지에 따라 좋은지 안 좋은지를 느낄 수 있어요.

- 자 이제, 우리 몸을 지탱하는 방법에 따라 감각들이 어떻게 변하는지도 보도록 할게요.

- 서거나 앉는 자세를 바꿔서 우리 몸을 기분 좋게 할 수도 있어요.

- 다른 것을 시도해볼까요? 책상을 손으로 꾹 눌러 보세요. 힘을 많이 들일 필요는 없어요. 그리고 안에서 느끼는 감각을 따라가 보세요. (잠시 멈춤. 학생들이 책상에서 멀리 떨어져 있을 경우, 의자나 바닥을 눌러 몸을 들어 올리도록 하고 손이 닿은 감촉과 팔에 주어진 압력을 느끼도록 할 수 있다.)

- 어떤 감각이 느껴지나요? (학생들이 이야기하도록 한다.)

- 다른 걸 시도해 볼까요? 손으로 벽을 밀어 보세요. 그리고 따라가기를 해 보세요. 이렇게 밀 때 우리 몸 안에서 어떤 감각이 일어나는지, 몸의 어느 부분에서 그 감각이 느껴지는지 알아차려 보세요. (잠시 멈춤)

- 어떤 감각이 느껴지나요? (학생들이 이야기하도록 한다.) 그 감각은 유쾌한가요, 불쾌한가요, 아니면 중립적인가요?

- 등을 벽에 기대 보세요. 그리고 우리 몸 안의 감각에 주의를 기울이고 따라가기를 해 보세요.

- 어떤 감각이 느껴지나요? (학생들이 이야기하도록 한다.) 그 감각은 유쾌한가요, 불쾌한가요, 아니면 중립적인가요?

- 벽을 밀 때 더 기분이 좋았던 친구는 손을 들어보세요. 이번엔 벽에 기대고 있을 때가 더 좋았던 친구가 손을 들어보세요. 이제 책상이나 의자를 누르고 있을 때 기분이 더 좋았던 친구는 손을 들어주세요.

- 우리 친구들이 각자 좋아하는 자세를 만들어 볼까요? 앉고 싶다면 그렇게 해도 좋아요. 서 있어도 되고, 책상을 누르거나, 벽에 기대거나, 벽을 밀어도 괜찮아요. 자신이 가장 좋아하는 것을 선택해서 해 보는 거예요.
- 이제 따라가기를 하면서 몸 안의 감각에 주의를 기울여 보세요. 감각을 더 잘 느끼고 싶다면 눈을 감아도 좋아요.
- 무엇이 느껴지나요? 우리 모두가 같은 감각을 느끼고 있을까요?
- 기분을 더 좋게 만드는 자세를 찾았나요?
- 이 활동을 하면 우리가 가장 좋아하는 자세를 찾을 수 있어요. 우리 몸이 안정이 필요할 때 이 접촉하기 기술을 사용할 수 있을 거예요."

통찰 활동 2 ㅣ 10분
물건에 접촉하기*

개요
학생들에게 여러 가지 물건을 제공하고 선택하도록 한 뒤(학생들에게 직접 물건을 가지고 오도록 할 수도 있다), 물건을 잡을 때 몸에서 일어나는 감각을 알아차리도록 한다.

탐구할 내용/통찰
- 어떤 물체나 표면에 신체적인 접촉이 일어나면 신경계가 반응한다.
- 접촉하기를 통해 편안함을 찾으면, 몸 안의 유쾌하거나 중립적인 감각에 집중한다.
- 나에게 가장 도움이 되는 접촉하기 기술이 있다.
- 연습을 통해 접촉하기의 효과를 높일 수 있다.

준비물
인형이나 부드러운 놀잇감, 옷가지, 펜던트, 시계, 작은 물건 등을 넣은 가방 (원한다면, 혹은 물품을 준비하는 것이 어렵다면, 학생들에게 자신이 좋아하는 물건을 가져오도록 요청할 수 있다.)

수업 방법

물건과 함께 하는 접촉하기와 따라가기를 처음 가르칠 때에는 아래의 활동안을 사용하는 것이 좋다.

교사를 위한 팁

- 접촉하기는 우리 몸이 어떤 사물과 닿게 되는 것을 말한다. 사물에는 이전 활동처럼 바닥, 의자, 벽 등이 있을 수 있다. 그러나 여기에는 물체를 잡는 것도 포함된다. 물건을 들 때 생기는 감각에 주의를 기울이면 긴장을 쉽게 풀 수 있다.
- 다양한 종류의 부드러운 물체나 좋은 질감을 가진 물체, 또는 나무나 돌 같이 단단한 물체들을 준비하는 것이 좋다. 또한 이전의 수업 활동에서 얻은 자원 돌도 사용할 수 있다. 만약 물건을 학생 수만큼 준비할 수 없으면, 학생들에게 자신이 원하는 것을 가져오도록 요청할 수 있다.

활동안

- "우리는 무언가를 잡거나 만지면서도 접촉하기를 할 수 있어요.
- 여기 접촉하기를 도와주는 물건들이 있어요. 이 안에서 잡고 있으면 좋을 것 같은 물건을 하나 골라보세요.
- 이제 앉아서 물건을 잡고 있어 볼게요. 손에 올려놓거나 무릎에 놓을 수도 있어요.
- 어떤 느낌인지 알아차려 보세요.
- 감각 단어를 이용해서 물건을 설명해 볼 수 있을까요? 어떤 느낌인가요?
- 자, 이제 따라가기를 해 볼게요. 이 물건을 쥐고 있는 동안 우리 몸 안에서 일어나는 감각에 집중해 보세요.
- 잠시만 조용히 이 물건을 쥐고, 우리 몸 안에서 일어나는 감각에 주의를 기울여 보세요. (잠시 멈춤)
- 무엇을 알아차렸나요? 몸 안의 어디에서 감각을 느꼈나요?
- 다시 조용히 따라가기를 더 해 볼게요. (잠시 멈춤)
- 이번에는 무엇을 느꼈나요?
- 물건을 바꿔보고 싶은 친구 있나요? (처음 물건이 마음에 들지 않았다면 다시 물건을 고르도록 하고 활동을 한번 더 반복한다.)

• 이것도 똑같이 접촉하기예요. "

이렇게 몇 번 반복하면 학생들이 좋아하는 물건을 쉽게 찾을 수 있다. 이 경우 교실에 그 물건들을 놓아 주고 학생들이 원할 때 언제든 접촉하기를 연습하도록 한다.

선택적 통찰 활동 | 10분
신체를 사용해 접촉하기*

개요
이 활동은 책상을 살짝 누를 때, 벽에 기대고 있을 때, 앉거나 서 있을 때 손과 발을 알아차리는 확장된 접촉하기다. 다른 접촉하기 활동과 마찬가지로 접촉하기와 따라가기(신체 내 감각에 대한 알아차림)를 함께 실행하는 것이 중요하다.

활동안
• "물체의 표면에 우리 몸의 일부가 닿는 것을 알아차리면서 접촉하기를 연습할 수 있어요.
• 책상, 벽, 아니면 바닥에 손을 놓아볼게요.
• 발에 집중하고 바닥에 어떤 자세로 놓여있는지 집중해보세요.
• 이제 따라가기를 해볼까요? 우리 몸 안의 감각에 집중해볼게요.
• 잠시 조용히 우리 몸 안의 감각에 집중해보세요. (잠시 멈춤)
• 무엇을 느꼈나요? 몸 어디에서 감각을 느꼈나요?
• 다시 조용히 따라가기를 더 해볼게요. (잠시 멈춤)
• 이번에는 무엇을 느꼈나요?
• 손에 집중하는 것이 좋았나요? 아니면 발에 집중하는 것이 더 좋았나요? 아니면 둘 다 좋았나요?
• 이것도 접촉하기 활동이에요. "

마무리 | 4분

- "우리는 오늘 다양한 방법으로 접촉하기를 하면서 우리 몸 안의 감각을 알아차렸어요. 여러분은 어떤 것이 가장 좋았나요?(즉, 어떤 것이 여러분들에게 유쾌하거나 중립적인 감각을 불러 일으켰나요?) 효과가 없었던 것은 무엇이었나요?
- 여러분이 느낀 감각이나 다른 친구가 이야기했던 감각을 기억하는 친구 있나요?
- 접촉하기를 언제 사용할 수 있을까요?"

2장	회복탄력성 키우기

수업 활동 5

회복탄력영역

목적

이 수업 활동의 목적은 학생들에게 'OK 영역' 또는 '웰빙 영역'이라고도 불리는 회복탄력영역을 소개하는 데 있다. 회복탄력영역은 우리의 마음과 몸이 건강한 상태를 유지할 수 있는 영역을 말한다. 회복탄력영역에 있으면 하루 동안 경험하는 스트레스에 긍정적으로 반응하며 잘 다룰 수 있게 된다. 스트레스가 심하면 우리를 회복탄력영역에서 과흥분 영역이나 무기력 영역으로 몰아낼 수 있다. 우리가 과흥분 영역에 갇히면 불안, 초조, 긴장, 화, 스트레스 등을 느끼게 된다. 몸을 잘 조절할 수 없어 집중하기 어렵고, 따라서 새로운 정보를 배우거나, 좋은 결정을 내리는 것이 어려워진다. 무기력 영역에 갇히면 피곤, 에너지 부족, 무관심 등이 나타날 수 있다. 또한, 하고자 하는 의욕이 없고 위축되어 새로운 것을 배우거나, 문제를 해결하거나, 최선의 선택을 내리는 것이 어렵게 된다.

학습 목표

학습자는

- 회복탄력성과 관련된 세 개의 영역에 대해 이해할 것이다.
- 따라가기를 하면서 자신이 현재 어느 영역에 있는지 인식할 수 있을 것이다.
- 자원 활용하기와 접촉하기를 통해 회복탄력영역으로 돌아오는 기술을 기를 것이다.

시간

30분

주요 구성 요소

자기 조절 (1E)

준비물

- 세 영역을 그릴 수 있는 칠판이나 종이
- 손가락 인형 (일반적인 인형으로 대체 가능)

도입 | 4분

• "자, 잠시 우리 몸 안에 있는 감각에 주의를 기울여 볼게요. 내가 얼마나 많은 에너지를 가지고 있는지, 그리고 지금 무겁거나 가벼운 느낌인지, 덥거나 추운지, 편안하고 부드러운지, 아니면 긴장되고 흥분되는지 확인해 보는 거예요. 몸에 어떤 일이 일어나는지 알아보는 거예요.

• 지난 시간에 우리는 몸과 감각을 이용해 마음을 차분하게 가라앉히고 기분이 좋아지게 하는 접촉하기에 대해서 이야기 나누었어요. 우리 친구들이 했던 자세 중에서 유쾌하거나 중립적인 기분을 가져다 준 것이 있었나요? (대부분의 방법이 언급될 수 있도록 최대한 많은 학생이 이야기하도록 한다.) 기억이 잘 안 나는 친구 있나요? (학생들이 기억을 잘 못하고 있다면, 교실에 게시할 수 있도록 목록을 만드는 것도 좋다.)

• 지금 해보고 싶은 접촉하기 기술이 있나요? (학생들에게 선택하고 탐색할 시간을 주거나 교사가 하나를 선택해서 모든 학생이 함께 해 보도록 할 수 있다.)

• 지금 기분은 어때요? 방금 활동이 여러분에게 도움이 되었나요? 몸 안에서 어떤 차이를 느꼈나요?"

설명/토론 | 10분
회복탄력영역

개요
이 활동에서는 인형과 회복탄력영역 그림을 사용해 회복탄력영역, 과흥분 영역, 무기력 영역의 개념을 소개하고 토론하는 시간을 갖는다. 또한 한 아이(서준이)의 하루를 따라가면서 어떻게 서준이의 몸과 신경계가 하루를 경험하는지 설명한다. 만약 인형을 사용할 수 없다면, 학생들과 비슷한 나이대의 아이 사진으로 대체할 수 있다.

탐구할 내용/통찰
• 스트레스 요인은 우리를 회복탄력영역 밖으로 쫓아낸다. 모든 사람들은 과흥분 영역이나 무기력 영역에 갇힐 수 있다.

- 과흥분 영역이나 무기력 영역 중 한 구역에 갇히게 되면, 기분이 좋지 않아지거나, 올바른 결정을 내리기 어렵게 된다.
- 회복탄력영역으로 돌아오기 위한 방법이 있다.
- 회복탄력영역에서 신체는 건강해지고 마음은 행복해진다. 우리 자신과 다른 사람들에게 더 친절해지며, 더 나은 결정을 할 수 있다.

준비물
- 세 영역을 그릴 수 있는 칠판이나 종이
- 손가락 인형 (일반 인형으로 대체 가능)

수업 방법
- 인형을 보여주면서 우리와 비슷한 학교에 다니고 있는 친구라고 소개한다. 학생들과 함께 인형에게 이름을 지어준다(여기서는 '서준'이라는 이름을 사용할 것이다). 오늘 서준이의 하루에 대해 이야기할 것이라고 이야기하고, 이야기를 들으면서 서준이가 어떤 기분일지 생각해 보라고 말한다. 이 활동을 위해 회복탄력영역 그림을 보여줄 거라고 설명하고 서준이가 이 영역들에 있을 것이라고 이야기한다.
- 회복탄력영역 그림을 준비해 보여주거나 칠판이나 종이에 그린다. 그림에는 두 개의 수평선과 그 안에 두 개의 곡선이 있어야 한다.
- 이 그림이 우리 몸, 특히 신경계가 하루 동안 어떻게 움직이는지를 보여준다고 설명한다. 더 흥분되거나 화가 날 때도 있고, 어떨 때는 더 피곤하거나 기운이 없을 때도 있을 것이라고 설명한다.
- 중간 영역이 '회복탄력영역'(또는 'OK 영역' 또는 '웰빙 영역' 또는 교실에서 만든 용어로 부를 수 있음)임을 설명한다. 서준이가 기분이 좋을 때 서준이가 놓일 수 있는 영역이다. 이 영역 안에서도 서준이는 다양한 감정과 느낌을 경험하지만, 여전히 몸은 건강한 상태이고 올바른 결정을 내릴 수 있다. 서준이는 적당히 슬프거나 적당히 화가 나 여전히 회복탄력영역/OK 영역 안에 머물고 있다.
- '회복탄력성'이라는 말을 설명한다. 회복탄력성은 어려움을 처리하고 다루는 능력, 어려운 것

을 이겨내고 다시 돌아오는 능력, 내면의 힘, 강인함 등으로 설명할 수 있다.

- 스트레스 요인 또는 마음의 동요를 일으킬 수 있는 요인이 나타나면 번개 표시(또는 다른 기호)를 그린다. 학생들에게 가끔 서준이를 화나게 하거나 불안하게 만드는 일이 일어날 것이라고 말한다. 이야기에서 이런 스트레스 요인을 발견하면, 번개 표시를 그리도록 한다. 이것은 서준이를 회복탄력영역에서 이탈하게 만들 수도 있다. 그렇게 되면 서준이는 과흥분 영역이나 무기력 영역에 갇힐 수 있다.

- 이제 이 그림에 있는 과흥분 영역이나 무기력 영역에 두 아이의 사진을 붙인다. (아래에 제공된 사진을 인쇄하여 사용할 수 있다.)

- 학생들에게 과흥분 영역에 있는 아이는 무엇을 느끼고 있을지 물어본다. "너무 너무 화가 나고, 긴장되고, 초조할까요? 서준이가 과흥분 영역에 갇히게 되면 어떻게 될까요?"

- 예를 먼저 들어주는 것이 좋다. 감각 단어에는 다른 색(예: 빨간색)을 사용하면서 학생들이 이야기하는 단어를 적는다. 무기력 영역에 대해서도 똑같이 이야기 나눈다. "무기력 영역에 있는 아이는 슬프고 피곤하고 혼자라고 생각할까요? 서준이가 무기력 영역에 갇히게 되면, 어떤 일이 일어날까요?" 감각 단어는 다른 색을 사용하면서 학생들이 하는 이야기를 적는다.

- 그 후 아래에 제시된 서준이의 이야기를 들려준다. 이야기를 하면서 잠시 멈추고 다음의 내용을 확인한다. (a)서준이 몸에서 느낄 감각에 대해 이야기 나누기, (b)회복탄력영역 그림에서 서준이 있을 곳 찾기, (c)회복탄력영역으로 돌아가거나 그곳에 머무르기 위해 서준이가 할 수 있는 일 생각하기.

- 우리가 이미 회복탄력영역으로 돌아오도록 돕는 많은 기술을 배웠다는 것을 알려준다. 토론을 마치면서 자원 활용하기나 접촉하기를 할 수 있도록 한다.

교사를 위한 팁

- 학생들이 이러한 중요한 통찰에 바로 이를 수 없더라도 걱정할 필요는 없다. 다음 수업 활동을 통해 통찰을 강화할 수 있다.

- 안전을 위한 참고 사항: 처음으로 세 가지 영역에 대해 가르칠 때에는 우선 인형이나 사진과 같이 학생들이 아닌 다른 대상을 사용해 과흥분 영역이나 무기력 영역에 갇힌 모습을 나타내고 그 대상이 무엇을 느낄 것인지 물어보는 것이 안전하다. 이것은 세 영역을 간접적으로 가르

회복탄력영역

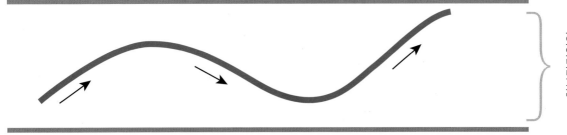

출처: Trauma Resource Institute

Peter Levine/Hellerdl 그림. Genie Everett 디자인

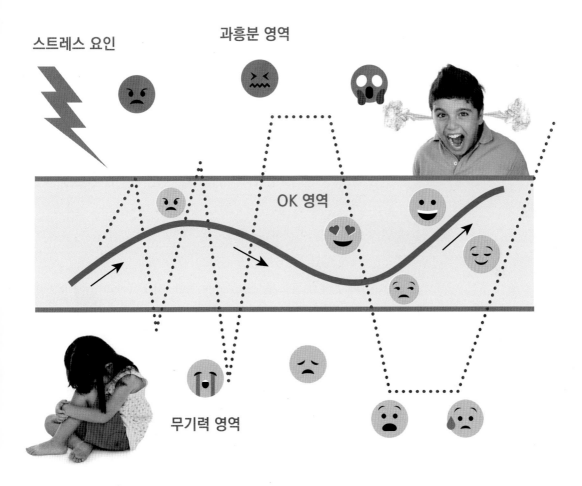

치는 방식이라 할 수 있다. 학생들에게 다음과 같은 질문을 직접적으로 하는 것은 추천하지 않는다. "여러분이 지금 과흥분 영역에 갇혀 있으면 기분이 어떨까요?", "우리가 과흥분 영역에 갇혀 있다면 어떻게 보일까요?", "여러분은 그림에 있는 높은 영역에 갇혀 있던 때가 기억이 나나요?" 이런 질문을 직접적으로 하면 학생들은 정신적 충격을 받았던 기억을 떠올리거나, 자신에게 일어난 최악의 상황을 설명해야 할 것이다. 또한, 연극이나 역할극이 아닌 실제 내용으로 학생이 직접 겪은 과흥분 영역이나 무기력 영역을 보여주도록 하는 것도 추천하지 않는다.

활동안

- "우리는 지금 우리 몸과 신경계에 대해서 배우고 있어요.

- 신경계가 하는 역할은 무엇인가요?

- 우리는 감각에 집중하고 있어요. 우리 몸을 차분하게 만들기 위해서 자원 활용하기, 접촉하기, 지금 도와주세요! 전략을 사용할 수 있다는 것도 배웠어요.

- 오늘은 여러분에게 친구를 한 명 소개하려고 해요. (인형을 보여준다.) 이 친구는 이름이 필요해요. 어떤 이름이 좋을까요?(여기서는 서준이라는 이름을 사용한다.)

- 서준이는 우리 친구들하고 나이가 같아요. 우리 친구들처럼 학교에도 가요. 서준이의 하루를 따라 가면서 신경계가 하는 일을 자세히 보도록 할게요. 서준이는 정말 정말 많은 일을 겪었어요!

- 서준이의 하루를 보기 전에 먼저 신경계를 이해하는 데 도움을 줄 수 있는 그림을 만들어 볼 거예요. 이 그림은 서준이의 신경계가 하루 동안 겪는 일을 보여줄 거예요.

- 여기 중간 부분은 회복탄력영역이라고 해요(혹은 OK 영역, 웰빙 영역). 서준이가 이곳에 있으면 건강함을 느껴요.

- 회복탄력성이란 우리 몸과 마음이 잘 조절되고, 마음이 강해져서 어떤 어려움도 잘 이겨낼 수 있는 것을 말해요. 어려운 일이 일어나도 회복탄력성이 있기 때문에 다시 돌아와 몸과 마음을 건강하게 지킬 수 있는 것이죠.

- 우리가 회복탄력영역에 있는 동안 어려움을 겪으면 마음속의 강한 힘이 어려움을 잘 이겨낼 수 있도록 도와줘요. 우리의 몸과 마음이 더 좋아지게 만드는 법을 이미 알고 있기 때문에 너무 심하게 스트레스를 받거나 그 문제 때문에 너무 힘들어지는 일은 일어나지 않아요.

- 서준이가 이 영역에 있으면 기분이 어떨 것 같나요?
- 하루에 우리는 몇 번이나 이 영역 안에서 올라가거나 내려갈 수 있어요. (회복탄력영역에 곡선을 그린다.) 올라가는 선은 우리가 흥분하거나 에너지가 넘칠 때를 말하고, 내려가는 선은 우리가 졸리거나 에너지가 없다고 느낄 때를 말해요. 하지만 우리는 아직 회복탄력영역에 있어요.
- 그런데 갑자기 어떤 무서운 일이 일어나거나 우리가 싫어하는 일이 일어나면(번개를 그리거나 번개를 가리킨다.) 회복탄력영역 밖으로 쫓겨나게 돼요. 그러면 우리는 과흥분 영역에 갇힐지도 몰라요.
- 서준이가 과흥분 영역에 갇히면 무엇을 느낄까요? (학생들이 이야기하도록 한다.)
- (도움이 되는 것 같다면, 서준이에게 직접 질문해 보도록 하고 서준이가 대답하는 방식으로 진행할 수도 있다. 이렇게 하면, 학생들이 언급하지 않는 감각이나 감정을 교사가 설명할 수 있다.) 우리 그럼 서준이에게 물어볼까요? 서준아, 높은 영역에 갇히면 무엇을 느끼니?
- 서준이가 말한다. "여기 정말 싫어. 불안하고 무서워. 가끔은 화도 너무 많이 나고 짜증이 나! 내가 뭘 해야 될지도 모르겠어. 난 지금 통제가 안 돼. 여기서는 스트레스도 많이 받아. 그런데 가끔은 스트레스를 많이 받으면, 무기력 영역으로 갈 때도 있어. 이 무기력 영역에 갇히면 사진에 있는 이 아이와 같은 표정을 짓게 되지."
- 무기력 영역에 갇힌 아이는 어떤 것을 느끼고 있을까요? (학생들이 이야기하도록 한다.)
- 서준아! 너도 똑같이 느끼고 있어?
- 서준이가 말한다. "무기력 영역에 갇히면 나도 똑같이 힘이 없고 우울해. 아무것도 하고 싶지 않아. 내가 좋아하던 게임도 하기 싫어. 그냥 아무 관심이 없어. 가끔은 혼자 있고 싶어. 사람들이 주위에 많이 있어도 혼자 있는 것 같다니까. 너희들한테 얘기할 수 있는 건, 여기 낮은 영역에 갇혀 있는 건 정말 싫어. 그런데 회복탄력영역으로 돌아가면 다시 기분이 좋아져.""

통찰 활동 | 12분
서준이의 하루

개요
이 통찰 활동에서, 학생들은 서준이의 하루를 경험한다. 서준이의 하루는 비슷한 또래의 아이들이 겪게 되는 전형적인 하루를 보여준다. 서준이가 회복탄력영역 그림에서 어디에 있을지 물어보면서 인형을 이용해 서준이의 하루를 들려준다.

탐구할 내용/통찰
• 스트레스 요인은 우리를 회복탄력영역 밖으로 쫓아낸다. 모든 사람들은 과흥분 영역이나 무기력 영역에 갇힐 수 있다.
• 과흥분 영역이나 무기력 영역 중 한 구역에 갇히게 되면, 기분이 좋지 않아지거나, 올바른 결정을 내리기 어렵게 된다.
• 회복탄력영역으로 돌아오기 위한 방법이 있다.
• 회복탄력영역에서 신체는 건강해지고 마음은 행복해진다. 우리 자신과 다른 사람들에게 더 친절해지며, 더 나은 결정을 할 수 있다.

준비물
• 아래 제시된 이야기
• 매직
• 화이트보드나 전지

수업 방법
• 이야기 중 별표가 붙은 곳에 가면 서준이가 어떤 기분일지, 그리고 회복탄력영역 그림에서 어디에 놓여질지 이야기 나눈다. "서준이는 지금 몸에서 무엇을 느끼고 있을까요?"라고 질문하고 학생들이 대답하면, "서준이는 지금 여기 세 영역 중 어디에 있을까요?"라고 물어본다. 학생들에게 구체적으로 대답해 달라고 요청한다. "서준이가 회복탄력영역에 있을 것 같아요?

그럼 회복탄력영역 안에서도 중간에 있을까요? 아니면 높은 쪽에 있을까요? 낮은 쪽에 있을까요? 아니면 회복탄력영역에서 이탈했을까요? 그렇다면, 과흥분 영역에 있을까요, 무기력 영역에 있을까요?" 학생들이 답을 하는 동안, 그림의 왼쪽에서 오른쪽으로 서준이가 어느 영역에 있는지 보여주면서 서준이의 하루를 그린다.

• 어떤 지점에 가면 서준이를 회복탄력영역에서 벗어나게 하는 스트레스가 일어나고 있다고 생각되는 사건이 있을 것이다. 그때 학생들에게 이렇게 물어본다. "여기에 번개를 놓아야 할까요? 큰 번개를 놓을까요, 아니면 작은 번개를 놓을까요?" 학생들이 서준이가 회복탄력영역에서 벗어났다고 이야기하면, 이를 확실하게 보여주는 선을 그려 넣는다.

• 별표가 보이면 잠시 멈추고, 서준이가 자신을 진정시키거나 기분이 나아지게 하기 위해 무엇을 할 수 있는지 이야기 나눈다. 서준이 인형이 그것을 수행하고 나면 학생들은 서준이가 회복탄력영역으로 돌아가도 되는지 결정할 수 있다. 이야기에 별표가 나타날 때마다 이런 과정을 엄격하게 따를 필요는 없다. 잠깐 멈추고 이야기할 수 있는 포인트를 알려줄 뿐이다. 학생들과의 상호작용하는 것이 이런 활동을 하는 것보다 자연스러울 수도 있고, 학생의 참여율에 따라 멈추는 것을 더하거나 덜할 수 있을 것이다.

• 마지막에는 전체 그림을 보고 이야기 나눈다. "서준이가 자신의 하루를 돌아보고, '스트레스가 많이 생겼네'라고 생각한다면, 회복탄력영역에서 멀어지지 않도록 미리 준비할 수 있는 일은 무엇이 있을까요?"

• 자원 활용하기와 접촉하기를 연습하면서 마무리한다.

교사를 위한 팁

• 샘플 이야기를 제공하고는 있지만 자신의 학생들에게 적합하게 이야기를 각색해서 진행할 수 있다. 이렇게 하면 담당하고 있는 학생들이 이야기에 더 공감할 수 있을 것이다. (학생들과 이 활동을 한번 하고 나면, 다른 이야기를 할 때에도 비슷한 연습을 할 수 있게 될 것이다. 학생들은 결과적으로 주인공이 가지는 느낌과 회복탄력영역에서의 위치를 이야기하게 될 것이다.)

• 또 다른 방법으로 줄이나 테이프를 사용해 교실 바닥에 회복탄력영역 그림을 그리고, 학생들이 서준이의 이야기를 들으면서 영역과 영역 사이를 이동하면서 서준이의 하루를 보여줄 수도 있다.

서준이의 하루

" 서준이가 일어났어요. 그런데 너무 빨리 일어났네요! 학교에는 8시까지만 가면 되는데, 웬일인지 오늘 서준이의 기분이 아주 좋아서 평소보다 일찍 일어나 버렸어요. 왜 일까요?*

이때 엄마가 왔어요. "서준아! 일찍 일어났구나. 양치하고 옷 갈아입으렴." 엄마가 양말을 꺼내 주셨어요. 그런데 서준이가 싫어하는 양말이었어요. 왜냐하면 그 양말을 신을 때마다 발이 너무 가려웠거든요.

"싫어요! 이 양말 안 신을 거예요!" 서준이가 말했어요.*

"그래, 그럼 다른 걸 신으렴." 엄마가 말했어요. "어떤 양말을 신고 싶니?"

서준이는 좋아하는 양말을 찾고 또 찾았어요. 무지개 색으로 된 아주 부드러운 양말이에요. "전 이 양말 신을래요!" 서준이가 말했어요.

"그러렴. 네가 좋아하는 양말을 신고 가렴." 서준이의 엄마가 말했어요. 서준이는 그 양말을 신고 기분이 매우 좋아졌어요!

서준이는 이를 닦고 아래층으로 내려갔어요. 엄마는 서준이를 위해 아침을 준비하고 있어요. 오늘 아침은 서준이가 좋아하는 달걀과 구운 감자예요! "오! 예!!" 서준이는 앉자마자 이렇게 소리 질렀어요.*

"서준아! 늦겠다." 엄마가 말했어요. "빨리 아침 먹고 학교 가야지. 가방은 챙겼니?"

"아니요. 가방 2층 방에 있어요." 서준이가 먹으면서 얘기했어요.

"얼른 가서 가져와." 엄마가 말했어요. "가방에 숙제 챙기는 것도 잊지 말고."

"근데 엄마! 저 아직 아침 먹고 있잖아요!" 서준이가 말했어요. 서준이는 지금 아침을 아주 맛있게 먹고 있는 중이에요.

"지금 빨리 가서 가져와. 아니면 학교 늦어." 엄마가 말했어요. "빨리 빨리."*

서준이는 통학 버스를 타고 학교에 가요. 그런데 지금 거의 버스를 놓칠 것 같아요!! 하지만 서준이는 다행히도 딱 맞춰서 버스를 탔어요. 서준이는 현우 옆에 앉았어요. 그리고 "휴, 겨우 탔네!"라고 말했어요. *

서준이는 학교에 도착해 교실로 갔어요. 친구들이 모두 앉아 있고, 선생님이 들어오셨어요.

"자, 숙제 검사 할 시간이에요. 숙제 내준 거 기억하지요?" 선생님께서 말씀하셨어요.

서준이는 선생님께서 숙제를 내주셨던 것이 떠올랐어요. 그렇지만, 하지 않았다는 것을 깨달았어요.

"아! 안 돼!"라고 생각했어요. "어떻게 또 잊어버릴 수가 있지?"

"자 한 명씩 숙제를 보여주세요." 선생님께서 말씀하셨 어요. 학생들은 한 명씩 돌아가면서 숙제를 꺼냈어요. 이제 곧 서준이 차례예요.

"서준아, 숙제를 보여주겠니?" 서준이에게 물어보셨어요. *

"저 숙제 안 했어요. 죄송해요." 서준이가 말했어요.

"그렇구나. 걱정하지마. 내일 가져와도 돼." 선생님께서 친절하게 웃으며 말씀하셨어요. *

그리고 선생님이 숙제를 안 한 다른 친구들에게도 내일 가져와도 된다고 말씀하시는 것을 보았어요. *

점심시간이에요! 서준이는 지금 정말 행복해요. 왜냐하면 오늘 점심 메뉴가 서준이가 좋아하는 피자였거든요!*

서준이는 점심을 맛있게 먹고 잠깐 쉬러 운동장으로 나갔어요. 점심시간에는 다음 수업 시작 전에 항상 이렇게 놀 수 있는 시간이 있어요. 다른 친구들은 축구를 하고 있어요. "나도 축구 좋아하는데!" 서준이가 생각했어요.

그런데 서준이가 축구를 하려고 친구들에게 다가가자 몸집이 큰 친구들이 서준이를 막았어요. "넌 우리랑 축구 못해!"라고 소리쳤어요. 서준이는 너무 놀랐어요. 그리고 슬퍼졌어요. 그래서 혼자 놀이터 구석으로 가 서 있었어요. 갑자기 아무하고도 놀고 싶지 않다는 느낌이 들었어요.

서준이의 몸이 무거워졌어요.*

이때, 서준이의 친구 혜원이가 다가왔어요.

"서준아, 우리도 축구하는데 같이 할까? 네가 우리 팀에 들어오면 좋겠어!"라고 말했어요.

"진짜? 그래!" 서준이가 말했어요.

서준이는 얼른 뛰어가 쉬는 시간이 끝날 때까지 축구를 했어요.

학교가 끝나고 집으로 갔어요. 가족들과 저녁을 먹고 이불 속으로 들어갔어요. 서준이는 지금 너무 피곤하고 공을 너무 열심히 찼는지 다리가 좀 아파요. 그래도 베고 있는 베개가 정말 부드럽게 느껴져요.*"

[끝]

마무리 | 4분
- "회복탄력영역 그림은 무엇을 보여주는 걸까요?
- 누군가가 과흥분 영역에 있다면, 우리는 그것을 어떻게 알 수 있을까요?
- 무기력 영역에 있다면 어떻게 알 수 있을까요?
- 회복탄력영역을 설명하기 위해서 사용할 수 있는 단어는 어떤 것이 있을까요?
- 대부분의 사람이 과흥분 영역에 갇히게 될까요? 무기력 영역은 어떨까요?
- 오늘 배운 것 중에 언젠가 도움이 될 것 같아서 기억하고 싶은 것이 있나요?"

<table>
<tr>
<td>

2장

수업 활동

6

</td>
<td>

회복탄력성 키우기

시나리오를 통해 회복탄력영역 탐구하기

</td>
</tr>
</table>

목적

이 수업 활동에서는 학생들이 특정 시나리오의 등장인물이 느끼는 감정을 따라 바닥에 그려진 세 영역 지도 사이를 이동하는 활동을 한다. 이것은 수업 활동 5 '회복탄력영역'을 확장하는 수업이다. 이 활동을 통해 학생들은 회복탄력성과 신경계에 대한 이해를 체화할 수 있을 것이다. 이때, 학생들에게 직접적으로 과흥분 영역이나 무기력 영역에 갇혀 있으면 무엇을 느끼게 될지에 대한 질문은 하지 않으며, 시나리오의 등장인물들을 통해 간접적으로 문제를 탐구하도록 할 것이다.

학습 목표

학습자는

• 회복탄력성과 관련된 세 개 영역에 대해 이해할 것이다.

• 따라가기를 하면서 현재 어느 영역에 있는지 인식할 수 있을 것이다.

• 자원 활용하기와 접촉하기를 통해 회복탄력영역으로 돌아오는 기술을 기를 것이다.

주요 구성 요소

자기 조절 (1E)

시간

30분

준비물

• 회복탄력영역 그림과 신경계 그림

• 제공되는 시나리오

• 세 영역을 바닥에 표시하기 위한 색 테이프

도입 | 5분

- "잠시 동안 몸 안에 있는 감각에 주의를 기울여보세요. 여러분이 얼마나 많은 에너지를 가지고 있는지 확인해 볼 수 있고, 지금 몸이 무거운지, 가벼운지, 더운지 추운지, 편안하고 좋은지, 아니면 긴장되고 흥분되는지도 확인할 수 있어요. 무슨 일이 일어나고 있는지 알아차려 보세요.

- 지난 시간에 우리는 몸과 감각을 이용하여 마음을 차분하게 가라앉히고 기분을 좋아지게 하는 접촉하기에 대해서 이야기 나누었어요. 우리 친구들이 했던 자세 중 유쾌하거나 중립적인 기분을 가져다 준 게 있었나요? (대부분의 전략이 언급될 수 있도록 최대한 많은 학생이 이야기하도록 한다.) 기억이 잘 안 나는 친구 있나요? (학생들이 기억을 잘 못하고 있다면, 교실에 게시할 수 있도록 목록을 만드는 것도 좋다.)

- 지금 해보고 싶은 접촉하기 기술이 있나요? (학생들에게 선택하고 탐색할 시간을 주거나 교사가 하나를 선택해서 모든 학생이 함께 해 보도록 한다.)

- 지금 기분이 어때요? 방금 전에 한 활동이 우리 친구들에게 도움이 되었나요? 몸 안에서 어떤 차이를 느꼈나요?"

통찰 활동 | 20분
시나리오를 통해 세 영역 탐색하기*

개요

이 활동에서는 이전과는 다른 시나리오를 제공한다. 학생들은 바닥에 그려진 세 영역 주변에 선다. 이 그림은 시나리오를 들으면서 주인공이 어느 영역에 있을지를 나타낼 회복탄력영역 표다. 학생들은 직접 영역 사이를 오가며 주인공의 위치를 알려준다. 그리고 서로에게 다시 회복탄력영역으로 돌아올 수 방법을 제안한다. 과흥분 영역이나 무기력 영역에 있는 학생들은 제안된 행동을 수행하고 회복탄력영역으로 돌아온다. 이 활동은 여러 번 반복할 수 있다.

탐구할 내용/통찰

- 스트레스 요인은 우리를 회복탄력영역 밖으로 쫓아 낸다. 모든 사람은 과흥분 영역이나 무기력 영역에 갇힐 수 있다.
- 과흥분 영역이나 무기력 영역 중 한 구역에 갇히게 되면, 기분이 좋지 않아지거나, 올바른 결정을 내리기 어렵게 된다.
- 회복탄력영역으로 돌아오기 위한 방법이 있다.
- 회복탄력영역에서 신체는 건강해지고 마음은 행복해진다. 우리 자신과 다른 사람들에게 더 친절해지며, 더 나은 결정을 할 수 있다.

준비물

- 회복탄력영역 그림과 신경계 그림
- 제공되는 시나리오
- 세 영역을 바닥에 표시하기 위한 색 테이프

수업 방법

- 바닥에 세 영역을 그린다. 바닥에 영역을 그리는 가장 쉬운 방법은 색 테이프를 사용해 두 개의 평행선을 먼저 그려 넣어 세 개의 구역을 만드는 것이다. 회복탄력영역은 두 선 사이에 있는 공간이 되고, 과흥분 영역은 그 위의 공간, 무기력 영역은 제일 아래 공간이 된다. 원한다면 바닥에 '과흥분', '회복탄력', (또는 '웰빙') 그리고 '무기력'이라고 표시할 수도 있다.
- 학생들이 '회복탄력'이라는 단어를 확실히 이해하지 못했다고 생각되면, 칠판이나 종이에 '회복탄력성'이라는 단어를 쓰고, 회복탄력성과 비슷한 단어들을 이야기하도록 하면서 단어 지도 만들기 활동을 할 수 있다.
- 그 뒤 두 명에서 네 명 정도의 지원자를 모아 영역 그림으로 초대한다. 다른 학생들은 관찰자가 된다. 아래에서 제시된(혹은 직접 구성한 시나리오) 시나리오를 읽고 지원자들에게 이야기 속의 주인공이 어느 영역에 있을 것으로 생각하는지 묻는다. 이 세 개 영역은 연속된 것이라고 말한다. 예를 들어, 회복탄력영역 안에서도 높은 쪽에 치우쳐 설 수 있다(예: 에너지가 넘치고 신이 난 상태지만, 스트레스는 받지 않는 상태). 과흥분 영역에서도 아래쪽에 서 있을 수 있고(약간 스

트레스를 받은 상태), 과흥분 영역의 꼭대기에 설 수도 있다(매우 스트레스를 받은 상태).

- 지원자들이 설 자리를 정하고 나면, 왜 그곳에 서 있는지 물어본다(모든 지원자가 같은 공간에 서지 않아도 된다). 그리고 지금 몸에서 느껴지는 것을 이야기하도록 한다.
- 그런 다음 다른 학생들(관찰자)에게 주인공의 기분이 좋아지게 하는 일에 대해 묻는다. 학생들은 지금 도와주세요! 전략, 자원 활용하기, 접촉하기 등의 활동을 제안한다. 지원자(그리고 원한다면 관찰자도)에게 제안된 것을 직접 해보고 싶은지 물어보고 원한다면 해보도록 한다. 그리고 주인공이 지금 어떤 기분일지, 그리고 어디로 옮겨가는 것이 좋을지 묻는다.
- 새로운 시나리오와 새 지원자를 받아 활동을 반복한다.

교사를 위한 팁

- 이 활동은 학생들에게 그들의 감각을 묻는 직접적인 방식이 아니라 시나리오를 통해 세 영역을 탐구하도록 부드러운 접근방식을 택해 간접적으로 진행한다. 신경계는 상황에 지속적으로 반응하기 때문에, 실제로 과흥분 영역이나 무기력 영역을 경험하는 학생들을 만날 수 있다. 신경계는 또한 생각이나 상상력이 사실인 것처럼 반응하기도 하는데, 이 활동은 상상이 현실로 연결될 수 있는 활동이다. 그러므로, 학생들에게서 신경계의 활성화가 일어날 수 있다는 것을 주시하고, 여기서 배운 활동들이 몸을 조절하는 데 도움을 줄 수 있다는 것을 기억하도록 하자.
- 이 기술을 연습하면 학생들은 점차 회복탄력영역을 확장할 수 있을 것이며, 스트레스 요인이 더 이상 과흥분 영역이나 무기력 영역으로 보내지 않게 되거나, 갔다 가도 쉽게 돌아올 수 있게 될 것이다.
- 학생들이 이 과정을 이해하고 나면, 실제로 교실에서 혹은 학생들 사이에서 일어났던 일을 시나리오로 만들어 사용할 수도 있다. 이 활동은 나중에 더 자세히 탐구할 공감, 조망 수용, 갈등 전환을 위한 토대를 마련해 줄 것이다.

샘플 시나리오

이 시나리오는 하나의 예일 뿐이다. 자신의 수업에 적합하도록 등장인물의 이름을 자유롭게 바꿀 수 있으며, 다른 상황을 넣어도 괜찮다. 학생들이 가진 이름 이외의 다른 이름을 선택하는 것이 좋을 것이다. 학생들에게 자신이 선 이유를 설명할 수 있으면 어디에든 서 있어도 좋다고 이야기한다. 일반적으로 나올 수 있는 답변을 대괄호 안에 넣었다.

- 현우는 우리 친구들과 같은 나이예요. 그런데 전교생 앞에서 공연을 해야 해요. 현우가 지금 어떨 것 같나요? 현우가 지금 뭔가 다른 느낌을 가지고 있을 거라고 생각하는 친구 있나요? 현우는 지금까지 연습을 굉장히 많이 했고 공연하는 걸 좋아한다면 어떨까요? 현우가 지금 어떤 감각을 느끼고 있을까요?

- 수연이는 이불 안에 있어요. 내일이 생일인데, 멋진 선물을 많이 받을 것 같아서 잠이 오질 않아요. (수연이는 흥분했지만 스트레스를 받는 상태는 아닐 거예요. 그래서 높은 영역에는 안 있을 것 같아요.)

- 은서는 친구들과 놀러 가고 싶은데, 친구들이 은서와 놀아주지 않을 것 같아요. 은서를 혼자 남겨둘 것 같아요. (아마도 무기력 영역에 갇혀 있을 거예요. 아니면 화가 나서 과흥분 영역이나 회복탄력영역의 높은 곳에 있을지도 몰라요.)

- 선생님이 예빈이에게 숙제를 했는지 물어봐요. 하지만 예빈이는 오늘 숙제를 하지 않았어요.

- 준서는 저녁이라 집에 있어요. 그런데 형과 엄마가 싸우는 소리가 들려요. 둘 다 소리를 지르고 있어요.

- 윤아는 주말에 부모님과 집에 있었어요. 부모님이 "우리 오늘 밖에 나가야 해서, 돌봄 선생님이 오실 거야"라고 말했어요. 윤아는 이전의 돌봄 선생님은 좋아했지만, 지금 새로 오는 돌봄 선생님은 잘 몰라요.

- 예서는 부모님과 함께 사람이 엄청나게 많은 쇼핑센터에 갔어요. 그런데 어느 순간 주위를 둘러 보았을 때 부모님이 보이지 않았어요. (예서가 곁에 없는 것을 발견한 부모님은 어느 영역에 있을지 물어봐도 좋다.)

- 진우가 학교에 도착했을 때 친구들이 생일 파티를 준비했다는 것을 알게 되었어요.

- 시후와 동현이는 지금 유령의 집 앞에 있어요. 시후가 "들어가자! 재밌을 거야!"라고 말했어

요. 동현이는 "나 들어가기 싫은데"라고 말했어요. 그러자 시후가 "안 돼. 들어가야 돼!"라고 말하면서 동현이를 안으로 밀어 넣었어요. (시후가 어느 영역에 있을지, 그리고 동현이가 어느 영역에 있을지 각각 예측해 보도록 한다.)

이 활동을 몇 번 반복할 수 있다. 실제 교실에서 발생할 수 있는 상황을 접목해 새로운 시나리오를 생각해 볼 수도 있다. 학생들과 같이 협력해 교실에서 발생했던 일과 비슷한 시나리오를 만들어 볼 수도 있다.

마무리 | 5분

- "이제 자원 하나를 마음속에 떠올려 볼게요. 보물상자에서 자원 하나를 꺼내 만지거나 쥐고 있어도 좋아요.
- 잠시 동안 자원에 집중하고 몸에서 일어나는 감각을 살펴보세요.
- 유쾌하거나 중립적인 감각이 느껴진다면, 그 감각을 잠시 동안 느끼고 있어보세요. 불쾌한 감각을 느꼈다면, 몸 안에서 기분을 좋게 하는 장소를 찾아 그곳에 머물러 보세요.
- 무엇이 느껴지나요?
- 오늘 배운 것 중에 언젠가 도움이 될 것 같아서 기억하고 싶은 것이 있나요?"

회복탄력성 키우기

몸에서의 친절과 행복

목적

2장의 마지막 수업 활동에서는 1장에서 탐구한 행복과 친절, 그리고 안전의 개념을 2장에서 지금까지 배운 것과 연결시킨다. 현재 학생들은 자신의 신체에 대해서, 그리고 신체를 안정시키는 방법에 대해서 잘 알고 있다. 또한, 회복탄력영역에 대해서도 이해하고 있다. 따라서 이러한 이해를 행복과 친절, 그리고 학급 약속에 연결해 생각해 볼 수 있다. 스트레스나 위협을 느끼는 것은 우리를 회복탄력영역에서 멀어지게 한다. 따라서 불편함을 느끼게 하고, 실제로 우리 몸에 호르몬을 분비해 신경계를 어지럽힌다. 이것이 계속되면, 건강에 좋지 않을 뿐만 아니라 장기적인 손상도 일으킬 수 있다. 학생들은 회복탄력영역에서 멀어지는 이유와 그때의 느낌, 그리고 친절을 통해 회복탄력영역/OK 영역으로 돌아가는 방법에 대해 1인칭적 시점에서 경험하고 이해했기 때문에 이제 친절과 학급 약속의 중요성을 더 깊이 이해할 수 있다. 학생들은 지금 서로가 행복하고 건강하도록 돕고 있으며, 나아가 서로의 몸이 행복하고 건강해지도록 돕고 있다.

학습 목표

학습자는

• 우리 몸의 행복과 친절, 안전을 학급 약속과 연결할 것이다.

• 신경계 부조화와 신체적 건강 사이의 관계를 인식할 것이다.

주요 구성 요소

대인 관계 인식 (2A)

시간

30분

준비물

• 이전에 만든 학급 약속 목록과 도움주기 행동 목록

• 회복탄력영역 그림

• 자율신경계 그림 (이 장의 앞부분 참조.)

도입 | 4분

- "자, 보물상자를 꺼내서 지금 사용하고 싶은 게 있는지 볼까요? 접촉하기를 하고 싶다면, 편한 자세로 앉거나, 서거나, 기대 보세요.

- 자원 활용하기를 하고 싶은 친구는 자신의 자원 중 하나를 골라 손에 쥐거나 앞에 놓아 주세요. 그 자원을 바라보거나, 눈을 감고 손으로 느껴보세요.

- 접촉하기를 하는 친구는 몸에 주의를 기울여 보세요.

- 잠시 동안 따라가기를 해보고, 몸 안의 감각에 주의를 기울여보세요. (잠시 멈춤)

- 유쾌하거나 중립적인 감각을 찾았다면 집중하고 그대로 지켜보세요. 감각이 변하는지, 그대로 유지되는지 보세요.

- 유쾌하거나 중립적인 감각을 아직 찾지 못했다면, 몸의 다른 부분으로 돌아가 기분 좋게 하는 감각이 있는지 찾아보세요. (잠시 멈춤)

- 무엇을 알아차렸나요?"

설명/토론 | 8분 이상

개요

이 토론의 핵심은 학생들이 신체를 통해 경험하는 것이 전반적인 건강과 행복에 영향을 미친다는 사실을 이해하도록 돕는 것이다.

탐구할 내용/통찰

- 친절이 없으면 우리는 스트레스를 받거나 위험하다고 생각해 회복탄력영역에서 멀어진다. 친절은 안전함을 느끼게 한다.

- 스트레스를 덜 받는 것은 우리 몸을 건강하게 한다.

- 친절하고 존중하는 태도는 다른 사람의 안전과 건강, 행복을 키운다.

준비물

- 회복탄력영역 그림
- 자율신경계 그림 (이 장의 앞부분 참조.)

수업 방법

- 감각을 탐색하고, 감각으로부터 받은 정보를 살피면서 시작한다.
- 회복탄력영역 그림을 학생들에게 보여준다. 회복탄력영역 안과 밖에 있을 때 우리 몸에서 무슨 일이 일어나는지 이야기한다. 높은 영역이나 낮은 영역에 위치 하고 있을 때 몸은 어떻게 느끼는지에 대해 이야기 나눈다. 회복탄력영역으로 다시 돌아오기 위해 할 수 있는 방법을 토론한다.
- 회복탄력영역에 대해 이야기를 나눈 뒤, 보물상자를 사용해 자원 활용하기를 진행한다.
- 가능하면, 자율신경계 그림과 내부 장기 그림을 보여 준다. 둘 중 하나만 보여줘도 괜찮다.
- 자율신경계가 위험과 스트레스에 어떻게 반응하는지 설명한다.
- 우리가 다른 사람과 그들의 회복탄력영역에 어떻게 영향을 미칠 수 있는지, 그리고 그들이 회복탄력영역으로 돌아오도록 어떻게 도울 수 있는지 토론한다.

교사를 위한 팁

- 신경계는 우리의 생존을 위해 만들어졌기 때문에 위협이 인지되면 그것에 반응하고, 교감신경계를 활성화시킨다. 이러한 스트레스 반응은 우리 몸에 화학물질을 방출하고, 신체가 잠재적 위험에 대비하는 동안 염증을 증가시킨다. 이것은 단기적으로는 문제가 되지 않지만, 만성적인 염증과 스트레스는 우리 몸을 점점 약하게 만들어 신체적, 정신적 질병에 취약하게 만든다.
- 이것은 우리가 더 차분하게 안정되고 행복해지면 신체적으로도 더 건강하고, 더 잘 배우며, 잘 성장하고, 발달하고, 잘 쉬고, 소화하고, 재생하고, 치유할 수 있게 되는 것을 보여준다. 우리가 불안하거나 불행하다고 느끼면, 우리 몸은 이런 일들을 할 수 없도록 시스템을 차단한다. 그리고 위험에 대비한다. 이러한 과정을 이해하면, 서로를 대하는 방식이 얼마나 중요한지를 깨닫게 된다. 누군가에게 무례하게 행동하면, 그들은 스트레스를 받거나 불안감을 갖게 될 것이다. 그리고 그것은 그들의 건강을 해치고 질병을 얻게 할 수 있다. 누군가에게 친절해

지는 것은 그들이 안전한 곳에 있다고 느끼게 해 몸을 더 건강하게 만든다. 우리는 건강하고 행복해지기를 원하기 때문에, 다른 사람들이 우리에게 친절하게 대하기를 바란다. 그리고 이를 통해 안전함을 느끼고 싶어 한다. 그러므로 우리가 원하는 것을 다른 사람에게도 보여주어야 한다. 이것이 바로 친절과 자비다.

활동안

- "우리는 지금 몸의 감각을 탐구하고 있어요. 몸에 주의를 기울이면, 우리가 기분이 좋은지, 행복한지, 안전한지, 아니면 긴장되거나 불안하고 불행한지 알 수 있어요.

- 우리는 또 우리 몸을 더 차분하게 안정시키고 행복하게 만드는 법도 배웠어요. 어떤 것이 있는지 기억하는 친구 있나요? (지난번 수업과 연결될 수 있도록 충분히 이야기하도록 한다.)

- 이제 회복탄력영역 그림을 볼까요? 회복탄력영역/OK 영역에 있을 때, 우리 몸은 어떤 느낌이 드나요? 왜 그럴까요?

- 우리가 회복탄력영역(OK 영역)에 있으면, 우리 몸 안에서 어떤 일이 일어나나요? 회복탄력영역에 있는 것이 우리 몸을 더 건강하게 할까요? 왜 그럴까요? 왜 그렇지 않을까요?

- 우리가 과흥분 영역에 있으면 몸 안에서는 무슨 일이 일어날까요? 왜 그럴까요? 왜 그렇지 않을까요?

- 무기력 영역은 어떤가요? 왜 그럴까요?

- 이제 보물상자 안에 있는 무언가를 보거나, 자원을 생각하거나, 접촉하기를 해 볼게요. 우리 몸에서 무엇이 일어나는지 집중해보세요.

- (가능한 경우, 자율신경계나 내부 장기가 그려진 신체 그림을 보여줘도 좋다.) 과학자들은 우리가 안전하지 않다고 느끼거나 오랫동안 과흥분 영역이나 무기력 영역에 갇히면 건강이 안 좋아질 수 있다는 것을 발견했어요.

- 우리가 스트레스를 받으면, 신경계는 많은 화학물질을 내보내요. 그 화학물질을 조심하지 않으면 몸이 아플 수 있어요.

- 신경계가 하는 일 중에 우리에게 꼭 필요한 것은 무엇이 있을까요? 신경계는 위, 심장, 폐와 같은 우리 몸속 장기들을 조절해줘요. 음식을 먹으면 소화를 시켜주고요. 자거나 쉴 수 있게 도와줘요. 그리고 우리 몸을 더 크고 건강하게 자라나게 해줘요. 심장을 뛰게 하고, 폐가 숨

쉬게 하고, 피가 흐르게 해요.

- 이 모든 일을 신경계가 하고 있어요. 우리가 회복탄력영역/OK 영역에 있으면, 신경계는 이런 일들을 아주 잘 수행해요. 그리고 세균과 질병으로부터 우리를 보호해주죠.

- 그런데 우리가 과흥분 영역이나 무기력 영역에 있으면 신경계는 이런 활동을 하는 데 어려움을 겪어요. 신경계는 위험에 대비하기 위해 우리 건강을 위해 해야 할 일들을 멈추는 것이죠.

- 진짜 위험이 있다면 이런 일은 아주 중요해요. 빨리 뛰거나 무언가를 빨리 하는 것이 필요하니까요. 그런데 위험이 없다면 신경계는 위험에 대비할 필요가 없어요.

- 우리가 과흥분 영역이나 무기력 영역에 갇혀 있으면, 심장에는 무슨 일이 일어날 것 같나요? 숨 쉬는 것에는요? 음식을 소화하는 능력에는요? 쉬는 것에는요?

- 우리가 음식을 제대로 소화하지 못하거나 휴식을 제대로 취하지 못하면, 그래서 제대로 자라지 못하면, 그건 정말 큰 문제예요.

- 우리가 실제로 위험하지 않고 신경계가 보호 조치를 취하지 않아도 된다면, 우리는 어떤 영역에 있고 싶어 할까요?

- 우리 친구들은 다른 사람을 불안하게 하거나 과흥분 영역이나 무기력 영역으로 쫓아내고 싶은가요? 누군가를 과흥분 영역이나 무기력 영역으로 쫓아 내려면 어떻게 하면 될까요? (학생들이 이야기하도록 한다.)

- 누군가를 회복탄력영역/OK 영역에 머물게 하거나, 다시 돌아오도록 도우려면 어떤 일을 할 수 있을까요?" (학생들이 이야기하도록 한다.)

통찰 활동 | 13분 이상
따라가기와 함께 학급 약속 수행하기

개요
이번 활동에서 학생들은 다 같이 협력해서 짧은 이야기를 만들 것이다. 가능하다면, 학생들의 이야기를 영상으로 찍으며 짧은 영화를 만들어 보는 것도 좋다.

탐구할 내용/통찰

- 친절이 없으면 우리는 스트레스를 받거나 위험하다고 생각해 회복탄력영역에서 멀어진다. 친절은 안전함을 느끼게 한다.
- 스트레스를 덜 받는 것은 우리 몸을 건강하게 한다.
- 친절하고 존중하는 태도는 다른 사람의 안전과 건강, 행복을 키운다.

준비물

- 학급 약속 목록
- 1장에서 만든 도와주기 행동 목록

수업 방법

- 학급 약속 목록과 도와주기 행동 목록을 사용해 학급 약속을 지켰을 때와 지키지 않았을 때의 상황에 대해 이야기를 만들고, 직접 연기할 것이라고 설명한다. (가능하면 영화를 만든다는 것도 이야기한다.) 극을 짤 때는, 학생들의 이름이 아닌 새로운 이름을 사용해야 된다. 이전에 했던 활동과 같이, 한 학생이 어려움에 처한 것을 연기하고, 한두 명의 다른 학생들은 도움을 주는 행동을 한다.
- 이야기가 다 만들어지고 나면, 연기할 지원자를 받는다. "시작하세요!"라고 말하면 연기자가 이야기를 시작하고, 다른 학생들은 조용히 지켜본다. 이때 "천천히!"라고 말한다. 학생들은 연기를 천천히 하면서 그들 몸 안에 있는 감각을 알아차리는 시간을 가진다(따라가기). 또는 관중들에게 주인공이 몸 안에서 느끼고 있을 감각과, 그들이 속해 있을 영역에 대해 물어볼 수도 있다. 다시 "시작하세요!"라고 말하면 연기를 계속한다. "끝!"이라고 말하면 연기를 멈춘다.
- 1분 정도의 시나리오를 연기하고 나면, 지원자와 관찰자 학생들 모두가 보고 느낀 것을 이야기한다. 그리고 관찰자 학생에게 이야기에서 본 도움주기 행동 중 직접 해본 것을 이야기해 보도록 한다.
- 이렇게 마무리가 되고 시간이 남으면 학생들과 다른 이야기를 만들어 본다.

교사를 위한 팁

이 반성적 활동은 각각 다른 약속이나 활동에 대해 이야기하면서 여러 번 반복해서 실행할 수 있다. 또한 수업에서 일어났던 일을 시나리오에 넣어서 객관적인 이야기로 만들 수도 있다. 이 때 학생들이 이야기와 학급 약속을 연결시키도록 하고, 이야기를 들으며 그들의 감각에 주의를 기울이게 하며, 어떤 기술이나 행동이 도움이 될 수 있는지를 제시하도록 한다.

마무리 | 5분

- "오늘 학급 약속에 대해서 무엇을 배웠나요?
- 학급 약속이 우리 몸에 어떤 영향을 미치나요?
- 행복은 우리 몸 안에서 느끼는 것일까요? 그것을 어떻게 알죠? 친절은 어떤가요?
- 수업이 끝난 지금, 학급 약속에 추가해야 할 것이 있을까요?
- 친절에 대해 배우고 연습한 것 중 나중에 사용하고 싶은 것이 있나요?"

SEE LEARNING
마음과 생각을 키우는 교육

초등학교 저학년 교육과정(만 5-7세)

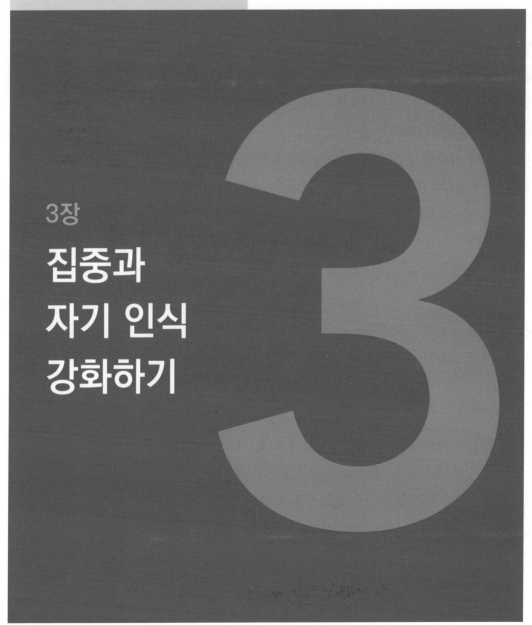

3장

집중과
자기 인식
강화하기

3

Center for Contemplative Science and Compassion-Based Ethics | Emory University

개요

SEE Learning의 첫 번째 장 '친절하고 행복한 교실 만들기'에서는 우리 모두가 건강하고 행복하게 살기를 원한다는 것과, 그렇기 때문에 다른 사람들이 우리에게 좀 더 친절하고 자비로우며 존중하는 마음으로 대해주길 바란다는 것을 살펴보았다. 우리의 몸과 마음을 탐구하는 것은 우리 자신에게도 이러한 친절을 베풀어야 한다는 것을 알려준다. 이 부분에 대해서는 자율 신경계를 이해하고 조절하는 방법에 대해 다룬 2장 '회복탄력성 키우기'를 통해 살펴보았다. 이러한 자기 돌봄은 타인을 향한 친절과 깊은 연관성을 지닌다. 왜냐하면 신체나 심리적 조절이 잘 되지 않으면 타인을 힘들게 할 가능성이 커지고, 친절하게 행동하거나 세심하게 관심을 기울이기 힘들기 때문이다. 대부분의 사람이 경험했듯이, 이러한 부조화는 후회스러운 행동이나 선택으로 이어지는 경우가 많다.

신경계, 자기 자비, 타인 자비에 대한 인식은 '신체이해력'을 비롯해 '정서이해력'과 우리의 마음이 작동하는 방식을 이해하면서 생긴다. 따라서 우리는 자신의 마음과 경험에 세심한 주의를 기울이고 관찰해야 한다. 이것이 바로 3장 '집중과 자기 인식 강화하기'에서 다룰 주제다.

집중력 훈련은 학생에게 많은 도움을 준다. 이 훈련은 집중해서 학습하는 능력과 정보를 기억하는 능력을 높여주며, 자신의 충동을 좀 더 잘 조절할 수 있도록 돕는다. 또한 몸과 마음을 차분하고 편안하게 만들어 신체적, 정신적 건강을 도모한다. 그러나 학생들은 보통 "집중하세요!"라는 말은 자주 듣는 반면 실제로 어떻게 집중해야 하는지에 대해서는 배우지 못하고 있다. SEE Learning에서는 다른 기술과 마찬가지로 억지로 훈련시키지 않고, 반복적이고 부드러운 연습을 통해 집중력을 길러줄 것이다.

학생들은 자신이 재미있어 하는 것에는 쉽게 집중한다. 문제는 대상이 덜 자극적이거나, 관심을 끄는 다른 것이 존재할 때다. 따라서 본 장에서는 집중력 훈련을 위해 다양한 방법으로 접근할 것이다. 먼저 집중력 훈련의 개념과 잠재적 효과를 소개한다. 다음으로, 우리가 어떤 것에 관심을 기울이면 그것은 처음에 생각했던 것보다 훨씬 더 흥미롭게 다가올 수 있다는 사실을 탐구한다. 그 뒤, 좀 더 재미있고 쉽게 접근할 수 있는 집중력 훈련 방법을 소개한다. 마지막으로 단순한 걸음이나 호흡과 같이 중립적이거나 자극이 없는 대상에도 집중하는 방법을 탐구한다. 이 과정을 통해 학생들은 차분하고 안정적으로 명료하게 집중하면 마음에서 일어나는 일을 잘 알아차릴 수 있다는 것을 경험하게 될 것이다.

수업 활동 1. '마음 탐구하기'에서는 '마음'의 의미를 탐구하기 위해 '유리병 마음' 활동을 진행한다. SEE Learning에서 '마음'은 생각, 감정, 태도, 기억, 느낌 등 주관적이고 개인적인 경험을 포괄하는 개념이다. 마음을 탐구하는 과정은 자연스럽게 신체도 포함하므로 학생들은 몸과 마음이 연결되어 있다는 것을 알게 될 것이다. 연령이 높아지면 연상, 무의식, 인지적 처리 과정 등과 같이 우리가 즉각적으로 인지하지 못하는 마음도 살펴볼 수 있다.

SEE Learning에서 마음을 탐구하는 목적은 두 가지로 이야기할 수 있다. 첫째, 학생들은 감정을 포함한 정신적 과정에 대해 이해하면서 '마음 지도'를 개발할 것이다. 둘째, 마음에 대한 탐구를 통해 마음에 집중하는 것과 집중력을 기르는 것이 어떤 의미가 있는지 살펴보고, 특히 정신적 처리 과정에 대해 더 많은 통찰력을 얻게 될 것이다.

수업 활동 2. '집중력 탐구하기'에서는 집중력의 개념을 살펴보고, 집중이 감각과 마음에 어떻게 연결될 수 있는지 탐구한다. 학생들은 근육을 단련하거나 다른 기술을 개발하는 것과 같이 집중력에 주의를 기울이면 집중력도 강화될 수 있다는 것을 발견할 것이다. 물론 연습이 필요하겠지만, 시간이 지나면서 좀 더 쉬워질 것이다.

수업 활동 3. 과 4. '집중력 훈련 1'과 '집중력 훈련 2'에서는 행동과 같이 주의를 기울일 수 있는 다양한 대상에 대해 탐구하면서 집중력을 키워야 하는 이유를 살펴본다. 집중력을 키우는 이유 중 하나는 충동적인 생각, 감정, 행동이 일어났을 때 그것이 문제가 되기 전에 알아차리고 처리하기 위해서다. 이것은 작은 불씨가 일어났을 때 산불로 번지기 전에 진화하는 것과 같은 이치라 할 수 있다.

집중력 훈련은 학습에 있어서 전반적으로 도움을 줄 뿐 아니라 자기 돌봄에서도 중요한 역할을 한다. 본 수업 활동에서는 자기 돌봄에 중요한 역할을 하는 집중력의 세 가지 측면, 즉 1) 알아차림(awareness) 2) 주의 깊음(heedfulness) 3) 마음챙김(mindfulness)에 대해 살펴볼 것이다.

SEE Learning에서 '마음챙김'은 자신의 마음에 무언가를 담아두고 잊어버리기나 빙해받지 않으면서 계속 바라보는 것을 의미한다. 만약 시험공부에 집중하고 싶은데 음악 소리에 정신을 뺏겨 공상에 잠긴다면 자신이 하고자 마음 먹은 일에 대한 마음챙김을 잃어버렸다고 할 수 있다. 또한, 무언가를 하기로 약속했으나 그 일을 완전히 잊어버렸다면 그것은 약속에 대한 마음챙김을 놓친 것이다. 이처럼 마음챙김은 집중력에서 중요한 역할을 할 뿐 아니라, 한 사람의 인성적 가치와 약속에 있어서도 중요한 역할을 한다. 이러한 의미에서 마음챙김은 자비심과 잘 어울리는 것이며, 자비를 뒷받침하는 요소라고 볼 수 있다. SEE Learning의 '마음챙김'은 한 곳에 정확히 초점을 맞추고 그것을 유지하는 것을 의미한다. 이 프로그램의 '마음챙김'에 대한 정의가 다른 프로그램에서 일반적으로 정의하는 것과는 다르게 느껴질 수 있기 때문에 이 부분에 대해서는 아래에서 구체적으로 설명하도록 하겠다.

'주의 깊음'은 자신과 타인에게 문제를 일으킬 수 있는 요인들에 주의를 기울여 조심하는 것을 말한다. 요리를 하면서 가스레인지가 뜨겁다는 것을 알아차리면, 화상을 입지 않도록 스스로 세심한 주의를 기울이게 된다. 이와 마찬가지로, 비꼼이나 조롱이 다른 사람에게 상처를 준다는 것을 깨닫게 되면, 말을 할 때 더욱 주의를 기울여 조심하게 될 것이다.

위의 두 요소를 모두 뒷받침해주고 있는 것이 바로 '알아차림'이다. 알아차림이란 지금 이 순간 몸과 마음, 그리고 주위에서 일어나는 일을 그대로 인식하는 것이다. 자신의 마음에서 일어나고 있는 일에 대해 알아차리지 못하면 타인을 해치는 방식으로 반응이 일어나려고 할 때 그것을 알아차릴 수 없게 된다. 이렇게 되면 마음챙김을 유지하거나 주의 깊음을 실천하기가 어려워진다.

수업 활동 5. '대상에 대한 집중력 키우기'에서 학생들은 집중력의 근육을 키우기 위해 호흡과 같은 하나의 대상에 주의를 집중하고 이에 대한 알아차림을 계속 유지하는 방법을 탐구한다. 호흡은 특별히 자극을 주는 대상이 아니기 때문에, 학생들의 집중력을 키우는 데 매우 적절한 도구가 된다. 이 활동의 목적은 마음의 안정성과 명확성을 개발해 인지 조절력을 키우는 것이다. 안정성은 마음이 선택한 대상에 집중하고 다른 것에 방해받지 않으면서 주의를 계속 유지하는 능력을 의미한다. 명확성은 마음이 초점이 없이 멍하거나 졸린 상태가 아니라 선명하게 깨어서 대상에 주의를 기울이는 것을 말한다. 학생들은 명확성과 안정성 중 한 가지만 가지고 있는 경우가 있다. 명확성이 없는 안정적인 집중을 가질 수도 있고(예: 강의를 듣고 있지만, 정신이 흐릿하거나 졸린 상태), 안정성이 없는 명확한 집중을 가질 수도 있다(예: 일어나는 일에는 생생하게 깨어있지만, 집중력이 부족하고 산만해 마음이 이리저리 떠돌아다니는 상태).

집중력을 더 높은 수준으로 키우기 위해서는, 이러한 개념을 학생들에게 정확히 설명해주는 것이 필요하다. 그렇지 않으면 학생들은 자신을 돌아보는 반성적 활동을 하면서 의도치 않게 멍한 상태를 키울 수 있다. 이것은 졸고 있는 것과도 같은 것으로 명확성이 부족한 상태다. 학생들은 공상을 하기도 하는데 이것도 당연히 강한 집중력을 키워주지 못한다. 이는 안정성이 부족한 상태로 학습뿐 아니라 정서이해력 함양에도 방해가 된다.

활동이나 호흡에 주의를 집중하면 우리는 자연스럽게 편안함을 느낀다. 그러나 몇몇 학생에게는 하나의 활동이나 대상에 집중하는 것이 오히려 불편하게 느껴지거나 불안감을 증가시키기도 한다. 따라서 이 집중력 훈련은 학생들이 2장 '회복탄력성 키우기'에서 제시한 활동에 좀 더 익숙해진 후에 실행하는 것이 좋다. 2장에서 배운 활동들은 불편한 느낌이 있을 때 신체를 편안하게 만들 수 있도록 도와주며, 이 활동들에 익숙해지면 집중력도 더 쉽게 키울 수 있다. 그리고, 학생들이 불안할 때 사용할 자기 조절 도구도 제공할 것이다. 2장에서 설명한 바와 같이, 회복탄력성 기술은 학생들이 어려움을 겪고 있을 때 활용할 수 있는 도구상자와도 같다. 이와 함께, 학생들에게 자신이 힘들다고 느끼는 활동에는 참여하지 않을 수 있는 선택권을 주도록 한다.

수업 활동 6. '자기 인식'에서는 집중력을 키우는 것과 자기 인식을 증진시키는 것의 관계를 살펴본다. 지금까지는 몸의 느낌, 감각, 활동, 호흡과 같은 대상에 집중하는 방법을 살펴보았다. 마지막 수업 활동에서는 마음 그 자체에 집중하는 방법을 탐구할 것이다. 여기서는 외부에 있는 것에 주의를 기울이는 것처럼 자신의 생각이나 감정 등 내면에도 주의를 기울일 수 있다는 것을 배운다. 이것을 메타인식, 또는 메타인지(초인지)라고 부른다.

이 수업 활동은 어떠한 판단도 하지 않고 마음 그 자체에 주의를 기울이는 법을 소개한다. 학생들은 여기서 '마음 지도'를 개발할 것이다. 이 마음 지도를 통해 자신의 정서적 경험을 포괄하는 감정의 범주를 확인하고, 집중, 알아차림, 감각, 감정, 생각, 반응, 행동들이 서로 어떻게 연결되어 있는지 살펴본다.

즉각적으로 판단하고 반응하지 않으면서 자신의 생각과 감정을 관찰하는 것은 자극과 반응 사이에 일정한 '공간'을 만들어 준다. 이것은 충동 조절에서 매우 중요한 부분이다. 빅터 프랭클은 '죽음의 수용소에서'라는 유명한 저서를 통해 다음과 같이 설명했다. "자극과 반응 사이에는 공간이 있다. 우리는 이 공간에서 자신의 반응을 선택할 수 있는 힘을 갖게 된다. 이러한 반응 양식이 우리의 성장과 자유를 결정한다."

학생의 개인 연습

집중력 훈련도 다른 기술과 마찬가지로 시간이 걸리며, 반복적인 연습이 필요하다. 이 활동은 자신이 일상적으로 하는 일에 주의를 기울이는 것과 같이 비형식적으로 연습할 수도 있고, 반성적 활동과 같이 공식적으로 연습할 수도 있다. 공식적인 방법인 반성적 활동을 통해 학생들은 자신이 좋아하는 것을 선택해 집중하는 연습을 할 것이다. 2-3분 정도로 짧은 시간 동안 집중하는 것으로 시작해 시간을 계속 늘려갈 수 있다. 학생들이 2장 '회복탄력성 키우기' 활동에 익숙해져 있을수록 집중력 훈련에 더 쉽게 참여할 수 있다. 집중력 훈련을 할 때는 항상 접촉하기나 자원 활용하기를 먼저 할 수 있도록 도와준다. 학생들이 개인적으로 연습하고 싶은 집중력 훈련 방법은 모두 다를 수 있다. 따라서 자신이 좋아하는 훈련 방법을 선택해 연습할 수 있도록 지원한다.

집중력도 다른 기술처럼 후천적으로 기를 수 있는 능력이지만 시간이 필요하다. 이번 장에서는 여섯 가지 수업 활동을 제공한다. 그러나 이 여섯 번의 수업만으로 모든 집중력 기술과 능력을 학습할 수는 없을 것이다. 따라서 인내심을 가지고 반복적으로 연습하는 것이 필요하다. 학생들이 활동을 통해 얻은 통찰이나 능력에 대해 이야기하면, 이것을 놓치지 말고 주의를 기울인다. 예를 들어 긴장되는 상황에 대해 이전과 다르게 반응한다거나, 감정이나 생각이 달라진 것을 알아차리게 되었다고 이야기하면 이것을 기억하고 있다가 다음에 다시 한번 이야기해 준다. 이러한 경험은 집중력을 키우고 자신의 마음에 주의를 기울이기 시작하면서 흔히 겪게 될 공통적인 경험이다.

교사의 개인 연습

교사 자신을 위해 집중력을 훈련하고 마음챙김을 연습하는 것은 학생들을 지도할 때 자신감을 갖게 한다. 특히 반성적 활동을 진행할 때 도움이 될 것이다. 연습을 돕기 위해 온라인에서 제공하는 마음챙김이나 집중력을 높이는 자료를 참고할 수 있으며, SEE Learning 웹사이트에서 추천하는 자료도 확인할 수 있다.

추가 자료

　신경가소성과 집중력 훈련에 대해 더 자세히 알고 싶다면 샤론 베글리(Sharon Begley)의 저서 '달라이라마, *마음이 뇌에게 묻다(Train Your Mind Change Your Brain)*'를 읽어보길 권한다.

부모님/보호자님께 보내는 편지

날짜 : _____

부모님/보호자님께,

여러분의 자녀는 이제 SEE Learning의 3장 '집중과 자기 인식 강화하기'를 시작합니다.

3장에서는 집중력이 무엇인지 탐구하고, 집중력을 강화하는 기술을 배우게 될 것입니다. 집중력은 학습에서 절대적으로 중요한 요소입니다. 그렇기 때문에 학생들은 집중하라는 말을 자주 듣습니다. 하지만 지금까지 어떻게 집중해야 하는지는 배우지 못했습니다. 이 장에서는 집중력을 강화하는 활동을 배우면서 외부에 있는 사물과 자신의 마음, 생각, 감각, 감정에 주의를 기울이고 집중하는 방법을 탐구할 것입니다.

가정에서의 활동
SEE Learning 교육과정의 3장이 진행되는 동안 집중을 한다는 것이 어떤 느낌인지, 몸과 마음과 환경 중 어떤 것에 집중하고 있는지 등에 대해 아이와 함께 이야기 나눠 주세요. 그리고 집중이 잘 안 될 때 사용하는 전략이 있으시다면 자녀에게 이야기해 주세요. 집중력에 대해 무엇을 배우고 있는지 물어보는 것도 아이의 학습에 도움이 됩니다. 아이가 집중하는 순간을 보면 기억하고 있다가 집중이 끝나면 어떻게 집중을 잘 하게 되었는지 물어봐주세요(흥미도, 친숙도, 또는 기타 요인 등의 이유가 있을 겁니다).

지금까지 배운 내용
• 1장에서는 친절과 자비의 개념을 탐구하고, 그것이 우리의 행복과 건강에 어떻게 연결되어 있는지를 살펴보았습니다.
• 2장에서는 스트레스에 대한 회복탄력성에 대해 배우고, 신체와 신경계를 조절해 행복감을 높이는 방법을 살펴보았습니다.

추가 자료
대니얼 골먼과 린다 란티에리가 쓴 책, '엄마표 집중력: 5-12세 아이들의 집중력을 키우는 감성지능'을 읽어보시기 바랍니다.

웹사이트에서 SEE Learning에 대한 자료를 찾아볼 수 있습니다. www.seelearningkorea.com

_____
선생님 사인

선생님 이름 _____

선생님 연락처 _____

Center for
Contemplative Science and
Compassion-Based Ethics

EMORY UNIVERSITY

수업 활동
1

집중과 자기 인식 강화하기

목적

이 수업 활동에서는 '유리병 마음'과 이야기 활동을 통해 마음에서 일어나고 있는 일을 탐구한다. SEE Learning에서 '마음'은 느낌, 감정, 생각, 기억, 희망, 두려움, 상상 등 개인의 주관적인 경험을 광범위하게 일컫는 용어다. 마음은 또한 우리가 어떤 것에 주의를 집중하거나 알아차릴 때 사용하는 것이다. 이 활동에서 학생들은 조별로 두 개의 유리병 마음을 만든다. 이 유리병 마음은 흥분하거나 불안할 때의 마음과 차분하고 안정되었을 때의 마음이 어떤 모습인지 보여줄 것이다.

학습 목표

학습자는

• 마음의 의미를 탐구하고, 정신적 경험을 범주화할 것이다.

• 마음이 맑거나 흐려질 수 있으며 이에 따라 마음에서 일어나는 일을 쉽게 알아차릴 수 있다는 점을 배울 것이다.

• 마음을 편안하게 안정시킬 수 있다는 점을 배울 것이다.

• 마음과 정신적 경험에 대해 이야기하면서 서로 비슷한 점을 찾아볼 것이다.

시간

30분

주요 구성 요소

집중 & 자기 인식 (1A)

준비물

• 물을 넣은, 뚜껑이 있는 크고 투명한 유리병

• 모래, 자갈, 작은 유리알, 구슬, 반짝이 등이 담긴 작은 통(물에 가라앉거나 뜨는 재료들)

• 저을 수 있는 막대나 숟가락

• 유리병을 눈높이에 맞춰 놓을 수 있는 작은 의자나 탁자

도입 | 3분

- "자, 오늘은 자원 활용하기를 하면서 시작해 볼게요. 보물상자에서 자원을 꺼내서 활동을 하고 싶은 사람은 그렇게 해도 좋아요. 아니면 머릿속으로 자원을 상상해도 괜찮아요.
- 최근에 누군가가 우리 친구들에게 친절을 베풀었거나, 자신이 다른 사람에게 친절을 베푼 것도 자원이 될 수 있어요.
- 접촉하기를 하고 싶은 친구는, 편안한 자세를 취해 보거나, 물건에 손을 대거나 잡아주세요.
- 그리고 자원이나 접촉하고 있는 것에 주의를 기울여 보세요. (잠시 멈춤)
- 이제 몸의 감각을 따라가면서 주의를 기울여 볼게요.
- 유쾌하거나 중립적인 감각을 발견했다면 그곳에 집중해 주세요. 감각이 바뀌는지, 아니면 그대로 있는지 보세요. (잠시 멈춤)
- 유쾌하고 중립적인 감각을 아직 못 찾았다면, 유쾌한 감각을 가진 다른 신체 부위가 있는지 둘러보고 그곳에 머물러 보세요. (잠시 멈춤)
- 무엇을 알아차렸나요?"

통찰활동 | 14분
유리병 마음

개요

학생들은 이 통찰 활동에서 유리병 마음에 대한 이야기를 통해 '마음'의 의미를 탐구할 것이다. 유리병 마음은 크고 투명한 유리병에 물을 넣은 것이다. 여기에 모래나 자갈, 그리고 다른 재료를 넣어 흔들면 물이 흐려지는 것을 볼 수 있으며, 그대로 놓아두면 물이 맑아지는 것을 볼 수 있다. 이 유리병 마음은 우리가 마음을 차분하게 가라앉힐 때 맑아지는 과정을 보여주는 시각적 상징물이다.

탐구할 내용/통찰

- 우리의 마음속에는 생각, 감정, 기억, 느낌, 희망, 두려움 등 많은 것이 있다.

- 불안하면 마음이 흐려지기 때문에 우리의 내부와 외부에서 일어나는 일을 알아차리기 힘들어진다. 심지어 기분 좋은 감각, 생각, 감정조차도 우리 마음을 흩뜨려 놓을 수 있다.
- 동요되지 않고 하나에 집중하고 있을 때 마음이 맑아진다.
- 마음이 차분하면 마음속에 있는 것들이 선명해진다.
- 더 차분해지는 것을 느낀다.
- 더 쉽게 배운다.
- 더 나은 결정을 내린다.
- 우리 몸이 편안해진 것을 느낀다.
- 우리는 마음을 어지럽히거나(동요, 혼란, 반추) 안정시킬 수 있다.

준비물
- 물을 넣은, 뚜껑이 있는 크고 투명한 유리병(플라스틱 병)
- 모래, 자갈, 작은 유리알이나 구슬, 반짝이 등이 담긴 작은 통(가라앉거나 뜨는 재료들)
- 저을 수 있는 막대나 숟가락
- 유리병을 눈높이에 맞춰 놓을 수 있는 작은 의자나 탁자

수업 방법
- 먼저 2장에서 소개한 회복탄력영역, 과흥분 영역, 무기력 영역에 대해 복습한다.
- 물이 담긴 큰 유리병을 책상 위나 잘 보이는 곳에 놓는다. 학생들은 원을 그리고 앉거나 유리병이 잘 보이는 곳에 앉는다.
- 물이 얼마나 맑고 투명한지를 보여준다.
- 물이 어떻게 보이는지 묻는다.
- 현우 이야기를 들려주면서 현우의 마음에서 일어나는 일을 유리병을 통해 보여준다. 유리병에 깨끗한 물이 있는 것을 확인하고 그 안에 모래, 자갈, 반짝이를 넣는다. 모래는 중립적인 것을 의미하며, 자갈은 도전적이고 어려운 것, 반짝이는 기분 좋을 것들을 상징한다.
- '맑고-흐린 마음' 이야기를 들려준다. (아래 참조)

유리병에 재료들을 추가한다. 학생들에게 직접 넣어보도록 할 수도 있다. 앞으로 이야기에서는 다음과 같이 앞 글자로 표시할 것이다.

모=모래

자=자갈

반=반짝이

이 재료 이외에 다른 재료를 사용해서 중립적이고, 도전적이고, 기분 좋은 일을 표현할 수도 있다. 학생들이 이 과정을 이해하기 시작하면 각 문장 뒤에 어떤 것을 넣어야 할지 물어볼 수 있다.

교사를 위한 팁

- 이 활동에서는 유리병 마음과 아래의 이야기를 함께 사용한다. (이야기는 개별적으로 창작해 사용할 수도 있다.)
- 이 활동을 실행하기 전에 유리병 마음을 만들어 본다.
- 병 안에는 다양한 재료를 넣을 수 있다.
- 그대로 놓아두었을 때 1-2분 안에 모든 재료들이 가라앉아 깨끗하고 맑은 물을 보여주어야 한다.
- 스노볼을 사용할 수 있지만, 학생들이 직접 만들면서 다른 종류의 정신적 과정(생각, 느낌)을 경험하거나 볼 수 있게 하는 것이 좋다.
- 활동을 마친 후에는 유리병 마음을 교실에 놓아두고 다음 수업에서 사용한다.

맑고-흐린 마음 이야기

- "간식 시간이 왔어요! 현우는 항상 배가 고파서 이 시간을 아주 좋아해요. 그래서 오전 간식 시간이 오기만을 기다리고 있어요. (반)
- 도시락에 프레츨과 당근이 있는 것을 발견했어요. 현우가 좋아하는 음식은 아니지만, 그렇다고 크게 싫어하는 음식도 아니에요. (모)

- 프레즐과 당근이 아삭거리는 소리가 너무 재미있어요. 먹는 동안에는 어떤 생각도 나지 않았어요. (반)
- 반쯤 먹었을 때 선생님이 말씀하셨어요. "이제 밖에 나갈 시간이에요. 모두 정리해주세요." 그렇지만, 현우는 아직 간식이 남아 있어요. 지금은 간식을 더 먹고 싶어요. (자)
- "아, 할 수 없지." 현우는 밖에 나가면 친구와 놀 수 있다고 생각해요. (모)
- 아침 쉬는 시간에는 친구들과 네모 게임(다른 유행하는 게임)을 할 수 있어요. (반)
- 그런데, 밖에 나가보니 친구들은 이미 게임을 시작 했어요. 그리고 이미 너무 많은 친구들이 게임을 기다리며 줄을 서 있어요. (자)
- 친구가 말했어요. "축구나 캐치볼 하자." 하지만 현우는 네모 게임(다른 유행하는 게임)이 너무 너무 하고 싶었어요.
- 현우는 울면서 말했어요. "이번 쉬는 시간은 망쳤어. 차라리 그냥 앉아 있을래." (자)
- 현우는 친구들이 축구하는 모습을 지켜보았어요. (자)
- 결국, 현우의 가장 친한 친구인 시현이가 찾아왔어요. "네가 네모 게임을 너무너무 하고 싶어 한다는 거 알아. 아마 오후 쉬는 시간에 할 수 있을 거야. 그러니까 지금은 우리랑 같이 놀자. 너랑 같이 놀고 싶어." (반)

마무리

- "어떤 일이 일어났나요?
- 현우의 마음은 처음과 중간, 그리고 끝에 어떻게 바뀌었나요?
- 현우에게 문제가 되었던 것은 무엇이었나요?
- 중립적인 사건은 어떤 것이었나요?
- 현우는 어떤 것을 즐거워했나요?
- 현우가 느낀 것은 우리 친구들이 느끼는 것과 다를 수 있어요. 여러분의 마음은 현우의 마음과 다르기 때문에 달라도 괜찮아요. 우리는 모두 다른 마음을 가지고 있기 때문에 다르게 반응하는 거예요. 그래도 괜찮아요.
- 또 어떤 것을 보았나요? 더 하고 싶은 이야기 있나요?"

반성적 활동 | 4분
마음을 안정시키기

개요
이 활동에서 학생들은 유리병에 집중해 병 속 재료가 가라앉는 것을 볼 것이다. 학생들의 주의를 중립적이거나 기분 좋은 신체 부위에 두고 감각을 바라보도록 할 수도 있다. 어떤 방법을 사용하든 학생들의 집중력은 향상될 것이다.

교사를 위한 팁
집중력 훈련을 시작할 때에는 1-2분 정도로 짧게 시작하는 것이 좋다. 그리고 점차적으로 몇 주나 몇 달에 걸쳐 시간을 늘려간다. 활동안에서 '잠시 멈춤'이라고 쓰여 있는 곳에서는 8-12초 정도, 또는 학생들이 원하는 만큼 잠시 멈추고 기다린다. 또한 활동 중에도 학생들이 자원 활용하기, 접촉하기, '지금 도와주세요' 전략들을 활용하도록 돕는다. 자신의 몸을 잘 조절하지 못하는 학생들에게는 몸을 움직이지 못하게 하거나 어떤 대상에 집중하도록 하는 것이 불편함을 증가시킬 수 있는데, 이와 같은 전략이 학생들이 편안해질 수 있도록 도울 것이다.

활동안
• "자 이제 반성적 활동을 해보려고 해요. 활동이 끝날 때는 우리 친구들이 자신이 느낀 점을 이야기해보도록 할게요. 불편하면 언제든 자세를 편안하게 바꿀 수 있고, 자원을 생각하거나 접촉하기를 할 수 있다는 것을 기억하세요.

• 유리병 마음은 우리가 그대로 놓아두면 차분하게 가라앉아요. 그리고 원래의 상태로 돌아가지요.

• 이제 이 유리병을 흔들고 가만히 놓아둘 거예요. 유리병 마음이 어떻게 차분하게 가라앉는지 지켜 보도록 할게요.

• 무언가를 유심히 보거나 듣는 것을 '주의를 기울인다' '집중한다'라고 말해요. 만약 이것을 오랫동안 계속해서 지켜보고 있다면 이것은 '집중을 유지한다'라고 말해요. 자, 우리가 유리병에 집중을 유지할 수 있는지 한번 볼게요.

- 이제 조용히 유리병을 바라보세요. (잠시 멈춤)
- 이 유리병을 바라보고 집중을 유지할 때, 몸에서 무언가가 느껴지나요?
- 만약 중립적이거나 유쾌한 감각을 찾았다면, 그 감각으로 주의를 돌려도 괜찮아요.
- 만약 불쾌한 느낌이 느껴지면, 유리병 마음을 바라 보면서 자원 활용하기나 접촉하기를 할 수 있어요. 보물상자에 있는 자원을 하나 생각해 보세요. 어쩌면 유리병 마음이 가라앉는 것처럼, 자신의 마음도 가라앉혀줄 보물을 찾을 수 있을 거예요. (잠시 멈춤)
- 누군가 일부러 휘휘 젓거나 방해하지 않으면 유리병 마음은 천천히 안정되고 맑아져요. (잠시 멈춤)
- 불편하다면, 더 편한 자세로 바꿔 앉거나 자원을 생각하거나 접촉하기를 할 수 있어요. 편안하다면, 계속해서 유리병 마음을 바라보세요. 유리병 마음과 우리 몸에서 무엇을 알아차리는지 볼게요." (잠시 멈춤)

마무리 | 2분

- "유리병 마음이 가라앉는 것을 보면서 우리 친구들의 마음과 몸에는 어떤 일이 일어났나요?
- 유리병 마음에 집중하는 데 도움이 되었던 방법들이 있나요? 조별로 한번 이야기해 볼까요?
- 마음이 좀 더 차분하게 안정되면 그건 좋은 일일까요? 우리에게 어떤 도움을 줄까요?"

집중력 탐구하기

목적

이 수업 활동에서는 손전등이라는 시각적 상징물을 사용해 집중의 개념을 탐구할 것이다. 집중하는 것과 그것의 효과에 대해 토론하고, '발견한 것, 궁금한 것'이라는 게임을 진행한다. 이 게임에서는 차례대로 새로운 사물을 만지면서 자신이 알아차린 것과 궁금한 것을 말한다. 이를 통해 학생들은 집중할 때 드러나는 아주 세밀한 부분까지 발견할 수 있을 것이며, 이러한 집중을 통해 단순한 사물도 흥미로워질 수 있고, 다양한 경험을 하게 해준다는 것을 알게 될 것이다. 이 수업 활동은 자원을 활용해 집중을 강화하는 반성적 활동으로 마무리된다.

학습 목표

학습자는

• '집중'의 의미에 대해 다양하게 살펴보고 학습에 있어서 집중의 중요성에 대해 탐구한다.

• 집중과 관련된 주요 용어를 배운다.

• 집중력을 하나의 기술로서 강화하는 방법을 탐구한다.

• 우리가 같은 대상을 보고도 다르게 인식한다는 것을 배운다.

시간

30분

주요 구성 요소

집중 & 자기 인식 (1A)

준비물

• 유리병 마음

• 손전등이나 불빛이 나오는 물건

• 학생들이 이전에 본 적 없는 재미있는 물건 하나 또는 두 개 (조개껍질, 새로운 종류의 천, 나무 가면, 벌집, 뼈, 새로운 과일 등)

• 가방 (선택 사항)

어휘 설명

우선, 수업에 필요한 집중과 관련한 중요한 단어들을 소개한다. 이 용어들은 '마음 지도'를 완성하는 데 도움을 줄 것이다.

- 집중: 감각이나 마음을 하나의 사물로 가져오는 것.
- 알아차리다: 무언가를 인식하는 것. 특히 새로운 것을 보는 것(눈으로만이 아니라 마음이나 감각으로도 볼 수 있다).
- 관찰하다: 감각이나 마음을 사용해 면밀히 바라보는 것으로 이를 통해 사물에 대해 알아차릴 수 있다.
- 경험하기: 어떤 것을 감지하거나 느끼는 것.
- 몰두하다: 한 가지 일에 전념을 쏟는 것.
- 초점: 하나의 일이나 활동에 집중하는 것. 집중의 중심에 있는 것으로 몰두와 비슷하다.
- 판단(또는 판단을 내리다): 의견을 형성하거나 여러 방법 사이에서 어떤 것을 결정하는 것(좋다, 나쁘다 등).

도입 | 3분

- "여러분, 자원에 대해 생각하면서 오늘 수업을 시작해 보도록 할게요.
- 보물상자에서 자원을 하나 선택하거나, 새로운 자원을 생각하거나, 상상으로 자원을 만들어 보세요.
- 자원을 생각하면서 몸 안의 감각을 알아차려 보세요. (잠시 멈춤)
- 자, 이제부터 유리병 마음을 가지고 우리의 마음을 차분하게 가라앉혀 볼게요. 유리병 마음을 천천히 흔들어서 여기 놓을 거예요. 그럼 우리는 마음이 가라앉는 것을 바라볼 수 있어요. 모두 조용히 집중해서 보도록 할게요.
- 필요할 때는 접촉하기를 하거나 자원으로 돌아가서 몸을 편안하게 해주세요. 그때에는 다른 친구들이 마음을 가라앉히는 데 방해가 되지 않도록 조용히 움직여 주세요.
- 유리병 마음이 안정되는 것을 보면서 무엇을 느꼈나요?"

통찰 활동 | 7분
손전등과 함께 집중하기

개요
이 통찰 활동에서 학생들은 집중을 시각적으로 보여주는 상징물인 손전등을 활용해 집중의 개념을 탐구할 것이다.

탐구할 내용/통찰
- 집중을 나타내는 손전등으로 여러 사물들을 비출 수 있다.
- 우리가 '빛을 비추는 것'은 더 흥미롭고 중요해지며, 더 세밀한 것을 볼 수 있다.
- 집중은 근육과 같아서 사용하면 할수록 더 강해진다.
- 우리는 주의의 방향을 결정할 수 있으며, 이는 새로운 것을 알아차리고 배우는 데 도움을 준다.
- 집중하지 않으면, 중요한 것을 놓칠 수 있다.
- 감각과 마음을 이용해서 집중할 수 있다. 그리고 근육처럼 단련시킬 수 있다.
- 판단 없이 있는 그대로 관찰하면 명확하게 보면서 다양한 경험을 할 수 있다.

준비물
- 손전등이나 불빛이 나오는 물건

수업 방법
- 교실 조명을 어둡게 한다.
- 어둠 속에서 보이는 방이나 사물을 설명하도록 한다. 그리고 손전등을 비추면서 다시 한번 설명하도록 한다.
- 조명을 비췄을 때 방이 얼마나 달라지는지, 그리고 얼마나 더 많이 볼 수 있는지, 손전등이 우리의 집중과 같다고 할 수 있는지에 대해 토론한다.

교사를 위한 팁

- 교실을 완전히 깜깜하게 할 필요는 없다.
- 어두운 방과 손전등 대신, 익숙하지 않은 물건이 들어 있는 가방에 눈을 가린 채 손을 넣고 느껴지는 것을 설명하도록 할 수 있다.

활동안

- "자, 오늘은 우리가 더 잘 집중할 수 있게 도와주는 여러 활동들을 해볼 거예요.
- 우리 친구들은 집중에 대해 이미 많은 것을 알고 있어요. 그리고 지금까지 그렇게 집중하면서 살아 왔어요. 집중을 한다는 것은 어떤 의미일까요?
- 집중은 어떻게 하는 걸까요?
- 집중을 하면 어떤 일이 일어나나요? 우리 몸에는 어떤 일이 생길까요?
- 집중을 하면서 중요한 것을 알아차렸던 적이 있나요? 한번 이야기해 볼까요?
- 집중을 하지 않아서 중요한 것을 놓쳤던 적이 있나요?
- 집중은 어떤 것을 알아차리도록 해줘요. 그리고 그중에는 아주 중요한 것들도 있어요. 그래서 집중은 굉장히 도움이 되는 것이에요. 그럼 이제 시작해 볼까요? 조명을 조금 낮추도록 할게요."

조명이 어두워지면(너무 어둡지 않게 한다) 학생들에게 어둠 속에서 보이는 것들을 설명하도록 한다. 그리고 그곳을 손전등으로 비춰 어두웠을 때는 보지 못했던 것을 설명하도록 한다.

- "손전등은 어떤 도움을 주었나요?
- 특정한 곳에 불빛을 비췄을 때, 어둠 속에는 여전히 우리가 볼 수는 없지만 다른 물건들이 있나요?
- 맞아요, 우리가 명확하게 볼 수는 없지만 그 물건들은 그곳에 있어요.
- 마음을 손전등처럼 사용하려면 어떻게 해야 할까요? 어떤 것에 세심하게 주의를 기울이거나 집중할 수 있을까요?
- 손전등으로 계속 비추는 것처럼, 어떤 것에 계속 집중하고 있을 수 있을까요?
- 가끔씩 마음이 산만해져서 집중이 안 될 때가 있나요? 한번 볼까요?

- (화이트보드에 동그라미를 그리고, 학생들에게 그 동그라미에 집중하라고 말한다. 그런 다음 학생들 옆에 서서 계속 움직이면서 소리를 낸다.)
- 어땠어요? 집중을 잘 할 수 있었나요?
- 여러분이 집중하고 싶을 때 집중할 수 있는 것이 좋은 것일까요? 왜 여러분에게 도움이 될까요?"

필요하다면, 포스터의 중앙에 '집중'이라고 쓰고 학생들에게 관련된 단어를 이야기하도록 하면서 단어 지도를 그린다. 대화를 할 때 나오는 중요한 용어에 대해서도 이 활동을 하면서 탐구할 수 있다.

- "연습을 하면 집중력도 근육처럼 단련할 수 있다는 것을 알고 있나요? 그렇게 하면, 손전등을 비추는 것보다 훨씬 더 잘 보일 거예요.
- 집중하는 것은 우리에게 큰 도움을 주기 때문에 앞으로도 집중하는 것을 계속 연습할 거예요. 이렇게 하면 우리는 조금씩 더 집중을 잘 하게 될 거예요. 우리 재미있게 같이 해보도록 해요."

통찰 활동 | 7분
발견한 것, 궁금한 것

개요
이 통찰 활동에서 학생들은 집중의 개념을 확장해서 탐색하고, 비판단적으로 알아차리는 것을 연습한다. 이 활동은 여러 번 반복할 수 있다.

탐구할 내용/통찰
- 어떤 것에 세심한 주의를 기울이면 그것에 대해 새로운 것을 발견하게 된다.
- 모든 사람은 자신만의 관점을 가지고 있다. 같은 대상을 보더라도 다른 것을 발견할 수 있다.
- 어떤 것을 판단하지 않고 세심하게 바라보거나 관찰할 때 보이는 것에는 '정답'이 없으며, 오로지 다른 경험만이 있을 뿐이다.

준비물

- 학생들이 이전에 본 적 없는 재미있는 물건 하나 또는 두 개 (조개껍질, 새로운 종류의 천, 나무 가면, 벌집, 뼈, 새로운 과일 등)
- 가방 (선택 사항)

수업 방법

- 재미있는 물건을 준비한다. 솔방울이나 도토리 껍질, 새로운 도구들, 잘 모르는 과일이나 야채, 조개껍질, 학급이나 수업과 연관지을 수 있는 물건들을 준비할 수 있다.
- 각각의 학생에게 대상을 주의 깊게 탐구할 수 있는 시간을 주고 발견한 것과 궁금한 것을 이야기하도록 한다. 여기서 중요한 것은 다른 친구가 이미 이야기한 것은 반복적으로 말할 수 없다는 것이다. 학생들이 이 활동을 너무 힘들어 하면, 조별로 나누어 소수의 인원에서 연습한 후에 전체 학생을 대상으로 진행할 수 있다.
- 학생들끼리 한 명씩 물건을 전달하도록 한다. 물건은 손에 쥘 수 있는 정도의 크기나 그보다 작은 것을 준비하도록 한다.
- 각각의 학생이 "나는 ……를 발견했어요"라고 말하면서 시작한다.
- 물건을 전달하는 대신, 가방에 물건을 넣고 손을 넣어 느껴보도록 할 수도 있다.

교사를 위한 팁

우리가 관찰하고 경험을 나누는 데에는 정답이나 틀린 답이 없다는 것을 계속해서 상기시킨다. 이미 이야기한 것을 다시 한번 이야기하고 싶어 하는 학생이 있으면, 조금 더 상세하게 이야기해 달라고 요청한다. 예를 들어, 이미 다른 학생이 말한 '갈색'을 또 이야기하고 싶어 하면 '초콜릿 같은 갈색'이나 '아주 밝은 갈색' 등으로 표현하도록 한다. 학생들이 친구들과 대상에 계속 집중하도록 격려하면서 더 많은 특징을 알아차릴 수 있도록 한다.

활동안

- "자, 우리 모두 원을 만들어 볼게요. 지금 할 활동은 '발견한 것, 궁금한 것'이라고 해요.
- 여기 어떤 물건을 하나 가지고 왔어요. 이 물건을 한 명씩 만져 볼 수 있도록 돌릴 거예요.

이게 무엇인지 아는 친구는 다른 친구들에게 말하지 말고, 처음 보는 것처럼 관찰해 주세요.

- 물건이 원을 따라 돌아가면, 그것을 자세히 바라보고, 만져보고, 냄새 맡고, 들어 보는 거예요.
- 이렇게 그 물건에 잠시 동안 주의를 기울이면서 관찰하는 거예요.
- 그런 다음 우리 친구가 발견한 것이나 궁금한 것을 친구들에게 이야기해 주세요. 우리는 다른 친구가 말하는 것과 물건에 주의를 기울일 거예요.
- "그것은 …을(를) 생각나게 해요.", "그것은 …만큼 커요.", "색깔은 … 같아요.", "이게 어디에서 왔는지 궁금해요.", "어디에 사용하는 물건인지 궁금해요."라고 말할 수 있어요.
- 하지만 물건에 이름을 붙이진 않을 거예요. 그리고 이 활동이 끝나기 전까지는 이것이 무엇인지도 말하지 않을 거예요.
- 물건에 대해서 판단을 내릴 필요도 없어요. 다시 말해서 그것을 좋아하는지, 싫어하는지를 이야기할 필요가 없어요.
- 만약 아무것도 생각나지 않으면 "통과"라고 말할 수 있어요. 그리고 원한다면 다시 이야기할 기회를 얻을 수 있어요. 여기에는 정답이나 틀린 답이 없어요. 그냥 어떤 것을 느끼고, 그것을 이야기하는 것뿐이에요.

물건을 전달하기 전에, 교사가 먼저 시범을 보여준다.

- 자, 시작해 볼게요. 선생님이 먼저 해볼게요. (잠시 물건을 자세히 살펴보면서) 나는 (설명어를 넣어) …를 발견했어요.

(그리고 물건을 원 안의 학생에게 준다. 그 물건이 원을 한 바퀴 돌면, 두 번째에는 '궁금한 것'에 대해 시범을 보이면서 다시 시작한다.)

- 정답이나 틀린 답은 없어요. 그냥 우리가 느끼는 것일 뿐이에요. 다른 친구들이 무엇을 궁금해하는지 주의 깊게 들어 보세요.
(원 주변으로 그 물건을 전달한다.)"

토론

• "자신이 생각하고 있었던 것을 똑같이 말한 친구가 있었나요?

• 자신이 발견하지 못했거나 궁금해하지 않았던 것을 말한 친구가 있었나요?

• 발견하게 된 것을 더 이야기해 볼까요? 궁금한 것은요? 계속해서 발견한 것과 궁금한 것을 이야기할 수 있을까요?

• 선생님이 틀린 답이 없다고 했는데 왜 그렇게 말했을까요? (의견이나 판단이 아니라 우리의 경험을 말했기 때문이에요.) 어떤 것을 경험하는 데 맞고 틀린 방법이 있다고 생각하나요?

• 혹시 주의를 다른 것에 뺏겼던 친구 있나요? 잠시 동안 집중하지 못한 친구 있나요? 그때, 친구들이나 물건에 다시 집중할 수 있었나요?

• 다음에 대해서 전체 학생들과 함께 이야기 나눈다.

• 몸 어느 부분에서 감각을 느꼈나요?

• 그 감각들은 무엇이었나요?

• 집중에 대해 생각하거나 왜 하는지에 대해 이야기하는 것이 왜 우리에게 도움이 될까요?"

반성적 활동 | 5분
자원과 함께 마음 가라앉히기*

개요
학생들은 보물상자에서 자원을 하나 선택해 짧은 시간 동안 집중해보는 연습을 한다. 이것은 집중을 유지하기 위한 대상으로 자원이나 감각을 사용한다는 것을 제외하고는 자원 활용하기와 동일하다.

수업 방법
아래의 활동안을 참고해 반성적 활동을 진행한다.

교사를 위한 팁

- 이전 활동과 마찬가지로, 집중하는 것이 불편한 친구는 주의를 자원으로 돌리거나 접촉하기를 하거나 신체의 유쾌하거나 중립적인 감각에 집중하도록 한다. 이때 다른 학생들에게 방해가 되지 않도록 조심스럽게 움직이도록 한다.
- 이전과 마찬가지로 활동안에서 '잠시 멈춤'이라고 되어 있으면 8-12초 정도, 또는 학생들이 원하는 시간만큼 잠시 멈춘다.

활동안

- "우리의 집중력을 조금 더 강하게 만들어 보도록 할게요. 지금까지 우리 친구들이 해 왔던 것처럼 자원에 집중할 텐데, 이번엔 조금 더 오래 집중해 보도록 할게요.
- 집중을 잘 하기 위해서는 눈을 감거나 바닥을 바라보는 것이 좋아요. 허리를 쭉 펴고 긴장을 풀고 편안하게 앉아 보도록 할게요.
- 먼저 이 활동에 대해 설명해 줄게요. 우리 친구들은 나중에 이야기할 수 있어요.
- 먼저 보물상자에서 자원을 하나 선택해 주세요. 새로운 자원을 만들거나 상상으로 만들어도 좋아요.
- 이제, 자원을 마음으로 가지고 오세요. 몇 분 동안 조용히 마음으로 그 자원에 집중해 볼게요. (잠시 멈춤)
- 몸에서 유쾌하거나 중립적인 감각을 느꼈다면, 그 감각에 집중하세요. 아니면 접촉하기를 해도 좋아요. 무엇을 하든, 잠시 동안 조용히 휴식을 취하면서 집중하는 거예요. (잠시 멈춤)
- 만약 불쾌한 감각을 느끼고 있다면, 다른 자원으로 바꾸거나 자세를 바꿔 주세요. 이렇게 할 때에는 다른 사람에게 방해가 되지 않도록 조용히 움직여 주세요. 지금 자원과 편안하게 있다면, 계속해서 자원에 집중해 주세요. (잠시 멈춤)
- 집중이 잘 안되거나 자원을 잊어버리고 있다는 걸 알게 되면, 마음을 다시 자원으로 가지고 올 수 있어요. (15-30초 정도 혹은 더 긴 시간 동안 멈추고 기다린다.)
- 자, 이제 눈을 뜨세요.
- 자원에 조금 더 오랫동안 집중하면서 무엇을 느꼈나요?
- 집중을 잘 할 수 있었나요?

• 집중이 잘 안 될 때나 다른 것에 마음을 뺏겼을 때는 어떻게 했나요?"

마무리 | 3분

• "집중에 대해서 흥미로운 점을 발견한 것이 있나요?

• 집중을 연습하고 더 잘 하도록 도와주는 다른 방법들이 있을까요? 어떤 방법인가요?"

목적

이 수업 활동에서는 세 가지 개념을 소개한다. (1)우리의 몸과 마음, 주변 환경에서 어떤 일이 일어나고 있는지를 인식하는 '알아차림', (2)위험하거나 해로운 것에 대한 '주의 깊음', (3)방해받거나 잊어버리는 것 없이 하고자 하는 일이나 성취하고자 하는 것에 대한 '마음챙김'이 그것이다. 집중이 가지는 이러한 측면은 우리가 집중을 유지할 수 있도록 도울 뿐 아니라, 정서적 충동이 자신이나 타인에게 문제를 일으키기 전에 처리할 수 있도록 도와준다. 이것은 산불이 되기 전에 작은 불씨를 잡는 것과 같은 이치다.

학습 목표

학습자는

- '집중'이란 용어에 대해 더 깊이 탐색하고, 집중력을 강화하는 것이 왜 좋은지 살펴볼 것이다.
- 몸과 마음의 내부에 있는 것에 집중하는 법을 배울 것이다.
- '마음챙김', '알아차림', '주의 깊음'의 용어를 알게 될 것이다.
- 산불로 번지기 전에 작은 불씨를 잡는 것과 같이 문제가 될 수 있는 충동을 다루는 법을 배울 것이다.

시간

25분

주요 구성 요소

집중 & 자기 인식 (1A)

준비물

- 전지와 매직
- 종이나 칠판의 중앙에 '집중'이라는 단어를 적고, 그 주변에 '마음챙김', '알아차림', '주의 깊음'이라고 적는다.
- 물병과 물을 닦을 수건
- 작은 컵 (되도록 작은 컵을 준비하도록 한다)

도입 | 3분

- "우리는 요즘, 근육을 튼튼하게 만드는 것처럼 우리의 집중력도 튼튼하게 만드는 법을 배우고 있어요. 그동안 세심하게 주의를 기울여 본 친구 있나요? 어땠나요?

- 방해물이 있었는데도 집중을 잘 할 수 있었던 때를 한번 생각해 보세요. 누가 이야기해 볼까요?

- 지난번에 손전등을 사용했는데, 기억하나요? 집중을 하고 싶은데 방해되는 것이 있으면 어떻게 해야 됐나요?

- 집중력이 우리에게 도움을 주는 것은 어떤 것들이 있을까요?

- 자, 몸과 마음을 편안하게 하고, 집중할 준비를 해 볼게요. 편안한 자세를 취해 주세요. 긴장은 풀어 주면서 집중은 유지할 수 있는 자세를 취해보세요.

- 이제, 접촉하기나 자원 활용하기를 해 볼게요. 접촉하기를 하는 동안 몸이 바닥이나, 의자나, 다른 뭔가에 닿아 있는 것을 알아차려 보세요. 그리고 중립적인 감각이나 유쾌한 감각을 느끼면 그곳에 계속 집중해 주세요.

- 자원 활용하기를 하고 있다면, 그 자원을 마음으로 가져와 잠시 동안 그 자원에 집중해 보세요.

- 불편한 기분이 들면, 몸에서 유쾌하고 중립적인 감각이 느껴지는 곳으로 가서 그곳에 집중하세요. (15-30초가량, 또는 학생들이 할 수 있는 시간만큼 잠시 멈춘다.)

- 자, 무엇을 알아차렸나요?"

발표/토론 | 8분

집중은 무엇이고 왜 필요한가요?

개요

- 이 토론에서는 집중이 무엇이며, 집중의 대상은 어떤 것이 있는지, 그리고 집중을 하면 왜 좋은지에 대해 탐색할 것이다.

- '집중'이라는 용어에 대한 단어 지도를 확장한다. (1)우리가 집중할 수 있는 대상들, (2)집중할

때 사용할 수 있는 것들(감각, 몸, 마음), (3)집중하면 좋은 점들에 대해서 이야기 나눈다.

• 학생들은 감각 '따라가기'를 통해 이미 내면에 있는 것에 주의를 기울이고 있다. 여기에서는 감각뿐 아니라 마음에도 집중할 수 있도록 주의를 확장한다. 예를 들어 머릿속에 맴도는 음악, 딴 생각, 사라져가는 생각이나 기억, 자원과 같이 마음속에 떠올린 어떤 것, 걱정하다가 괜찮을 거라고 생각하는 것 등이 집중의 대상이 될 수 있다.

탐구할 내용/통찰

• 감각을 사용해 외부 대상에 집중할 수 있는 것처럼 내면에서 일어나는 감각, 생각, 감정 등에도 집중할 수 있다.
• 집중은 단련될 수 있으며 학습을 돕는다.
• 충동이 큰 문제가 되기 전에 다룰 수 있다.

준비물

• 매직
• 종이나 칠판의 중앙에 '집중'이라는 단어를 적고, 그 주변에 '마음챙김', '알아차림', '주의 깊음'을 적어 놓는다.

수업 방법

• '집중'이라는 단어를 중앙에 쓰고, 그 주변에 학생들이 제안하는 단어를 쓴다. 줄이나 화살표로 연결하면서 단어 지도를 만든다.
• 전체 학급이 함께 완성한다. (아래 활동안 참고)
• 집중할 수 있는 외부 대상을 알아보고 외부 목록에 적는다.
• 외부 대상에 집중하기 위해(주의를 기울이기 위해) 사용하는 것을 물어보고, 외부 목록 근처에 감각들을 적는다.
• 우리가 주의를 기울일 수 있는 내부의 대상에는 무엇이 있을지 물어보고, '내부' 목록에 적는다.
• 내부에 있는 것들에 주의를 기울이는 데 사용하는 것을 물어보고, 내부 목록 근처에 마음, 몸, 집중 등과 같은 학생들의 의견을 적는다.

- 내부와 외부에 집중하는 것이 왜 중요한지를 묻고 학생들이 제안하는 '집중하면 좋은 점'을 적는다.
- 우리가 전혀 집중을 하지 못하면 어떤 일이 벌어질지 생각해 보도록 하고 이에 대해 토론한다.
- 모든 사람은 집중을 할 수 있으며 근육처럼 단련시킬 수 있다는 것을 상기시킨다.

교사를 위한 팁

다음에 참조할 수 있도록 집중에 대해 생각한 지도를 저장하거나 사진을 찍어 놓는다.

활동안

- " '집중한다'는 것은 어떤 뜻일까요? (학생들의 답변을 '집중' 단어 주변에 적는다.)
- 우리가 몸 밖에 있는 것과 몸 안에 있는 것에 집중할 수 있을까요?
- 몸 밖에서 우리가 집중할 수 있는 것은 무엇이 있을까요? (방, 소방차 소리, 다른 사람들이 있을 것이다.)

학생들의 답변을 '외부'라는 단어 아래 적으며 목록을 만든다.

- 이런 대상에 집중하기 위해 우리는 무엇을 사용하나요? (감각, 눈, 귀 등) (같은 목록에 적는다.)
- 우리 안에 집중할 수 있는 것은 무엇이 있을까요? (감각, 배고픈 것, 생각, 감정, 느낌, 걱정, 기억, 활동들) (이 단어들은 '내부'라는 단어 아래 적으며 목록을 작성한다.)
- 내면에 집중하기 위해서 무엇을 사용하나요? (몸, 마음, 집중력)
- 이러한 대상에 집중하는 것이 왜 중요할까요? (다른 종이에 좋은 점 목록을 작성할 수도 있다.)
- 우리가 전혀 집중할 수 없다면 어떤 일이 벌어질까요?
- 다행히 우리 모두는 집중을 할 수 있어요. 그리고 연습하면 근육처럼 더 튼튼한 집중력을 키울 수 있어요. "

통찰 활동 | 10분
건우 이야기

개요
이 활동에서는 집중하는 아이의 이야기를 통해 '마음챙김', '알아차림', '주의 깊음'의 개념을 탐구한다. 또한 우리가 조심해야 할 것들의 목록도 작성할 것이다.

탐구할 내용/통찰
• 충동이 문제가 되기 전에 다룰 수 있다.
• 알아차림과 집중은 연습과 함께 강화된다.
• 조심성을 높이는 데 도움을 주는 것이 있다.

준비물
• 아래에 제시된 이야기
• 전지나 화이트보드
• 매직

수업 방법
• 이미 SEE Learning을 배운 적이 있다면, 건우 이야기를 잘 알고 있을 것이다. 이 이야기를 다시 읽어 주면서 내용을 떠올리도록 한다.
• '주의 깊음'과 '알아차림'이 무엇인지 복습한다.
• 무엇을 조심하고 조심하지 않는지에 대해 브레인스토밍한다. 이때 전체 학급을 대상으로 할 수도 있고 개별적으로 할 수도 있다.
• 주의하거나 조심하면 좋은 것의 목록을 브레인스토밍한다.
• 그 목록에서 두세 가지를 선택하고, 왜 그것을 조심하는 것이 좋은지 토론한다.

교사를 위한 팁

- 이 이야기는 교사 혼자서 읽어 주어도 되고, 학생들과 함께 행동으로 표현하면서 읽어도 재미있을 것이다. 마음에 집중해 문제가 될 수 있는 습관을 다루는 내용의 흐름만 유지한다면, 자신의 학생들에게 적합한 방식으로 내용을 수정하거나 새로 만들 수도 있다.
- 학생들이 재미있게 브레인스토밍할 수 있도록 웃긴 이야기로 시작할 수 있다. 예를 들면 다음과 같다. "숙이 아주머니는 너무 많은 생각을 하느라 어디로 가고 있는지도 모른 채 뒷마당을 걷고 있었어요. 그러다 그만 개똥(혹은 더러운 웅덩이)을 밟고 말았어요."

건우 이야기

"우리 동네엔 건우라는 친구가 살고 있어요. 건우는 어릴 적 다른 사람의 물건을 가져가는 나쁜 습관을 가지고 있었어요. 그래서 어떤 사람들은 건우를 도둑이라고 부르기도 했죠. 하지만 건우는 성장하면서 다른 사람의 물건을 훔치지 않았어요. 왜냐하면 자신이 이렇게 하면 다른 사람이 상처를 받게 되고 그들과 친구도 될 수 없다는 것을 깨달았기 때문이에요. 그러던 어느 날 건우는 산책을 하다가 친구에게 식사 초대를 받았어요. 식탁에 앉으니 앞에 있는 음식이 보였어요. 그리고 주머니 속에 음식을 넣고 싶은 마음이 들었어요. 친구가 멀리 있는 것을 확인하고 재빨리 손을 뻗었어요. 그때 건우는 갑자기 자신을 깨닫고, 음식을 가져가려던 손을 다른 손으로 잡았어요. "멈춰! 도둑아! 잡았다!" 건우는 큰 소리로 외쳤어요. 친구가 놀란 눈으로 다가와 물었어요. "무슨 일이야? 도둑이 어디 있어?" 건우는 자신의 팔을 꼭 움켜쥐며 대답했어요. "바로 여기! 건우가 도둑이야!""

대안으로 사용할 수 있는 이야기: 소년과 도토리

"학교에서 한 소년이 도토리를 던지며 놀고 있었어요. 다른 아이들에게서 멀리 떨어져 운동장 담 옆에서 도토리를 던지고 있었는데, 그때 차가 한 대 지나갔어요. 그리고 차는 도토리를 맞고 말았어요. 운전사는 화를 내며 차에서 내렸어요. 그리고 "왜 차에다가 물건을 던지니?"라고 소리치며 물었어요. 소년은 눈물을 흘리며 "내 마음은 그것이 나쁘다는 걸 아는데, 손이 말을 듣지 않고 던져 버렸어요."라고 말했어요. 운전사는 고개를 끄덕이며 "걱정하지 마. 나도 옛날엔 그랬어. 그런데 위험한 일이 일어나기 전에 얼마든지 막을 수 있단다. 이것을 '주의 깊음'이라고 해. 연습을 하면 얼마든지 잘 할 수 있어.'"

건우 이야기에 대한 활동안

- " 이 이야기에서 어떤 일이 벌어졌나요?

- "멈춰! 도둑아!"라고 했을 때, 건우는 누구에게 말한 건가요?

- 건우가 소리치는 것을 듣고 다른 사람들이 뛰어 왔을 때 그들은 왜 놀랐나요?

- 건우가 생각하지 않고 한 것이 무엇이었나요?

- 어떤 순간에 건우가 문제가 될 것 같은 행동을 하고 있다는 것을 알아차렸나요? 건우가 무슨 일이 일어나고 있는지를 알게 되는 알아차림을 갖게 되었다고 말할 수 있을까요?

- 외부에서 일어나는 일은 보거나 들으면서 알아차릴 수 있어요. 그럼 내면에서 일어나는 것은 어떻게 알아차릴 수 있을까요? 우리가 하고 있는 것을 알아차리고 있나요?

- 건우는 도둑질이 위험하다는 것을 알고 있었어요. 위험할 수도 있다는 것을 알면 조심하게 되는데, 그것을 '주의 깊음'이라고 해요. 이것은 매우 조심한다는 것을 의미해요.

- 우리가 주방에 있을 때 조심해야 할 것이 무엇이 있을까요?

- 건우는 무엇을 조심했나요? 효과가 있었나요?

- 건우가 주의를 기울이는 연습을 하지 않았다면, 무슨 일이 일어났을까요? 만약 건우가 제 시간에 팔을 잡지 못하고 음식을 훔쳤다면 무슨 일이 벌어졌을까요?

- 우리가 조심해야 할 것들을 한번 적어보도록 할게요. (혼자서 적거나 소그룹으로 나누어 적는다.) 주의를 기울이거나 조심해야 할 것들에 대해 브레인스토밍한다.

- 이 목록에서 한두 가지 생각을 선택해서 왜 이러한 주의를 기울이는 것이 좋은지 이야기 나눠보도록 할게요. 어떤 것을 먼저 이야기해 볼까요?"

(학생들이 선택하도록 하고, 시간이 허락하는 만큼 계속 토론한다.)

통찰 활동 | 10분
컵 전달하기

개요

학생들은 집중하는 것을 배우기 위해 물이 가득 채워진 컵을 전달하는 활동을 할 것이다. 먼저, 물을 컵에 가득 혹은 학생들이 감당할 수 있다고 생각되는 정도까지 채운다. 학생들은 원을 만들어 컵을 옆으로 전달한다. 컵이 가까이 오거나 자기 차례가 되었을 때 몸의 감각을 알아차릴 수 있도록 활동을 잠시 멈춘다. 자기 차례가 끝나고 난 뒤에도 다른 친구가 하는 것을 지켜보면서 몸의 느낌을 알아차린다. 일부 학생들은 이 활동을 하는 동안 긴장할 수도 있기 때문에 이것은 그냥 물일 뿐이며, 물을 흘리지 않으려고 노력하겠지만 조금 흘린다해도 아무런 해를 입지 않을 것이라고 설명한다. 이 활동을 통해 학생들은 주의 깊음, 즉 조심하는 것이 자신의 몸 어디에서 일어나는지 느낄 수 있을 것이며 자신의 주의를 살펴볼 수 있을 것이다.

활동안

• "자, 이제 우리의 집중력을 최대한 사용해서 게임을 해보도록 할게요.
• 모두 원을 만들어 서 주세요."

아주 천천히 컵에 물을 붓는다.

• "선생님이 물을 부을 때 우리 친구들이 집중하기 시작했다는 것을 알아챈 사람이 있나요? 무슨 생각을 하고 있는지 알아차렸나요?
• 이 컵을 옆 친구에게 돌리면서 물을 쏟지 않도록 노력해 보세요.
• 우리가 꼭 마음속에 기억해야 할 것들을 알려줄게요.

  1. 마음을 컵에 집중하도록 노력해 보세요. 우리가 무언가를 하면서 그것에 집중할 때, 마음을 그것에 유지하는 것을 마음챙김이라고 해요. 우리는 경주를 하는 것이 아니에요. 여러분이 천천히 하고 싶으면 아주 천천히 움직여도 괜찮아요.

  2. 컵이 원을 도는 것을 보면서, 내 차례가 다가올 때 몸과 마음이 어떻게 반응하는지 알아차려 보세요. 내면에서 일어나는 일을 알아차리는 것을 알아차림이라고 해요. 알아차림은 내

면에 집중하는 것이에요.

3. 물을 흘리지 않도록 노력하는 것을 주의 깊음이라고 해요. 물론 흘릴 수 있어요. 그래도 그건 그냥 물이기 때문에 조금 흘렸다 해도 너무 신경 쓰지 말아요.

• 자, 그럼 시작할게요."

컵을 천천히 전달한다. 3-4명의 학생이 컵을 전달하고 나면, 몸의 상태를 확인하면서 컵을 전달하도록 한다.

• "컵이 친구에게 전달되는 것을 보면서 몸 안에서 느껴지는 것을 알아차려 보세요.
• 마음속에 생각이나 느낌이 든다면, 그것을 알아차려 보세요. 이것은 알아차림을 연습하는 것이에요."

컵이 다 전달되고 나면, 이 경험을 돌아볼 시간을 갖는다. 컵을 전달하거나 그것을 지켜보면서 들었던 기분을 생각해보도록 한다. 토론을 돕기 위해 다음 예가 제시하는 것을 실행할 수도 있다.

• "우리가 서로 이야기 나누기 전에 잠시 시간을 갖고 컵 전달하기 게임을 하면서 느낀 것을 생각해 볼게요. 몸 안에서 무엇을 알아차렸나요?
• 내면에서 알아차린 것을 이야기하고 싶은 친구 있나요? (좋아요! 그게 바로 알아차림이에요.)
• 다른 사람이 컵을 전달하는 것을 보면서 몸에서 느낀 감각을 이야기해 볼까요? 누가 이야기해 볼까요? 어떤 느낌을 어디에서 느꼈나요? (좋아요! 그것도 알아차림이에요.)
• 집중하지 못했던 순간을 알아차렸나요? 무엇이 방해가 되었나요?
• 컵에 집중하면서 어떻게 마음챙김을 연습할 수 있었나요? 집중하는 데 도움이 된 것은 무엇이었나요?
• 물을 쏟지 않으려고 노력하면서 주의 깊음을 연습한 사람 있나요? 손을 들어 보세요.
• 집중력을 잃었을 때 마음을 다시 컵으로 가져갈 수 있었나요?
• 이렇게 세심하게 주의를 기울여야 할 때는 또 언제일까요?
• 이 게임은 집중이 필요한 다른 일을 하는 데도 굉장히 좋아요. 어떤 것이 있을까요?"

학생들이 이 게임을 다시 한번 하기를 원할 수도 있다. 컵을 하나만 사용하는 대신, 두 개를 사용해 양쪽으로 전달하면서 게임을 시작할 수도 있다.

반성적 활동 | 4분
자원과 함께 마음 가라앉히기*

개요
이 반성적 활동은 이전 수업에서 진행한 것과 같은 것이다. 이 활동을 정기적으로 실시해 학생들이 집중력 근육을 강화할 수 있도록 한다.

활동안
• "우리의 집중력을 조금 더 튼튼하게 만들어 보도록 할게요. 지금까지 우리 친구들이 해 왔던 것처럼 자원에 집중할 건데, 이번에는 조금 더 오래 집중해 보도록 할게요.

• 집중을 잘 하기 위해서는 눈을 감거나 바닥을 바라보는 것이 좋아요. 허리를 쭉 펴고 긴장을 풀고 편안하게 앉아 보도록 할게요.

• 먼저 이 활동에 대해 설명해 줄게요. 우리 친구들은 나중에 이야기할 수 있어요.

• 먼저, 보물상자에서 자원을 하나 선택해 주세요. 새로운 자원을 만들거나 상상으로 만들어도 좋아요. 자원을 생각한 친구는 손을 들어 주세요.

• 이제, 자원을 마음으로 가지고 오세요. 몇 분 동안 조용히 마음으로 그 자원에 집중해 볼게요. (잠시 멈춤)

• 몸에서 유쾌하거나 중립적인 감각을 느꼈다면, 그 감각에 집중하세요. 아니면 접촉하기를 해도 좋아요. 무엇을 하든, 잠시 동안 조용히 휴식을 취하면서 집중하는 거예요. (잠시 멈춤)

• 만약 불쾌한 감각을 느끼고 있다면, 다른 자원으로 바꾸거나 자세를 바꿀 수도 있어요. 이렇게 할 때는 다른 사람에게 방해가 되지 않도록 조심조심 움직여 주세요. 지금 자원과 편안하게 있다면, 계속해서 자원에 집중해 주세요. (잠시 멈춤)

• 집중이 잘 안 되거나 자원을 잊어버리고 있다는 걸 알아차리면, 마음을 다시 자원으로 가지고

올 수 있어요. (15–30초 정도 혹은 더 긴 시간 동안 멈추고 기다린다.)

• 자, 이제 눈을 뜨세요."

마무리 | 3분

• " 자원에 조금 더 오랫동안 집중하면서 무엇을 느꼈나요?

• 집중을 잘 할 수 있었나요?

• 집중이 잘 안 될 때나 다른 것에 마음을 뺏겼을 때는 어떻게 했나요?

• 연습하니까 조금 더 쉬워지는 것 같나요? 아니면 더 어렵게 느껴지는 친구가 있나요?

• 활동을 할 때 우리 교실에서 뭔가 달라지는 것을 느꼈나요?"

학생들이 이야기하도록 한다.

선택적 통찰 활동 | 10분

거울처럼 따라 하기

개요

• 이 활동에서는 학생 두 명이 서로의 팔 동작을 거울처럼 따라 한다. 먼저, 한 사람이 리더 역할을 하면서 동작을 취하고 다른 사람은 그 동작을 똑같이 따라 한다. 그 뒤 역할을 바꾼다. 미리 교사가 연습을 해 보는 것도 도움이 된다. 학생과 교사가 전체 학생들 앞에서 시범을 보이는 것도 도움이 될 수 있다.

• 이 연습은 집중을 하면서 하나가 되는 경험을 하게 한다. 즉, 우리 몸과 마음이 활동에 '합쳐져' 주변에서 일어나는 것들은 신경 쓰지 못하게 되는 것이다. 이때 어떤 학생은 '몰입'의 상태를 경험할 수 있으며, 누가 행동을 보여주고 누가 따라 하는지도 잊어버리게 될 수 있다.

활동 지도하기

교사가 학생 한 명과 먼저 시범을 보인다. 그 뒤 학생들이 1번과 2번으로 짝을 만든다. 거울 앞에 선 것처럼 서로 마주 보고 손을 잡는다.

- "자, 지금 잡고 있는 두 손의 에너지를 느껴볼게요. 마음챙김을 완전하게 다 사용해서 집중할 수 있도록 조용히 활동을 해보도록 할게요. 이 활동에 대한 느낌은 나중에 이야기 나눌 거예요.
- 1번이 먼저 손을 천천히 움직이면서 시작해 주세요. 2번은 마음챙김을 사용해 친구의 움직임을 거울에 비춘 것처럼 똑같이 따라 해 주세요. 할 수 있는 만큼 하면 돼요. 2번은 거울이 된 것처럼 1번이 하는 것을 모두 따라 하는 거예요.
- 이제 1번은 다른 쪽 손을 아주 천천히 움직이고, 2번은 마음챙김을 하면서 행동을 주의 깊게 따라해 주세요.
- 이제 양손을 위아래로 천천히 자유롭게 움직여보세요.
- 이제 알아차림을 사용해서, 지금 우리 몸과 마음에서 일어나고 있는 일들을 살펴보세요.

학생들이 거울처럼 따라 하기를 할 수 있도록 시간을 준 후, 서로의 역할을 바꾸도록 한다. 시간이 있다면 한 발로 균형을 잡거나, 체중을 다른 발로 옮기거나, 정면으로 볼 수 없게 몸을 옆으로 약간 돌리거나 하는 등 자세를 바꾸도록 한다. 두 친구의 호흡이 잘 맞으면 누가 리더고 누가 따라 하는 거울인지 비밀로 한 채 다른 친구들에게 추측해 보도록 하는 것도 재미있는 활동이다.

게임이 끝나면, 컵 전달하기 활동에서 했던 질문을 한다.

- 집중하는 것이 손전등과 같다고 했던 것을 기억하나요? 지금 우리는 손전등을 어디에 비추고 있었던 걸까요?
- 우리 친구들의 몸과 마음에서는 어떤 일이 일어났나요? 무엇을 알아차렸나요?
- 지금처럼 집중하게 되는 때는 또 언제일까요?
- 이 게임은 집중이 필요한 다른 일에도 정말 도움이 돼요. 어떤 것에 도움이 될까요?"

목적

이 수업 활동에서는 호흡이나 글쓰기와 같은 중립적인 활동에 집중하는 것을 배우기 전에 과하지 않은 부드러운 자극을 가진 단순한 활동들, 예를 들어 듣기, 먹기, 걷기 등에 집중하는 방법을 배운다. 또한 우리의 감정과 충동에 조심성을 가지고 주의를 기울이지 않으면 통제가 되지 않아 큰 문제가 될 수 있다는 것을 설명하기 위해 '불씨와 산불'의 개념을 소개한다. 이 장에서는 다양한 활동을 소개하고 있는데, 하나의 수업 활동을 여러 회기로 나누어 진행할 수도 있다.

학습 목표

학습자는

• 우리가 하는 모든 활동에서 집중력 훈련을 할 수 있음을 알게 될 것이다.

• 마음챙김과 함께 먹는 것을 연습할 것이다.

• 마음챙김을 하며 걷는 것을 연습할 것이다.

시간

25분

주요 구성 요소

집중 & 자기 인식 (1A)

준비물

• 본문에 제시된 시나리오

• 산불 사진과 불씨(불꽃) 사진 (본 장 뒤에 제공됨)

• 차임벨이나 종

• 선택 사항: 작은 음식이나 간식. 예를 들어 포도, 건포도, 방울토마토, 크래커 등을 학생당 2개를 가져갈 수 있을 만큼의 양을 준비한다. 또한 냅킨을 준비하고, 학생들이 큰 원을 그리며 걸을 수 있는 넓은 공간을 마련한다.

도입 | 4분

- "우리는 지금 집중하는 법에 대해서 배우고 있어요. 집중력에 대해 배운 것 중 기억나는 것은 무엇인가요?

- 혹시 사람들이 집중을 하고 있는지 아니면 집중하지 못하고 있는지 알아차린 적이 있나요? 누가 이야기해 볼까요?

- 우리가 집중력을 가지고 있으면 좋은 점이 또 무엇이 있을까요? 어제부터 지금까지, 집중력을 사용한 일이 있으면 이야기해 줄래요?

- 우선 오늘 활동에 잘 집중할 수 있도록 우리 몸과 마음을 차분하게 가라앉히는 시간을 가져볼게요. 편안한 자세로 앉아주세요. 긴장은 풀어주고 주의는 유지할 수 있는 자세로 앉아 볼게요. 눈은 감거나 아래를 바라보세요.

- 접촉하기나 자원 활용하기를 해 볼게요. 오늘 도움이 될 수 있는 자원을 하나 생각해 보세요. 자원을 떠올렸으면 왼손을 들어주세요. 이제 시작할게요. 접촉하기를 하고 싶은 친구는 몸이 바닥이나 의자에 닿아 있는 것을 알아차려 보세요.

- 자원 활용하기를 하는 친구들은 자원을 마음으로 가지고 오세요.

- 혹시 불편하다고 느끼면 몸 안에서 기분 좋은 감각이나 중립적인 감각을 찾아 그곳에 집중하세요. (15-30초 정도, 또는 학생들이 집중할 수 있을 만큼 잠시 멈춘다.)

- 마음속에서 무엇을 알아차렸나요?""

통찰 활동 | 8분

불씨와 산불

개요

학생들은 이 통찰 활동에서 느낌과 충동을 나타내는 불씨와 산불의 이야기를 듣는다. 그리고 주의 깊음을 실천했던 일에 대해 토론한다.

탐구할 내용/통찰

• 감정과 충동은 불씨와 같아 제때 끄지 않으면 빠르게 산불로 번질 수 있다.

• 작은 불씨가 큰 산불이 되기 전에 알아차리고 다루는 것이 중요하다. 이것은 집중과 알아차림의 근육을 단련시키면서 도움을 받을 수 있다.

• 작은 불씨는 아이들도 쉽게 끌 수 있다. 하지만 산불이 되면, 모든 것을 다 태워버릴 때까지 끄지 못할 수 있다.

준비물

• 아래에 제시된 시나리오

• 불씨(불꽃) 사진과 산불 사진 (수업 활동 뒤에 첨부)

수업 방법

• 학생들에게 불씨와 산불의 비유에 대해 이야기해 보도록 한다. 그리고 산불 사진이나 동영상을 보여 준다. (아래의 활동안 참조)

• 아래의 이야기를 들려준다.

• 이야기에 대해 생각해 볼 수 있도록 시간을 준다. 그리고 다음과 같이 질문한다.

• 어떤 일이 일어났나요?

• 주인공의 불씨는 무엇이었을까요?

• 주인공이 불씨를 잡지 못하면 어떤 일이 일어날까요?

• 주인공이 불씨를 잡으려면 어떻게 해야 할까요?

• 우리가 불씨를 잡으면 무엇에 좋을까요?

• 다른 친구들이 불씨를 잡을 수 있도록 어떻게 도와줄 수 있을까요?

교사를 위한 팁

• 칠판에 주인공이 가지고 있는 생각을 적고 이들을 화살표로 연결하여 하나의 생각이 다른 생각을 만드는 과정을 보여줄 수 있다.

• 학생들에게 SEE Learning의 보충 자료로 제공되는 만화 '불씨!'를 보여줄 수 있다. 느낌을 불

수업활동 4 | 집중력 훈련 2

씨로 표현하고 이것이 산불로 번지게 되는 이야기나 산불이 되기 전 작은 불씨를 잡은 이야기 등 다른 이야기를 들려줄 수도 있다.

활동안

- (산불 사진을 보여주면서) "지금 어떤 일이 일어나고 있나요?
- 산불이 어떻게 시작되는지 아는 친구 있어요? 처음 시작했을 때는 불이 얼마만 할까요?
- 불꽃이나 불씨가 이제 막 타오르기 시작했을 때 어떻게 끌 수 있을까요? 누가 그 일을 할 수 있을까요?
- 불이 이렇게 클 때는 어떻게 해야 할까요? 이 불을 끌 수 있는 방법은 무엇일까요? 이렇게 큰 산불은 끄는 것이 더 힘들까요?
- 우리는 지금 우리 안에 있는 생각이나 감정에 대해 이야기하고 있어요. 그럼 우리의 감정이 산불처럼 커지는 작은 불씨와 같다면 어떤 모습일까요?
- 감정이 점점 커져서 갑자기 불같이 화를 내거나 불행하다고 생각되면 어떤 일이 벌어질까요?
- 그 느낌을 작은 불씨였을 때 잡았으면 어땠을까요?
- 그럼 그 불씨가 산불이 되기 전에 조심하거나 주의할 수 있는 방법은 무엇일까요?
- 여기 있는 이야기를 읽어보도록 할게요. 그리고 좀 더 이야기 나눠 볼게요.
- (이야기를 읽은 후 질문한다.)
- 어떤 일이 일어났나요?
- 주인공이 가지고 있던 불씨는 무엇이었을까요?
- 주인공이 불씨를 끄지 않으면 어떤 일이 일어날까요?
- 주인공이 불씨를 끄려면 어떻게 해야 할까요?
- 혹시 우리 친구들도 산불이 되기 전에 불씨를 끈 적이 있나요? 어떤 행동을 했었나요?
- 불씨를 잡으면 우리에게 어떤 것이 좋을까요?
- 우리 마음속에 있는 불씨를 잡으면 다른 사람에게는 어떤 도움이 될까요?"

이야기 예

" 예서는 오늘 수학 성적을 받았어요. 세 문제나 틀려서 이번 시험을 너무 못 봤다고 생각했어요. 그래서 "이번 시험은 완전히 망쳤어. 난 진짜 수학을 못하는 것 같아."라고 생각했어요. 그러다 "나는 앞으로도 계속 수학을 못할 것 같아. 그건 내가 좋은 학생이 아니라는 뜻이고, 결국 대학도 못 가게 되겠지. 그럼 좋은 직장도 못 구할 거고, 성공도 못할 거야. 난 앞으로 행복할 수 없을 것 같아."라고까지 생각했어요."

반성적 활동 | 10분
마음챙김 듣기(주의 깊게 경청하기)*

개요

이 활동에서 학생들은 마음챙김 듣기(주의 깊게 경청하기)를 연습한다. 또한 주의 깊음에 대해 예를 들면서 토론한 뒤, 열정적으로 토론한 학생들을 위해 접촉하기를 진행한다.

탐구할 내용/통찰

• 우리는 어떠한 활동에도 주의를 기울일 수 있다.

• 세심하게 주의를 기울이면 더 많은 것을 발견할 수 있다.

• 집중하면 더 생생하고 흥미롭게 보인다.

• 처음에는 같아 보이지만 모든 것은 각각이 특별하고 다르다.

• 집중하면 몸과 마음이 차분해진다.

활동안

• "교실에서 가장 편안한 곳을 찾아가세요. 눈을 감으면 더 편안해질 수 있어요. 아니면 아래를 보아도 괜찮아요. 자, 이제 편안하게 호흡을 두 번 해 보세요.

• 먼저, 멀리 있는 것에 집중해 볼게요. 귀를 크게 열고, 가장 멀리 있는 소리를 찾아보세요. 어떤 소리인지는 몰라도 괜찮아요. 그냥 어떤 것이든 소리를 찾아보세요.

• 그럼 이제, 이 건물 안에서 일어나고 있는 소리를 찾아보세요.

- 자, 조금 더 가까이 와 볼까요? 교실에서 나는 소리에 귀 기울여 보세요.
- 마지막으로 가장 가까운 곳에 귀를 기울여 볼게요. 몸 안에서는 어떤 소리가 나나요?
- 이제 눈을 떠 주세요. 어떤 느낌이 드나요? 지금 어떤 영역에 있는 것 같나요?
- 몸 안에서 어떤 감각을 느꼈나요? 혹시 호흡이 조금 달라졌나요?
- 우리가 마음챙김을 하면서 할 수 있는 다른 활동은 또 어떤 것이 있을까요?"

마무리 | 3분
반성적 활동은 그 안에 질문을 통한 토론 시간이 있으므로 마무리 시간을 따로 갖지 않는다.

선택적 반성적 활동 | 12분
마음챙김 먹기

개요
이 활동에서 학생들은 음식을 먹으면서 주의를 기울이는 법을 연습할 것이다. 이것은 완전히 집중해서 음식 한 조각을 면밀하게 조사하며 천천히 먹는 과정을 말한다.

준비물
- 포도, 건포도, 방울토마토, 크래커 등 크기가 작은 음식이나 간식. 학생당 2개씩 돌아가도록 준비한다.
- 냅킨

수업 방법
- 음식이 담긴 접시를 놓는다. 학생들에게 이 음식을 먹을 거라고 알려준다.
- 음식 하나와 냅킨을 가져가고 접시를 옆 친구에게 전달하도록 한다. 그리고 지금은 음식을 먹으면 안 된다고 말한다.

- 학생들에게 '발견한 것, 궁금한 것' 게임을 상기시키면서 이 활동이 비슷한 것이라고 이야기 한다. 음식에 모든 감각을 사용해 완전하게 집중할 거라고 말한다. 이 과정은 매우 천천히 진행될 것이다. (아래 활동안 참조)
- 먹는 활동이 끝나면(타이머나 종이 울렸을 때), 그대로 원을 두르고 일어서서 마무리한다.

교사를 위한 팁
- 알레르기가 있는 학생이나 다른 특수한 상황이 일어날 수 있는 것에 주의를 기울인다.
- 만약 마음챙김 먹기에 대한 토론이 깊어질 경우, 마음챙김 걷기나 마음챙김 듣기(주의 깊게 경청하기)는 다른 날에 실행하도록 한다.

활동안
- "자, 오늘은 마음챙김 먹기 활동을 해 볼 거예요. 우리는 굉장히 집중해서 무언가를 먹게 될 거예요. 이게 무슨 말인지 한번 보도록 할게요.
- 여기 간식과 냅킨을 가져왔어요. 선생님이 음식 하나와 냅킨 한 장을 가지고 갈게요. 여러분도 접시가 오면 음식 한 조각과 냅킨 하나를 가지고 가면 돼요. 그리고 옆에 있는 친구에게 접시를 전달해 주세요. 모든 친구들이 음식을 가져갈 때까지 기다릴게요. 음식은 아직 먹지 않아요. 그냥 냅킨 위에 올려 두세요.
- 지난번에 했던 '발견한 것, 궁금한 것' 기억나나요? 우리는 엄청난 집중을 사용해서 '활동에 사용했던 사물'을 살펴보고 많은 것을 발견했어요.
- 이번에 받은 음식도 똑같이 살펴보도록 할게요. 우리의 모든 감각을 이용해서 집중하면 무엇을 발견할 수 있는지 알아보도록 할게요. 이 음식은 눈으로 볼 수 있고, 코로 냄새도 맡을 수 있고, 손으로 만져볼 수 있고, 입술에 대 볼 수도 있고, 귀로 들어 볼 수도 있어요. 이렇게 하고 나면 맛을 볼 거예요. 아직은 먹지 않도록 해요. 활동이 끝나고 나면 우리 친구들 이야기를 들어 볼게요.
- 음식을 보면서 무엇을 발견했나요? (예: 색깔, 어떻게 빛을 반사하는지, 음식의 표면 등) 자, 그럼 다시 한번 볼게요…전에는 발견하지 못했던 것 중 지금 알게 된 것이 있나요? 이제, 음식을 잡아 볼게요. 새로 알게 된 게 있나요? 이제 냄새를 맡아 볼게요. 냄새가 나나요? 음식을 볼 때

입 안에는 어떤 일이 일어나나요? 음식을 먹고 있다고 상상하면 어떤 생각이 생겨나나요? 마음속에 "아, 더 이상 못 기다리겠어!" "웩, 먹기 싫어!"라는 생각이 들 수 있어요. 아니면 궁금한 생각이 들거나 아무 느낌이 없을 수도 있어요.

- 그럼 이제 먹어볼게요. 그런데 마음챙김을 하면서 먹어볼 거예요. 엄청나게 집중하면서 먹는 거예요. 그래서 한 번에 다 먹지 않을 거예요.
- 음식을 입에 넣어볼게요. 아직 깨물지 않아요. 그냥 입 안에 넣고 감각을 느껴 볼게요.
- 자, 이제 한번 깨물어 보세요. 딱 한 번만요! 집중하고, 무엇을 발견할 수 있을지 바라보세요.
- 이제 여러 번 깨물어 볼게요. 대신 천천히 깨물어 주세요. 아직은 말할 필요가 없어요. 무엇을 알아차렸나요? 처음과 맛이 똑같은가요? 맛이 다르게 느껴지나요? 어떤 생각이 드나요?
- 음식을 천천히 마음챙김 하면서 먹는 거예요. 우리는 먹는 것에 완전히 집중하고 있어요. 그리고 동시에 우리가 발견하는 것을 알아차림 하고 있어요. 잠시 동안 조용히 지켜보도록 할게요. 그리고 다 먹으면 그때 손을 들어주세요. (학생 대부분이 다 먹으면 종을 친다.)
- 이제 우리가 어떤 것을 발견했는지 이야기 나눠 볼게요. 무엇을 알아차렸나요?
- 다음과 같이 질문한다.
- 우리 안에서 무엇을 알아차렸나요? (감각을 몸 어디에서 느꼈는지에 대해 물어보면서 2장에서 배운 것을 강화한다.)
- 지금 어느 영역에 있는 것 같나요?
- 마음챙김 먹기를 하는 동안, 아니면 음식을 전달하는 동안 친절한 행동을 발견한 친구가 있나요?
- 우리 모두는 음식을 다른 친구한테서 전달받았어요. 음식을 받는 데 얼마나 많은 친절한 행동이 있었을까요?
- 다른 음식을 가지고 마음챙김 먹기를 할 수 있을까요? (집이나 학교 점심시간에 할 수 있어요.)
- 마음챙김을 가지고 할 수 있는 다른 활동이 또 무엇이 있을까요? (의견을 나눈다.)

시간이 충분하면, 같은 음식이나 다른 음식으로 이 활동을 다시 반복할 수 있다. 그리고 모든 음식을 마음챙김과 함께 먹을 수 있음을 알려주면서 마무리한다."

선택적 반성적 활동 | 12분
마음챙김 걷기*

개요

• 학생들은 줄을 지어 천천히 걷는다. 걷는 동안에는 걷는 행위와 바닥에 닿는 발바닥의 감각에 집중한다.

• 마음챙김 걷기는 활동 자체가 덜 자극적이고 지루할 수도 있다는 점에서 마음챙김 먹기와 다르다. 그러나 재미있고 자극적인 것에는 자연스럽게 집중이 잘 되고 덜 자극적인 것에는 집중하기가 어렵기 때문에 이러한 덜 자극적이고 '지루한' 대상에 집중하는 법을 배우는 것이 중요하다.

준비물

• 학생들이 큰 원을 그리며 돌 수 있는 넓은 공간

수업 방법

• 학생들이 원을 그리면서 돌 수 있도록 넓은 공간을 정리해 둔다. 걷는 데 장애물이 없도록 점검한다.

• 학생들은 큰 원을 그리고 선다. 학생들 사이에 거리를 조정한다. (학생 사이는 60~90cm 정도로 한다.)

• 모두 같은 방향을 보도록 한다. 마음을 집중해 몇 바퀴를 돌 수 있을지 물어보고 함께 결정하거나 (2~3바퀴 정도) 타이머를 설정해 놓는다. (3~5분)

• 처음으로 걸을 때에는 교사가 앞에서 천천히 걷고, 다음에는 학생이 앞에서 걷는다.

• 속도를 결정한다. (들숨에 한 걸음, 날숨에 한 걸음이 효과적일 수 있다.)

• 시선은 아래로 향하게 한다. 앞에 있는 학생의 발을 보도록 한다.

• 걸음이 끝나면(타이머나 종이 울릴 때), 그대로 원에 서서 마무리 질문을 한다.

교사를 위한 팁

• 외부 공간이나 복도, 체육관 등에서 진행할 수 있다.

- 교사가 앞에서 걷고 다른 학생들이 모두 뒤따라 걷는 것 대신 일부 학생이 먼저 걷기를 시작하고 다른 친구들은 준비가 되었다고 느낄 때 합류하도록 할 수 있다. 이 경우, 교사는 학생들이 무엇을 하는지 이해하고 있다는 확신이 들 때, 그리고 마음챙김 걷기에 학생들이 편안하게 참여할 때 합류한다.
- 이 활동은 1회 이상 실행할 것을 권장한다. 익숙해지면 마음챙김 침묵으로 활동을 시작하고 끝낼 수도 있다. 예를 들어, 말하지 않고 천천히 주의를 기울이면서 자기 자리에서 일어나 한 명씩 걷기에 합류하고, 활동이 끝났을 때는 천천히 한 명씩 주의를 기울이면서 제자리로 돌아가 모든 사람이 앉을 때까지 집중하면서 조용히 기다리는 것이다. 또한 활동을 이끄는 사람을 지원받아 그 학생이 시작과 끝을 담당하고 속도를 조절하도록 할 수도 있다.

활동안

- "이제, 주의를 기울이기 조금 힘든 것에 마음챙김을 해보도록 할게요.
- 우리는 항상 걸어 다녀요. 그래서 걸음에 집중하기가 어려워요. 새롭거나 재미있는 일에는 집중하기가 쉬워요. 그렇지 않나요?
- 모두 원을 그리고 서 주세요. 친구들 사이에 충분한 공간을 마련해 볼게요. 우선 팔을 옆으로 뻗어서 친구의 손을 잡아주세요. 손을 내려놓고 뒤로 크게 두 걸음을 가주세요.
- 이제 원을 그리며 걸을 거예요. 선생님이 먼저 천천히 걸을게요. 숨을 들이쉬면서 한 걸음, 숨을 내쉬면서 한 걸음, 이런 속도로 걸을 거예요. 원한다면 선생님처럼 걸어도 좋아요.
- 앞에 사람이 움직일 때까지 기다리는 거예요. 우리가 모두 마음챙김을 하면서 걷게 되면, 몇 바퀴 정도 더 걷도록 할게요.
- 걸을 때는 앞에 있는 친구의 발을 바라봐 주세요. 앞 친구와 너무 가까워지거나 멀어지지 않는지, 아니면 일정한 거리를 유지하는지 보도록 할게요.
- 선생님이 먼저 시작해 볼게요. 이 모든 것은 말하지 않고 조용히 진행할 거예요.
- 걸음이 다 끝나고 나면 다음과 같이 질문한다.
- 내면에서 무엇을 발견했나요? (감각이 몸 어디에서 느껴지는지 물으면서 2장에서 배운 것을 강화한다.)
- 지금 어느 영역에 있나요?
- 또 어떤 것을 알아차렸나요?
- 마음챙김을 가지고 할 수 있는 다른 활동들은 또 무엇이 있을까요?"

집중과 자기 인식 강화하기

대상에 대한 집중력 키우기

목적

이 수업 활동은 호흡이나 다른 중립적인 대상(중립적 감각과 같은)을 집중의 대상으로 사용해 주의 집중을 훈련하는 방법을 소개한다. 이 활동은 좀 더 자극적인 대상에 주의를 집중했던 이전의 활동보다 어렵게 느껴질 수 있다. 그러나 우리는 본래 재미있다고 느끼는 것에는 자연스럽게 집중하게 되기 때문에 자극을 주지 않는 것에도 주의를 기울이는 연습이 필요하다. 이것이 진정한 집중력 훈련이라고 할 수 있다. 먼저, 집중력 훈련의 기본적인 구성요소를 설명하기 위해 강아지나 코끼리를 훈련시키는 것에 대한 예를 소개하고, 그 뒤 호흡과 같이 중립적인 하나의 대상에 집중하는 반성적 활동을 진행한다. 그리고 학습을 강화하기 위한 그리기 활동을 진행한다.

학습 목표

학습자는

• 비유와 직접적인 경험을 통해 마음챙김과 알아차림에 대한 이해를 강화할 것이다.

• 하나의 대상에 초점을 맞추는 집중력을 함양할 것이다.

• 집중력 훈련을 표현하는 자신만의 그림을 그릴 것이다.

주요 구성 요소

집중 & 자기 인식 (1A)

시간

35분

준비물

• 그림을 그릴 수 있는 종이와 매직이나 사인펜

• 이 수업 활동 끝에 있는 그림 자료

도입 | 4분

- "우리의 집중력 근육을 더욱 튼튼하게 만들어주는 활동은 어떤 것이 있나요?
- 그동안 큰 불이 될 뻔한 작은 불씨를 스스로 잡아본 친구 있나요? 아주 작은 일이라도 괜찮아요.
- 잠깐 자원을 가지고 집중력을 연습해 볼게요. 우리가 집중을 잘 할 수 있도록 눈은 감거나 바닥을 보세요.
- 보물상자에서 자원을 하나 고르거나, 새로운 자원을 선택하거나, 아니면 상상으로 만들어 보세요.
- 이제, 자원을 마음으로 가져와 볼게요. 자, 그럼 잠시 동안 마음을 자원에 집중해 주세요. 만약 접촉하기를 하고 싶다면 그렇게 해도 괜찮아요. 어떤 걸 선택하든 조용히 쉬면서 집중해 주세요. (잠시 멈춤)
- 내면에서 무엇을 알아차렸나요? 유쾌하거나 중립적인 감각을 느끼고 있으면 그 감각에 마음을 두고 잠시 쉬어도 좋아요.
- 불쾌한 기분이 들면, 다른 자원으로 주의를 옮기거나 자세를 바꿔주세요. 자세를 바꿀 때에는 다른 친구에게 방해가 되지 않도록 조심조심 움직이도록 할게요. 지금 편안하게 있는 친구들은 계속해서 자원에 집중해 주세요. (잠시 멈춤)
- 집중하기가 어렵거나 자원에 대해 생각하는 것을 잊어 버렸을 때는 다시 마음을 돌려 자원으로 돌아오세요. (조금 더 길게 15-30초가량, 또는 더 오래 멈춘다.)
- 안에서 어떤 것을 알아차렸나요?"

설명/토론 | 8분

주의 집중 키우기

개요

- 이 활동의 목적은 우리의 주의를 하나의 대상으로 가져가 집중을 유지하는 방법을 배우는 것이다. 여기서 사용할 방법은 마음을 호흡과 같은 중립적인 대상에 놓고 바라보는 것으로 마음

이 다른 곳으로 가거나 잠이 오면(무기력함이나 멍함) 마음을 다시 부드럽게 대상으로 가져온다.

- 교사의 설명에서는 강아지를 훈련시키는 것의 비유를 들어 마음챙김과 알아차림의 개념을 강화한다.
- 마음챙김: 마음을 선택한 대상에 두고 잊어버리지 않고 계속 바라보는 것.
- 알아차림: 마음에서 일어나고 있는 일을 알아차리는 것(산만해지거나 졸린 것 등).
- 강아지: 마음.
- 길: 집중의 대상(우리가 주의를 기울이고 있는 것).
- 강아지 끈: 마음챙김(집중의 대상을 계속해서 마음에 두기 위해 사용하는 것).
- 친절한 주인: 알아차림(마음이 여기저기 돌아다니거나 졸리기 시작할 때 이를 알아차리기 위해 사용하는 것).
- 이것은 우리의 몸과 마음을 더 차분하고 행복하게 만들어줄 뿐 아니라 근육을 단련하듯 우리의 집중력도 단련시킨다. 집중력이 강화되면 우리의 학습 능력은 더욱 좋아지고, 주의 집중을 잘 하게 되며, 필요할 때 주의를 더 잘 조절할 수 있게 된다. 또한 감정이나 생각과 같은 우리의 마음과 정신적 처리과정을 잘 살피도록 돕는다.

탐구할 내용/통찰

- 우리는 하나의 대상에 집중해 오랫동안 주의를 유지할 수 있다.
- 우리의 마음은 여기저기 떠돌아다닐 수 있고, 졸린 상태를 경험할 수도 있다.
- 대상에 대한 주의를 놓쳤을 때는 다시 마음을 부드럽게 대상으로 가져와 집중하고 그곳에 머문다.
- 계속해서 마음을 대상으로 가져오고 주의를 유지하면 집중력은 더욱 강해진다.
- 집중하는 연습을 하면 우리는 더 편안해진다.
- 집중력을 강화하면 학습이 더 쉬워진다.
- 연습을 통해 집중력이 점점 강화되는 것을 볼 수 있다.
- 중립적이거나 재미없어 보이는 대상에도 집중할 수 있다.
- 몸의 자세가 집중을 돕는다.
- 마음챙김과 알아차림을 사용하는 집중은 주어진 과제를 할 수 있게 만든다.

준비물

• 수업 활동의 끝에 있는 강아지 사진 (함께 제공된 코끼리 훈련 사진을 사용할 수도 있다.)

수업 방법

• 강아지 사진을 학생들에게 보여준다. (코끼리 훈련 사진을 보여줄 수도 있다.)

• 강아지 사진(또는 코끼리 사진)이 집중력 훈련을 보여주는 시각적인 비유라고 설명한다. 강아지 사진에서 길은 집중의 대상이고, 강아지는 그 길에서 벗어나지 않고 계속해서 걷도록 훈련받고 있는 것이라고 설명한다. 그리고 이것은 우리가 하나의 대상이나 활동에 집중을 유지할 수 있도록 훈련하는 것을 보여준다고 설명한다. 강아지는 우리가 훈련시키고 있는 마음이다. 강아지 끈은 강아지가 계속 길에서 걸을 수 있게 하는 마음챙김이다. 친절한 보호자는 강아지의 행동에 주의를 기울이고 있는 알아차림이다. (코끼리 사진에서 코끼리는 마음이고, 땅에 박힌 말뚝은 집중의 대상이며 밧줄은 마음챙김이고, 친절한 훈련사는 알아차림이다.)

• 이런 식으로 사진을 통해서 지금까지 학생들의 집중력을 강화하기 위해 사용했던 다양한 개념과 연습들을 설명할 수 있다. 집중력 훈련에는 시간과 인내심이 필요하기 때문에 친절의 중요성을 설명하는 것도 도움이 된다. 이것은 또한 다음 장에서 다룰 자기 자비를 키우는 데도 도움을 줄 것이다.

교사를 위한 팁

이미 손전등을 통해 집중력을 소개한 바 있다는 것을 기억하자.

활동안

• "지금 이 사진에서는 어떤 일이 일어나고 있나요?

• 강아지는 어떻게 훈련할까요? 사진에서 강아지를 훈련하기 위해 사용하는 것들이 보이나요?

• 강아지는 무엇 때문에 훈련을 받고 있을까요? (길에 있는 거요. 길을 따라 걷는 거요. 도망가지 않도록요.)

• 강아지 끈은 왜 있는 걸까요? (강아지를 길에 붙잡아 두려고요. 도망가지 못하게 하려고요. 강아지의 안전을 지켜주려고요.)

- 우리 친구들은 친절한 반려견 보호자가 강아지를 잘 돌봐야 한다고 생각하나요? 왜 그렇게 생각하나요? (길에서 벗어날 수도 있고, 위험에 처할 수도 있어요.)
- 강아지가 길에서 벗어나면 어떻게 하는 것이 좋을까요?
- 강아지가 흥분했을 때 훈련을 잘 할 수 있을까요? 강아지가 너무 졸려 하면 훈련이 잘 될까요?
- 강아지를 훈련시키는 것이 우리가 집중력을 훈련하는 것과 비슷할까요? 어떻게 비슷할까요? (이것은 시간과 연습이 필요해요. 훈련사가 강아지를 길에 있도록 하는 것처럼, 우리도 마음을 하나의 대상에 둘 수 있어요. 우리도 마음을 훈련시키고 있어요.)
- 길에 있는 강아지처럼 우리가 어떤 일에 집중하려고 하는데 마음이 계속 다른 곳으로 가버리면 어떻게 해야 할까요? 친절한 보호자가 강아지를 다시 데려오듯이 우리도 마음을 다시 돌아오게 할 수 있을까요?
- 보호자가 강아지를 훈련시킬 때, 친절한 마음으로 인내심을 갖는 것이 중요한가요? 왜 중요한가요? (그건 시간이 걸리는 일이에요. 강아지가 자신 없어 할 수도 있어요.)
- 친절한 보호자가 매일 강아지를 산책시키고 이 길만 따라서 걷게 하면 어떤 일이 일어날까요?" (강아지는 그 길에 익숙해질 거예요. 훈련이 잘 될 거예요. 끈이 없어도 산책할 수 있게 될 거예요.)

반성적 활동 | 8분
호흡에 대한 주의 집중*

개요

이 반성적 활동은 호흡과 같은 하나의 대상에 초점을 맞추는 집중력 훈련을 좀 더 형식적으로 할 수 있도록 돕는다. 여기서 중요한 것은 집중력을 유지하고, 마음이 다른 곳에 있을 때 다시 대상에 가지고 오는 것이다(혹은 졸릴 때 집중력을 생생하게 유지하는 것). 이를 위해 할 수 있는 가장 단순한 방법은 바로 마음이 어디에 있든 다시 되돌리는 것이다.

준비물

없음

수업 방법

- 접촉하기나 자원 활용하기를 먼저 시작해 몸을 편안하게 한다.
- 학생들에게 자신의 호흡을 느낄 수 있는 신체 부위(코, 가슴, 배꼽)를 선택하도록 한다.
- 원할 경우 다른 중립적인 대상을 선택해도 된다고 말한다(바닥의 한 부분이나 중립적인 느낌이 드는 신체 부위, 또는 다른 중립적인 감각). 대상은 중립적이어야 하며 자극적이지 않아야 한다.
- 마음이 다른 곳으로 떠돌아다니면, 다시 대상으로 가져오도록 한다(호흡이나 다른 집중의 대상).
- 하나의 대상에 집중하는 것이 불편하게 느껴지면 접촉하기나 자원 활용하기로 되돌아가거나 연습을 완전히 멈출 수 있다고 알려준다. (활동을 촉진하기 위해 활동안을 참고한다.)

교사를 위한 팁

- 언제든지 접촉하기나 자원 활용하기로 돌아오거나 연습을 중단할 수 있다고 알려주는 것은 매우 중요하다. 특히 가만히 앉아있거나 집중할 때 조절의 어려움이 있는 학생들은 이러한 활동을 쉽게 따라 하기까지 시간이 많이 걸릴 수 있다.
- SEE Learning의 3장은 다양한 집중력 훈련 방법을 제공하는데, 이번 반성적 활동에서 다루는 호흡에 대한 집중은 교실에서 매일 기본적으로 사용하는 활동이 될 수 있다. 이 활동을 1년 동안 계속해서 반복하기를 권한다.
- 이 활동을 이끄는 교사나 학생을 녹화해 수업의 과정을 다시 볼 수도 있다. 학생들이 활동에 어느 정도 익숙해지려면 꽤 많은 수업을 해야 한다는 것을 기억하자.

활동안

- "자, 이제 강아지를 훈련시키는 것처럼 우리의 집중력도 훈련시켜 보도록 할게요.
- 편안하게 앉아 주세요. 우리가 지금까지 배운 걸 그대로 따라해 볼게요.
- 우리가 너무너무 신이 나거나 졸리면 집중력을 훈련하기가 힘들 수 있어요. 우리가 회복탄력영역에서 벗어나 있을 때도 집중하기가 힘들어져요.
- 그래서 우리가 회복탄력영역에 머무를 수 있도록 자원 활용하기나 접촉하기를 먼저 할 거예요.
- 조용히 우리 친구들이 가지고 있는 자원 중에 한 가지를 생각해 보세요. 아니면 앉아 있는 곳에서 접촉하기를 할 수도 있어요. (잠깐 멈춤)

- 자원을 생각하면서 몸 안에 유쾌하거나 중립적인 감각이 있는 곳을 찾아볼게요. (잠깐 멈춤)
- 유쾌하거나 중립적인 감각이 느껴지는 곳이 있다면 계속 그곳에 집중해 보세요. 그것이 바로 여러분이 집중하는 대상이에요. (잠깐 멈춤)
- 우리 친구들의 몸이 훨씬 더 편안해졌을 거예요. 이제 우리의 호흡에 집중해 볼게요. 호흡을 집중의 대상으로 만들 거예요. 호흡에 집중하고 싶지 않으면, 다른 중립적인 감각을 선택해도 괜찮아요.
- 눈을 감는 것이 더 도움이 될 수도 있어요. 만약에 눈을 감기 싫으면 바닥을 바라봐도 괜찮아요. 모두가 지금 집중하려고 노력하고 있으니까 다른 사람을 방해하지 않도록 조심해 주세요.
- 숨이 우리 몸으로 들어오고 나가는 것을 집중해서 바라보세요. 내 마음이 숨을 따라간다고 생각해 보세요.
- 아마 코에서 숨을 느끼는 친구들이 있을 거예요. 그럼, 코에 집중해 보세요.
- 배가 커지고 작아지는 것에서 숨을 느낄 수도 있어요. 그럼 배에 집중해 보세요.
- 다른 곳에서 숨을 느낄 수도 있어요. 그럼, 그곳에 집중해 보세요.
- 어디를 선택하든지 그곳에 집중하면 돼요. (잠시 멈춤)
- 자연스럽고 편안하게 숨을 들이쉬어 볼게요. 숨을 들이쉬는 동안 계속해서 호흡에 집중해 보세요.
- 호흡은 자연스럽고 편안하게 해주세요. 그리고 계속 호흡에 집중해 보세요.
- 호흡에 집중할 때는 우리 몸을 편안하게 해야 돼요. 혹시 불편하다고 느끼면 호흡에 집중하는 것을 멈추고, 접촉하기나 자원 활용하기를 해도 좋아요. 아니면 그냥 다 멈추고 잠깐 조용히 쉬어도 돼요.
- 편안하게 호흡을 하고 있는 친구들은 계속해서 숨 쉬는 데 집중할게요. (잠깐 멈춤)
- 마음이 다른 곳으로 가거나 다른 것이 마음속에 들어오면, 다시 마음을 호흡으로 가져가 주세요. 강아지를 다시 길로 친절하게 데리고 오는 것처럼요. 그리고 얼마나 오랫동안 우리의 마음을 호흡에 둘 수 있는지 지켜보세요. (더 긴 시간 동안 멈춤)
- 자, 이제 눈을 떠보세요. 어땠어요? 이야기하고 싶은 친구 있나요?
- 마음챙김을 하면서 숨 쉬는 데 집중할 수 있었나요?
- 우리 친구들은 집중을 하고 있을 때와 집중을 하고 있지 않을 때를 알아차릴 수 있나요?
- 지금은 몸 안에서 어떤 감각을 느끼고 있나요?"

통찰 활동 | 12분
집중력 훈련 방법 그리기

개요
이 활동에서 학생들은 집중력에 대해 배운 것 중 한 가지를 그림으로 그린다. 학생들이 자유롭게 방법을 하나 선택하도록 할 수도 있고, 교사가 방향을 정해줄 수도 있다. 그림을 그리면서 학생들은 집중을 강화하는 방법에 대해 배운 것을 자기 것으로 만들 수 있으며, 이를 교사와 학급 친구들에게 이야기할 수 있다.

준비물
- 그림을 그릴 수 있는 종이
- 매직, 크레용, 사인펜 등

수업 방법
- 다 같이 지금까지 집중력을 훈련시키는 방법을 적는다.
- 목록에서 한 가지를 골라 그림으로 그려본다. 일부 학생이 무엇을 그릴지 찾지 못하고 있다면 학급 전체가 함께 했던 활동(마음챙김 걷기나 마음챙김 먹기)을 그리도록 할 수 있다. 아니면, 모든 활동에 마음챙김과 알아차림이 함께 있기 때문에 자신이 좋아하는 활동을 아무거나 그려보도록 한다.
- 시간을 주고 그림을 그리게 한 뒤, 완성된 그림을 소개하도록 한다. 그림에 대해 이야기를 나눌 때, 집중력이 어떤 역할을 하고 있는지 물어본다. 이러한 질문을 통해 마음챙김, 주의 깊음, 그리고 알아차림이 그림에 어떻게 드러나는지 살펴볼 수 있다.

교사를 위한 팁
- 그림을 설명하는 단어(예: '마음챙김'이나 '흐린 마음' 등)나 묘사하고 싶은 활동('마음챙김 걷기'나 '게임 하기' 등)을 그림에 표현하도록 한다.
- 그림에 대해 이야기 나누고, 완성된 그림은 교실 곳곳에 전시해 집중력에 대해 배운 것을 상

기시킨다.

활동안

- "지금까지 집중력과 집중력을 키우는 방법에 대해 많이 배웠어요.
- 우리가 배운 것을 학교에 있는 다른 친구나 가족에게 나눠주고 싶으면 어떻게 할 수 있을까요?
- 우리가 집중력에 대해 배운 것을 이야기해 볼까요? 그러고 나면 다른 사람들에게 보여줄 수 있도록 그림을 그려볼 거예요.
- 어떤 친구가 이야기해 볼까요? (예: 훈련될 수 있어요, 손전등이랑 비슷해요, 강아지를 훈련하는 거랑 비슷해요, 우리가 배우고 발견할 수 있게 도와줘요, 모든 활동에 쓸 수 있어요, 우리 마음을 더 맑게 해 주고 유리병 마음에서처럼 마음이 흐려지지 않게 도와줘요, 마음챙김, 알아차림, 주의 깊음이 있어요 등.)

(이야기만 하지 않고 칠판이나 종이에 쓰면서 목록을 만들 수도 있다.)

- 집중력을 단련시키는 방법은 무엇이 있을까요? (예: 연습을 해요, 집중해 보아요, 마음이 여러 곳을 돌아다닐 때 다시 가져와요, 중간에 잠들지 않아요, 좋은 자세를 취해요 등.) (이 목록도 만들 수 있다.)
- 집중을 할 수 없을 때의 우리 마음을 설명할 수 있을까요? 마음이 어떤 모습일까요?
- 우리가 배운 걸 다른 사람에게 보여주기 위해서 그림으로 그려볼 수 있을까요?
- 그럼, 집중력에 대해 배운 것을 그림으로 그려볼게요.

학생들의 개별적인 창의력을 허용하면서 그림 그릴 것을 좀 더 구체적으로 안내할 수 있다.

- 자, 종이 한 장을 가지고 가서 세 개의 그림을 그려 볼게요.
- 먼저, 우리의 마음이 졸리거나 흐리거나, 멍하거나 '무기력 영역'에 있을 때 어떤 모습인지 그려 볼게요. 내 모습을 그려도 좋고 동물이나 다른 것을 그려도 좋아요. 마음이 확실히 보이지 않는 것을 그려보는 거예요.
- 그 다음으로는 우리의 마음이 과흥분 영역에 갇혀 여기저기 돌아다니는 모습을 그려 보도록 할게요. 너무 신이 나 있을 수도 있고, 불편한 상태일 수도 있어요. 여기에는 우리 마음을 어지럽히는 것들이 가득 차 있어요. 이건 어떤 모습일까요?
- 마지막으로 마음이 안정되고 회복탄력영역(OK 영역)에 있을 때의 모습을 그려 볼게요. 이때 우리 마음은 편안하면서도 초롱초롱하게 맑게 깨어 있어요. 다른 것에 마음을 빼앗기지도 않

고, 멍하게 있지도 않고, 졸리지도 않아요. 이런 마음은 집중을 잘 할 수 있기 때문에 무엇이든 배울 수 있어요.

학생들에게 그림을 그릴 수 있는 충분한 시간을 주고, 그림에 대해 이야기하도록 한다.

다음과 같이 질문한다.

• 그림에서 집중력은 어떤 역할을 하고 있나요?
• 그림에서 마음챙김이나 주의 깊음, 알아차림은 어떻게 나타나고 있나요?"

마무리 | 3분

• "집중력에 관해 배운 것 중에 실제로 사용할 수 있다고 생각되는 것이 있나요?
• 우리 친구들은 집중력이 달라졌다고 느끼고 있나요?
• 연습을 많이 하면 집중력이 더 강해질까요? 연습이 도움이 될까요?"

호흡에 대한 주의 집중 확장하기

호흡에 집중하는 것을 연습하면서 마음속으로 호흡을 세어 보도록 할 수 있다. 들이쉬면서 '1'이라고 세고 내쉬면서 '2'를 세며 총 10까지 세는 것이다. 그러고 나서 1부터 다시 시작한다. 이것은 우리가 얼마나 빨리 다른 것에 마음을 빼앗기는지, 그래서 어떻게 어디까지 셌는지를 잊어버리게 되는지를 생생하게 보여준다. 숫자를 세면서 호흡하는 것은 학생들이 숫자를 잊어버리지 않고 10까지 셀 수 있다는 것을 경험하면서 연습을 통해 집중력을 강화할 수 있다는 중요한 통찰을 얻게 한다.

또한, 자세를 바르게 취하는 것이 마음을 더 편안하게 깨어있게 한다는 것을 알려줄 수 있다. 이후의 수업에서는 편안하면서도 집중을 잘 하도록 도와주는 자세를 취하도록 이야기할 수 있다.

• "여러분, 우리가 앉아 있는 자세가 마음에도 영향을 준다는 사실을 알고 있나요? 우리가 이렇게(구부정하게) 앉아 있으면 졸리거나 멍해질 수 있어요. 우리가 눈을 크게 뜨고 서 있으면 마음은 어떻게 될까요? 멍하고 졸릴까요? 아니면 다른 것에 쉽게 마음을 빼앗기게 될까요?

- 그래서 다음번에는 호흡에 집중하는 연습을 하면서 우리가 좀 더 안정되고 마음이 맑아지는 자세로 앉아 보도록 할게요. 이렇게 하면 우리가 편안하면서도 집중을 잘 하게 될 거에요. 선생님이 먼저 어떻게 앉는지 보여줄게요. (허리를 곧게 펴고 발은 바닥에 완전히 붙인다.)
- 선생님은 가끔 산이 되었다고 상상해요. 그리고 이렇게 안정적으로 앉아서 집중을 잘 하게 되지요.
- 어떤 때는 마리오네트를 상상하면서 머리 위에 어떤 줄이 하나 내려와 부드럽게 위로 당겨준다고 생각해요. 그러면 허리를 곧게 펴고 바르게 앉을 수 있어요.
- 눈은 계속 아래를 봐요. 그러면 더 이상 산만해지지 않아요. 가끔씩 눈을 완전히 감고 있는 게 좋을 때도 있어요. 여러분도 눈을 감는 것이 집중이 더 잘 되는 것 같으면 그렇게 해도 좋아요.
- 자, 그럼 우리 다 같이 이렇게 앉아볼까요?"

집중력 훈련

집중력 훈련

알아차림

마음챙김

마음

집중의 대상

집중력 훈련

집중력 훈련

마음

알아차림

마음챙김

집중의 대상

목적

학생들은 지금까지 자신의 몸과 감각에 집중하는 법을 배웠다. 이 학습 경험에서는 생각, 감정, 느낌 등 마음에 집중하는 것을 배울 것이다('메타인지'라고 불림). 그리고 이러한 집중이 자극과 반응 사이에 '공간'을 만들어 주는 것을 살펴보면서 충동이 큰 산불이 되기 전에 작은 불씨일 때 잡는 방법을 배울 것이다.

학습 목표

학습자는

- 자신의 생각과 느낌을 관찰할 것이다.
- 충동 조절을 위해 자극과 반응 사이에 있는 공간을 인식할 것이다.

주요 구성 요소

집중 & 자기 인식 (1A)

시간

25분

준비물

- 유리병 마음
- 이 수업 활동 끝에 첨부된 하늘 그림

도입 | 5분

- "자, 호흡에 집중하는 연습을 짧게 해볼게요. 몸을 어떻게 하면 좋을까요?

- 우선 편하고 바른 자세를 취해 주세요. 눈은 아래를 보거나 감아 줍니다.

- 집중력 강화를 하기 전에, 우리 몸을 편안하게 하기 위해서 자원 활용하기나 접촉하기를 해 볼게요. 보물 상자에서 자원 하나를 선택하거나 새로운 자원을 생각하거나 상상의 자원을 만들어 보세요.

- 이제 자원을 마음으로 가지고 와 잠시 조용히 자원에 집중해 주세요. 접촉하기를 하고 싶은 친구는 접촉하기를 해도 괜찮아요. 어떤 활동을 하든 조용히 쉬면서 집중해 보는 거예요. (잠시 멈춤)

- 내면에서 무엇을 알아차렸나요? 유쾌하거나 중립적인 감각을 찾았다면 마음을 그곳에 잠시 두세요.

- 불편하게 느끼는 친구는 자원을 바꾸거나 접촉하기를 할 수 있어요. 자세를 바꾸는 것도 좋아요. 대신 다른 사람에게 방해가 되지 않도록 조심해 주세요. 불편하지 않은 친구는 자원에 계속해서 집중해 주세요. (잠시 멈춤)

- 이제 호흡을 알아차려 볼게요. 숨이 몸 안으로 들어 오고 나가는 것에 집중해 볼게요.

- 호흡에 집중하는 것이 힘들면, 다른 사람에게 방해가 되지 않게, 자원으로 다시 돌아가거나, 접촉하기를 할 수 있어요. 아니면 잠시 쉬어도 좋아요. (15-30초간 멈춤)

- 마음이 다른 곳으로 가면, 다시 호흡으로 가지고 와 집중해 보세요. 그리고 호흡을 세어 보세요. (30-60초나 더 길게 멈춤)

- 무엇을 알아차렸나요?"

마음을 볼 수 있을까?

개요
이 활동의 목적은 생각, 느낌, 기억 등에 사로잡히지 않고 마음에 집중하는 방법을 알려주는 것이다. 파란 하늘에 구름과 새가 있는 그림은 우리 마음을 상징한다.

탐구할 내용/통찰
• 우리는 마음에 집중할 수 있다.

• 생각, 느낌, 감각, 기억, 이미지가 떠오르고 사라지는 것을 알아차릴 수 있다.

• 마음속의 생각과 감정에 집중할 수 있다.

• 마음속 생각을 그냥 바라보기만 해도, 그 생각에 사로잡히는 일이 줄어든다.

• 생각을 바라보면 내면에서 일어나는 일에 대해 알게 되며, 즉각적인 반응이 줄어든다.

준비물
• 유리병 마음

• 이 수업 활동 끝에 첨부된 하늘 그림

수업 방법
• 내부와 외부에 있는 것 중 무엇에 집중할 수 있는지 이야기 나눈다.

• 유리병 마음을 다시 보여준다. 유리병 마음을 만들면서 했던 일들에 대해 이야기 나눈다.

• 하루에 얼마큼의 생각을 하는지 물어본다. 생각의 수를 세어본다. 학생들은 이미지, 생각, 느낌, 감각 등을 알아차리게 될 것이다.

• 이야기를 나눈다.

• 반성적 활동을 통해 생각을 보게 될 것이라고 이야기한다.

교사를 위한 팁
• 사물을 가지고 '발견한 것, 궁금한 것'이라는 활동을 했던 것처럼, 이번에는 '그냥 발견하기'

를 하는 것이라고 이야기한다.

• 여기에는 정답이 없다. 산만함은 알아차릴 수 있는 또 다른 대상일 뿐이다.

활동안

• "우리는 그동안 어떻게 집중력을 키울 수 있는지 배웠어요.

• 그리고 우리 내면과 외부에 있는 것들에 집중하는 법을 배웠어요.

• 내면에 집중할 수 있는 것은 무엇이 있나요? 우리 안에서는 무슨 일이 일어나고 있나요?

• 우리의 생각은 어디에 있을까요? 내가 어떤 아이디어를 가지고 있거나, 무언가를 생각할 때, 그것은 우리 밖에 있는 것일까요? 아니면 우리 안에 있는 것일까요?

• 우리가 뭔가를 느낄 때는 어떨까요? 행복하다고 느끼거나 피곤하다고 느끼는 것은요? 아니면 화가 났다고 느끼는 것은요? 이런 느낌은 다 어디에 있는 거죠?

• 여러분은 우리의 생각과 마음에서 일어나는 일에 집중할 수 있을 것 같나요?

• 유리병 마음을 만들 때 읽었던 이야기 기억하나요? 현우에게 많은 일이 일어났고, 그때마다 유리병 안에 무언가를 넣었어요.

• 무엇을 넣었었나요? 유리병에 넣은 것이 무엇을 나타내는 것인지 기억하는 친구 있나요?

• 생각을 나타내는 것이 있나요? 느낌은 어떤가요? 무엇이 있나요?

• 마음에는 생각과 느낌들이 생겨나요. 우리는 매일 얼마큼의 생각을 하게 될까요? 우리가 세어 볼 수 있을까요?

• 그럼 그 생각을 바라볼 수 있을까요?

• 우리가 어떤 생각을 하게 되면, 보통 우리는 그 생각에 사로잡혀서 따라가게 돼요. 정말 생각을 따라가게 되는지 한번 볼까요? 눈을 감고 아이스크림을 떠올려 보세요. 1분이 지나면 종을 울릴게요.

• 1분이 지나면 종을 울리고 질문한다.

• 어떤 일이 일어났나요? 아이스크림을 생각하니까 갑자기 먹고 싶은 00아이스크림이 떠올랐고, 어디에서 사서 먹어야 되나를 계획했고, 얼마나 맛있을까 기대하는 마음도 생겼어요! 그리고 멋진 해변에서 그 아이스크림을 먹었던 것도 생각났고 그 바닷가에 다시 가고 싶다는 생각도 했어요. 이게 바로 생각에 의해 끌려가는 거예요.

- 그런데, 생각을 그냥 바라만 보면 어떻게 될까요? 어떤 일이 일어날까요?
- 우리의 생각이 영원히 그곳에 있을까요?
- 생각을 그냥 바라보면, 새로운 생각이 또 떠오를까요?
- 이 그림을 보세요(하늘 그림을 보여준다). 무엇이 보이나요?
- 맑은 유리병 마음처럼, 여기 하늘이 우리 마음속에 있는 생각과 느낌들을 보여준다고 볼 수 있을까요?
- 생각과 느낌은 그림에서 어떤 것일까요? 아마 여기 있는 구름일 거예요. 그럼 하늘에서 또 무엇을 볼 수 있을까요? 무지개, 새, 비행기를 볼 수 있을까요? 때로는 폭풍이 오거나 번개가 칠 수도 있어요.
- 하늘에 이렇게 많은 것들이 찾아오면 하늘은 어떻게 할까요? 바꾸려고 할까요? 찾아온 것을 붙잡으려고 할까요? 아니면 밀어내려고 할까요?
- 이 하늘처럼 우리도 생각과 느낌을 바라볼 수 있는지 궁금해요. 우리 친구들은 생각을 붙잡거나 밀어내지 않고 그냥 찾아왔다가 가는 생각을 바라볼 수 있을까요? 우리 다 같이 실험해 보도록 해요."

반성적 활동 | 10분
마음 바라보기

개요

이 반성적 활동은 호흡에 집중하는 활동과 비슷하다. 그러나 여기서는 하나의 대상에 집중하는 대신 마음속에서 일어나는 생각과 느낌에 사로잡히지 않고 그냥 바라보는 것을 연습한다. 즉, 마음을 열고 호기심 어린 눈으로 그저 마음에서 일어나는 것을 바라보고 관찰하는 것이다. 이 활동을 통해 학생들은 강한 감정이나 행동이 나타나기 전에 충동을 조절하는 능력을 기를 것이다.

교사를 위한 팁

• 이 활동은 자원 활용하기, 접촉하기, 호흡에 집중하기, 마음 바라보기가 통합된 활동이다. 이 활동은 함께 이뤄지기 때문에 학생이 이 활동들에 익숙하지 않았다면 다시 한번 짧게 연습해 보고 시작한다.

• 학생들이 통합된 활동을 할 수 있게 되면, 교실에서 주기적으로 반복해서 이 활동을 할 수 있으며, 매주 2-3회 정도 실시할 수 있다. 그리고 길이는 30초나 1분에서 시작해 조금씩 늘려 가도록 한다. 마지막에는 5분 동안 이 활동을 할 수 있게 된다. 학생들이 이 시간 동안 집중할 수 있다면, 아주 중요한 집중력 훈련에 참여하게 될 것이다. 그리고 이러한 과정은 자신들이 집중력 근육을 단련시키고 있다는 것을 보여주는 중요한 신호가 된다.

활동안

• "편안하고 집중이 잘 되는 자세로 앉아 볼게요.

• 우리가 너무 신이 나 있거나 너무 피곤하면 집중이 잘 안 될 수 있어요. 또 회복탄력영역 밖에 있을 때도 집중력을 연습하기가 힘들어요. 그림을 그리면서 봤던 멍하거나 신이 났을 때처럼 말이죠.

• 그래서 허리를 똑바로 세우고 등을 펴도록 할게요. 눈은 감거나 아래를 내려다보아 주의가 흩어지지 않도록 해주세요.

• 먼저 회복탄력영역에 머무를 수 있게 자원 활용하기와 접촉하기를 해볼게요.

• 조용히 자원을 하나 떠올려 보세요. 아니면 접촉하기를 해도 좋아요. (잠시 멈춤)

• 이제 호흡에 집중해 보세요. 호흡을 집중을 위한 대상으로 사용하는 거예요. 불편한 느낌이 들면 자원 활용하기나 접촉하기로 다시 돌아갈 수 있어요. (학생들이 편안해하면 30초 이상 멈춤)

• 자, 이제 마음을 바라보도록 할게요.

• 이제 호흡은 놓아 줄 거예요. 호흡에 집중하는 대신 마음속에 떠오르는 것이 무엇인지 바라보세요.

• 떠오른 생각에는 사로잡히지 않아요. 그냥 바라보기만 할 거예요.

• 조용히 집중해서 바라보도록 할게요. (학생들이 편안하다면 15-30초 정도 멈춤)

• 생각을 바라보지 않고 사로잡히게 되면 우리는 지금 마음을 그냥 바라보는 연습을 하고 있다

는 것을 떠올리세요. 생각이 찾아오고 머물렀다 가는 것을 그냥 지켜보는 거예요. 자, 조금 더 해 보아요. (15-30초 이상 멈춤)

• 이제 눈을 떠주세요.

• 무엇을 알아차렸나요?

• 생각들이 찾아오고 떠나가는 것을 보았나요? 어땠나요?

• 아무 생각도 떠오르지 않은 때를 발견한 친구 있나요? 생각이 멈추거나 잠시 쉬고 있는 것을 발견했나요? 아니면 생각의 사이에 공간이 있는 것을 발견한 친구 있나요?"

마무리 | 3분

• "오늘 마음에 대해 배운 것 중 가장 재미있었거나 가장 도움이 되는 것은 무엇인가요?

• 우리가 마음을 바라보는 것을 배우면 무엇에 좋을까요?

• 앞으로 며칠 동안 자신의 마음을 바라보는 시간을 갖고 그때 알아차린 것을 이야기해 줄 수 있을까요?"

SEE LEARNING
마음과 생각을 키우는 교육

초등학교 저학년 교육과정(만 5-7세)

4장

감정 안내하기

4

Center for Contemplative Science and Compassion-Based Ethics | Emory University

개요

　'엄마표 집중력: 5-12세 아이들의 집중력을 키우는 감성지능'에서 린다 란티에리는 유치원생부터 3학년까지의 아이들에 대해 다음과 같이 설명한다. "이 연령대의 아이들은 마음에 대해 이해한 것을 언어로 쉽게 표현하지는 못하지만, 분명히 자기 마음속에 있는 생각을 다른 사람이나 외부 사물과 구분할 수 있다. 이 능력은 계속 발달하는 중이기 때문에, 아이들은 아직 자신의 마음이 작동하는 방식을 잘 이해하지 못하고 있을 수 있다. 그러나 구체적인 교육 활동과 그림, 놀이 등을 통해 약속적으로 일과 속에서 반복해 가르치면 아이들도 마음의 작동 방식을 잘 이해하게 된다."

　어린 아이도 풍부한 정서를 가지고 있다. 아이들은 다양한 감정을 경험하며, 다른 사람이 가진 감정도 볼 수 있다. 그러나 감정을 어떻게 언어로 표현하고, 이름 짓고, 구분하고, 이야기해야 하는지에 대해서는 잘 알지 못하는 경우가 많다. 또한, 자신과 다른 사람에게 왜 특정한 감정이 생기는지에 대해서도 이해하지 못하는 경우가 있다. 여기서 중요한 것은 이러한 감정을 이해하고 다루는 방법이 있다는 사실조차 모르고 있을 가능성이 크다는 것이다. 감정을 이해하고 다루지 못하는 학생들은 자신과 타인의 감정을 두려워하거나 부담스럽게 느끼는 경향이 있다.

감정이란 무엇인가?

　감정은 상황에 대한 우리의 평가로 신체에서도 느껴지는 것이다. 감정과 신체적 감각을 우리는 모두 '느낌'이라고 표현한다. 그러나 화가 나는 느낌은 감정이고, 오른쪽 발에서 열이 나는 느낌은 감각이다. 감정은 몸 전체적으로 느껴지는 반면, 감각은 신체 특정 부위에서만 느껴진다. 또한 감정은 상황에 대한 평가에서 비롯된다. 예를 들어, 일어나고 있는 어떤 일에 대해 긍정적이거나 부정적으로 판단하면서 생기는 것이 감정이다. 다시 말해 우리는 상황에 대한 감정은 느낄 수 있지만 상황에 대한 감각은 느끼지 않는다. 그러나 대부분의 감정은 신체적인 감각을 동반한다.

정서적 돌봄

감정을 이해하는 것은 어린 학생들에게 매우 도움이 된다. 아이들은 항상 감정을 경험하지만, 마음속에 무슨 일이 일어나고 있는지 이해하지 못하는 경우가 많다. 감정에 대해 배운 아이들은 자신의 감정을 좀 더 익숙하게 다룰 수 있다.

우리는 강하고 부정적인 감정이 자신과 타인의 행복을 해치는 행동을 만든다는 것을 알아야 한다. 학생들이 이를 인식하면, '정서적 돌봄'이 얼마나 가치 있는 일인지를 이해하게 될 것이다. 이것은 불편한 감정을 억눌러야 한다고 말하는 것이 아니다. 오히려 우리의 감정을 건강하게 다루는 방법을 개발하는 것이다. 이는 감정의 특징을 확인하고 이름 붙이는 능력과 신체적인 감각의 느낌을 감정과 구분 짓는 능력을 필요로 한다. 정서적 돌봄은 감정과 욕구의 관계를 탐구하는 것을 의미하기도 한다. 왜냐하면 감정, 특히 부정적인 감정은 보통 충족되지 않은 욕구로부터 발생하기 때문이다. 이것을 명확하게 보면 자신과 타인에게 좀 더 인내심을 가질 수 있다. 따라서 이 장의 처음 세 가지 수업 활동에서는 자신에게 필요한 것을 탐구하고, 이 욕구가 충족되거나 충족되지 않았을 때 어떤 느낌(감정과 감각)이 일어나는지를 살펴볼 것이다.

정서적 돌봄을 위해서는 감정을 구분하는 능력이 필요하다. 이것은 극도의 분노나 질투와 같이 자신에게 해롭거나 도움이 되지 않는 감정을 인식하는 능력이다. 모든 감정은 자연스러운 것이지만, 어떤 감정은 통제하지 못하면 위험해질 수 있다. 왜냐하면 이러한 감정들은 아주 강한 충동으로 이어져 파괴적인 행동으로 나타나기 때문이다. 학생들은 자신의 위험한 감정을 인지할 수 있어야 한다. 이 장에서는 이러한 능력을 개발하기 위해 감정에 대해 탐구하면서 충동을 만드는 것이 무엇인지, 그리고 사람들이 위험한 감정을 많이 가지고 있으면 사회나 학교는 어떤 모습일지 탐구할 것이다. 그리고 위험한 감정을 다루는 다양한 방법들도 배울 것이다.

아이들은 때때로 분노, 좌절, 슬픔과 같은 부정적인 감정을 느끼거나 표현하는 것이 나쁘다고 배운다. 그러나 어떤 감정을 나쁜 것이라고 배우면, 이러한 감정을 경험하거나 표현할 때 스스로 죄책감을 느끼게 된다. 그리고 그 감정을 가지고 있는 자신을 '나쁘다'고 생각한다. 그러므로 학생들이 감정을 자연스럽게 인식할 수 있도록 도와야 한다. 위험한 감정에 대해 건강한 주의 깊음을 개발하는 것은 감정을 부정적으로 보거나 그 감정을 가진 자신을 나쁘게 보려는 것이 아니다. 오히려 요리할 때 불을 잘 다루지 못하면 위험해지는 것처럼, 이러한 감정들도 위험해지지 않도록 알아차리고 주의하는 것을 개발하는 것이다.

이를 위해 학생들은 '마음 지도'를 개발할 것이다. 마음 지도는 감정과 정신적 상태를 이해하는 것이다. 이는 정서이해력이라고도 말할 수 있는데, 이를 통해 정서 지능이 높아지면 학생들은 자신의 정서적 삶을 잘 '안내할 수' 있게 된다. 강한 감정은 행동을 촉발하기 때문에 감정을 안내하는 방법을 배우면 강한 감정이 일어났을 때 잠시 '뒤로 물러나' 자신과 타인을 해칠 수 있는 행동을 인식하고 자제할 수 있다. 연령이 높아지면서 '마음 지도'는 정서 용어에 대한 학습이나 감정과 정신 상태에 대한 구체적인 배움으로 발전한다. 하지만, 이 연령대의 학생들에게는 감정에 대해 생각할 수 있도록 문을 열어 주고 감정을 향한 여행에 첫발을 뗄 수 있도록 도울 것이다.

학생의 개인 연습

정서이해력과 정서적 돌봄을 개발하기 위해서는 머리로 이해하는 지식이 아니라 실제적으로 실천할 수 있는 기술이 필요하다. 이 장의 반성적 활동은 학생들이 감정에 대한 개념적 이해를 개인적 경험으로 통합해 자신의 감정을 이해할 수 있도록 돕는다는 점에서 매우 중요하다. 이 장에서도 앞에서 배운 기본적인 기술들, 즉 신경계를 조절하고 안정시키는 방법, 주의를 집중하는 방법, 매순간 일어나는 생각과 감정을 알아차리는 방법들을 계속 연습할 것이다. 이러한 활동이 자연스럽게 체화되면, 학생들은 정서적 건강을 도모하는 활동들을 매일 실천할 것이다.

교사의 개인 연습

감정이 우리 삶에서 중요한 역할을 하고 있음에도 불구하고 우리는 감정을 당연하게 여기는 경향이 있다. 이 장을 가르치는 동안 친구나 가족들, 그리고 동료들에게 감정을 조절하거나 다루기 위해 무엇을 하고 있는지 물어보자. 그리고 스스로가 감정을 다스리기 위해 하고 있는 일에 대해서도 생각해보자. 이러한 과정을 통해 자신과 타인의 감정을 잘 알아차리고, 학생들의 배움을 촉진할 수 있을 것이다.

추가 자료

대니얼 골먼과 린다 란티에리가 쓴 책, '엄마표 집중력: 5-12세 아이들의 집중력을 키우는 감성지능'을 읽어보길 권한다.

부모님/보호자님께 보내는 편지

날짜 : _____

부모님/보호자님께,

여러분의 자녀는 이제 SEE Learning의 4장 '감정 안내하기'를 시작합니다.

4장에서는 감정에 대해 탐구할 것입니다. 또한 감정이 일어나는 과정과 감정을 잘 '안내'하는 방법을 배우게 됩니다. 특히, 감정 가족이나 신체에서 느껴지는 감정, 욕구와 감정의 관계 등을 살펴보면서 감정을 '그리는' 법을 배울 것입니다. 그리고, 이러한 지식을 토대로 자신의 감정을 확인하고 잘 표현하는 방법에 대해서도 탐구할 것입니다. 이렇게 감정을 이해하는 것을 통해 아이는 감정과 행동을 조절하는 능력을 지니게 될 것입니다.

가정에서의 활동

4장을 배우는 동안 자녀에게 자신과 타인의 마음속에서 어떤 감정을 알아차리고 있는지 물어봐 주세요. 이를 통해 아이들의 정서이해력이 높아질 것입니다. 또한 부모님께서도 감정이 일어나면 그 감정에 대해 이야기해 주시고 어떻게 효과적으로 감정을 다루는지에 대해서도 말씀해 주세요.

지금까지 배운 내용

• 1장에서는 친절과 자비의 개념을 탐구하고, 그것이 우리의 행복과 건강에 어떻게 연결되어 있는지를 살펴보았습니다.
• 2장에서는 스트레스에 대한 회복탄력성에 대해 배우고, 신체와 신경계를 조절해 행복감을 높이는 방법을 살펴보았습니다.
• 3장에서는 외부의 대상과 내면의 대상, 즉 몸과 마음, 생각, 감정에 집중하는 방법을 살펴보았습니다.

추가 자료

대니얼 골먼과 린다 란티에리가 쓴 책, '엄마표 집중력: 5-12세 아이들의 집중력을 키우는 감성지능'을 읽어 보시기 바랍니다.

웹사이트에서 SEE Learning에 대한 자료를 찾아볼 수 있습니다. www.seelearningkorea.com

궁금한 사항이 있으면, 언제든 저희에게 연락주시기 바랍니다.

_____

선생님 사인

선생님 이름 _____

선생님 연락처 _____

Center for
Contemplative Science and
Compassion-Based Ethics

EMORY UNIVERSITY

욕구 탐구하기

목적

이 수업 활동의 목적은 우리가 한 인간으로서 배우고 삶을 이어나가며 행복해지기 위해 필요한 것이 무엇인지를 탐구하는 것이다. 모든 사람은 무언가가 필요하고, 많은 사람들이 비슷한 것을 필요로 하고 있다는 것을 인식하면, 자신과 타인을 위한 공감과 자비를 개발할 수 있다.

학습 목표

학습자는

• 행복, 삶, 학습을 위해 기본적으로 필요한 것들을 탐구할 것이다.

주요 구성 요소

집중 & 자기 인식 (1A)

시간

20분

준비물

• 전지나 화이트보드
• 매직
• 색인 카드나 종이
• 필기도구

도입 | 4분

• "이제 몸과 마음을 편안하게 하기 위해 자원을 사용해 볼 거예요.

• 보물상자를 꺼내 주세요. 자원을 하나 선택해서 책상 위에 놓아 주세요. 우리를 안전하고 편안하게 만들기 위해 이 자원을 만들었다는 것을 기억해 주세요.

• 이제 잠시 우리의 몸에 집중해 볼게요. 허리를 곧게 펴고 편안한 자세로 앉아 주세요.

• 이제 여러분 앞에 있는 자원에 집중해 보세요. 자세한 부분까지 볼 수 있도록 세밀하게 집중해서 보도록 해요. (잠시 멈춤)

• 자원을 보면서 내면에서 무엇을 느꼈나요? 기분 좋은 느낌인가요? 차분한 느낌인가요? 중립적인 느낌인가요? 만약 그렇다면 그 느낌에 집중해 보세요.

• 불쾌함을 느낀다면, 다른 것에 집중할 수 있어요. 눈을 감고 좋아하는 사람이나 물건을 떠올려 보세요. (잠시 멈춤)

• 어떤 것을 알아차렸나요?"

통찰 활동 | 12분
우리 모두에게 필요한 것

개요
이 통찰 활동에서 학생들은 살며 배우는 과정에서 행복해지기 위해 '필요한 것'을 목록으로 만들 것이다. 그리고 대부분의 사람이 기본적으로 요구하는 것들을 확인할 것이다.

탐구할 내용/통찰
• 우리 모두는 무언가를 필요로 한다.
• 우리가 요구하는 것 중 일부는 자신만을 위한 특수한 것이지만, 대부분은 자신과 타인 모두에게 필요한 것이다.

준비물

• 우리에게 필요한 것을 적을 수 있는 전지나 화이트보드

수업 방법

• 전지나 화이트보드에 '필요한 것(NEEDS)'이라고 쓴다.
• 우리가 행복해지기 위해서, 살아가기 위해서, 그리고 배우기 위해서 필요한 것들을 말하도록 한다.
• 의견을 모아 칠판에 목록을 작성한다. 이 목록은 우리에게 필요한 것들을 보여주는 것이라고 설명한다.
• 필요한 것을 10가지 이상 적으면, 모든 사람이 가지고 있다고 생각하는 것을 골라보도록 한다. "모든 사람이 이것을 필요로 할까요?" 만약 그렇다고 대답하면 별 표시를 한다. 이것이 '우리 모두에게 필요한 것'이다.

교사를 위한 팁

• 학생들이 필요하지는 않지만 갖고 싶은 것을 이야기할 수도 있다. 그럼 질문으로 돌아가서 "그것이 우리가 행복하기 위해, 삶을 이어나가기 위해, 그리고 배우기 위해 필요한 것인가요?"라고 묻는다. 만약 학생이 "그렇다"고 대답하면 학생의 참여를 권장하기 위해 그 의견을 적되, 칠판 한쪽에 적도록 한다. 그리고 이렇게 말한다. "그럼 여기 옆에다 적어 놓을게요. 나중에도 이것이 목록에 들어갈 수 있는지 한번 보도록 할게요." 이 활동을 해 나가면서, 그리고 우리 모두에게 필요한 것에 대해 이야기하면서 학생들이 '필요'에 대한 의미를 더 정확히 알게 될 것이다.
• 우리 모두에게 필요한 것의 예는 이 수업 활동 끝에 첨부되어 있다.
• 학생들이 잘 생각하지 못하면 다음과 같이 질문한다. "친구는 어때요? 우리가 행복하게 살기 위해서 친구가 필요할까요? 놀이는 어때요?"
• 우리가 매일 하고 있는 일(식사, 수면, 학교 가는 것, 친구들과 노는 것 등)의 많은 부분이 우리의 욕구와 연관되어 있으므로 학생들에게 매일 하고 있는 일에 대해 생각해 보도록 한다.
• 이 연령대의 학생들은 추상적인 것(의복, 재미, 자유 등)보다 구체적인 것(신발, 선생님, 자동차, 연

필 등)을 이야기하는 경향이 있다. 이렇게 구체적인 것을 목록에 적고, 학생들에게 한번 더 질문할 수 있다. "왜 연필이 필요할까요? 연필이 있으면 글씨를 쓰고 숙제를 할 수 있을까요? 연필이 있으면 우리가 공부를 하고 무언가를 배울 수 있나요? 아니면 연필이 있어야 일을 할 수 있나요?" 이러한 방법을 통해 조금 더 일반적으로 필요한 것에 대해 이야기할 수 있을 것이다.

활동안

- "오늘 우리가 필요한 것에 대해 이야기해 볼게요. 우리가 한 사람으로서 행복하기 위해서, 삶을 이어가기 위해서, 그리고 무언가를 배우기 위해서 필요한 것들을 이야기하는 거예요.
- 우리에게 필요한 것은 무엇이 있을까요? 먼저 우리가 행복해지기 위해 필요한 것들에 대해 이야기해 볼게요.
- 우리가 살아가는 데 무엇이 필요할까요?
- 그럼 배우는 데는 무엇이 필요할까요?
- (학생들이 잘 이야기하지 못하면, "친구는 어때요? 우리가 행복해지기 위해서 친구가 필요할까요? 아니면 놀이요?" 등과 같이 제안한다. 또한 학생들이 매일 하고 있는 일과 그것을 하기 위해 필요한 것에 대해 생각해 보도록 한다.)
- 자, 이제 우리가 만든 목록을 살펴보도록 해요. 목록에서 무엇을 발견할 수 있을까요?
- 내 친구들이나 선생님, 그리고 가족들까지 모두에게 필요한 것은 어떤 것인가요? 나에게도 필요하고 다른 사람에게도 필요하다고 생각되는 것에 별 표시를 할 거예요.
- 별이 붙어 있는 것은 '우리 모두에게 필요한 것'을 의미해요."

마무리 | 4분

- "가족, 친구, 선생님이 우리 친구들에게 필요한 것을 알고 그것을 주었을 때가 있었나요?
- 다른 사람(가족, 친구, 선생님)이 우리 친구들의 욕구를 알아차리고 필요한 것을 주었을 때 기분이 어땠나요?
- 우리 친구들은 다른 사람이 필요한 것이 내가 필요한 것과 똑같다는 것을 발견한 적 있나요?
- 우리 모두가 서로의 욕구를 더 많이 알게 되면 어떤 일이 벌어질까요?"

우리 모두에게 필요한 것의 예

행복해지기 위해 필요한 것

친구   놀이 시간/재미있는 것/놀잇감

가족   친절을 받는 것

사랑   보살핌을 받는 것

소속감

살기 위해 필요한 것

음식/물   공기

옷   잠

집   안전

배우기 위해 필요한 것

학교   집중력

선생님   책

생각

욕구와 감정 탐구하기

목적

이 수업 활동의 목적은 욕구와 감정의 관계를 탐구하는 것이다. 이야기 속 주인공이 필요한 것과 느끼고 있는 것을 확인하면서 타인의 욕구를 인식하고, 그것이 어떻게 감정과 연결되어 있는지를 확인할 것이다.

학습 목표

학습자는

• 행복, 삶, 학습을 위해 기본적으로 필요한 것들을 탐구할 것이다.

• 욕구와 감정의 관계를 탐구할 것이다.

주요 구성 요소

집중 & 자기 인식 (1A)

시간

25분

준비물

• 전지나 화이트보드

• 매직

• 할머니 댁에서 보낸 서준이의 하루 이야기

• 우리 모두에게 필요한 것 목록

• 녹색 매직과 파란색 매직

- "이제 몸과 마음을 편안하게 하기 위해 자원을 사용해 볼 거예요.
- 보물상자를 꺼내 주세요. 자원을 하나 선택해서 책상 위에 놓아 주세요. 우리를 안전하고 편안하게 하기 위해 이 자원을 만들었다는 것을 기억하세요.
- 이제 잠시 우리의 몸에 집중해 볼게요. 허리를 곧게 펴고 편안한 자세로 앉아 주세요.
- 이제 여러분 앞에 있는 자원에 집중해 보세요. 자세한 부분까지 볼 수 있도록 세밀하게 집중해서 보도록 해요. (잠시 멈춤)
- 자원을 보면서 내면에서 무엇을 느꼈나요? 기분 좋은 느낌인가요? 차분한 느낌인가요? 중립적인 느낌인가요? 만약 그렇다면 그 느낌에 집중해 보세요.
- 만약 불쾌함을 느낀다면, 다른 것에 집중할 수 있어요. 눈을 감고 좋아하는 사람이나 물건을 떠올려 보세요. (잠시 멈춤)
- 어떤 것을 알아차렸나요?"

통찰 활동 | 17분
욕구 찾아보기

개요
이 통찰 활동에서는 '할머니 댁에서 보낸 서준이의 하루'라는 이야기를 읽고 서준이의 기분에 대해 토론할 것이다. 학생들은 서준이의 욕구가 충족되었을 때와 충족되지 않았을 때의 기분을 생각해 볼 것이다.

탐구할 내용/통찰
- 하루를 살아가는 데에는 많은 것이 필요하다.
- 욕구는 충족되거나 충족되지 않는다.
- 욕구가 충족되었을 때와 욕구가 충족되지 않았을 때 우리는 다른 느낌을 가진다.
- 욕구를 생각하면 그 사람이 보여준 감정이나 행동을 이해할 수 있다.

준비물

- 우리 모두가 필요한 것 목록
- 전지
- 녹색 매직과 파란색 매직
- 할머니 댁에서 보낸 서준이의 하루 이야기

수업 방법

- 학생들에게 '할머니 댁에서 보낸 서준이의 하루' 이야기를 읽을 것이라고 말한다. 지난번에는 서준이의 힘든 하루에 대해서 이야기했지만 이번에는 할머니 댁에 놀러간 서준이의 하루를 담은 이야기를 들려줄 것이라고 말한다.
- 이야기를 읽으면서 빈칸이 나오면 잠시 멈추고 서준이가 느꼈을 감정을 이야기하며 빈칸을 채운다. 학생들이 이야기하는 감정은 파란색 매직을 사용해 전지에 적는다. 그런 다음 서준이가 느낄 감각에 대해 물어보고 녹색 매직으로 적는다.
- 다음의 질문을 하면서 이야기의 빈칸을 채워 나간다.
- 지금 서준이의 기분이 어떨까요?
- 서준이는 몸에 어떤 감각을 느끼고 있을까요?
- 지금 서준이에게 필요한 것은 무엇일까요? (우리 모두에게 필요한 것 목록을 참조해도 좋다. 학생들의 대답을 칠판에 적어서 목록에 추가한다.)
- 필요한 것을 얻게 되면 서준이 기분이 어떨까요?
- 필요한 것을 얻지 못하면, 서준이 기분이 어떨까요?
- 이야기를 다 읽은 후, 우리 모두에게 필요한 것 목록을 다시 본다. 서준이도 목록에 있는 것들을 필요로 했는지 물어본다.

활동안

- "우리가 전에 읽은 서준이의 이야기 기억하나요? 지난번에 우리가 서준이의 하루를 읽으면서 한 활동이 무엇이었나요? 맞아요, 서준이를 힘들게 하는 상황을 보고 무기력 영역이나 과흥분 영역에서 빠져나갈 수 있는 방법에 대해 이야기했어요.

- 오늘은 서준이의 또 다른 하루에 대해 읽을 거예요. 이번에는 서준이가 필요한 것과 느끼는 것에 대해 이야기해보도록 할게요.

- 욕구가 충족되거나 충족되지 않는다는 것은 무슨 뜻일까요? 서준이가 우정을 필요로 할 때, 주변에 친구가 있다면 서준이가 가지고 있는 친구에 대한 욕구는 충족될 거예요. 하지만 우정이 필요할 때 친구가 없다면, 서준이의 욕구는 충족되지 않아요.

- 이제 선생님이 이야기를 읽어 줄게요. 그런데, 중간에 서준이가 감정을 느끼거나 무언가를 필요로 하는 순간에 잠시 멈출 거예요. (아래의 이야기를 읽는다. 빈칸이 나오면 다음 질문을 한다.)

- 지금 서준이의 기분이 어떨까요? 서준이는 몸에서 무엇을 느낄까요? (예를 들면, 심장이 빨리 뛰거나 땀을 흘리거나 덥거나 춥거나 피곤함을 느낄 수 있다.) (감각 단어들은 초록색 매직으로 적는다.)

- 서준이는 이 상황에 대해서 어떤 감정을 느낄까요? 화가 났나요? 슬픈가요? 행복한가요? 놀랐나요? 두려워하고 있나요? (감정 단어들은 파란색 매직으로 적는다.)

- 어떻게 하면 서준이 기분이 좋아질까요? (필요하면 우리 모두에게 필요한 것 목록을 사용한다.)

- 서준이는 그게 왜 필요할까요?

- 만약 그 욕구가 충족되면, 서준이는 어떻게 느낄까요?

- 욕구가 충족되지 않는다면, 어떻게 느낄까요?

- 필요한 것을 얻기 위해 서준이가 지금 할 수 있는 일은 무엇일까요?

- 좋아요. 이야기를 계속 읽어볼게요. (빈칸을 만나면 잠시 멈추고 이 형식으로 계속 이야기 나눈다.)

- (이야기를 다 읽으면 감각과 감정의 느낌에 대한 목록을 본다.)

- 선생님이 서준이가 느끼는 것들로 두 가지 목록을 만든 것 보았나요? 이 목록은 무엇이 다를까요?

- 맞아요. 감각 목록이에요. 이것은 우리가 몸에서 느끼는 것들이에요. 그리고 다른 하나는 감정 목록이에요. 이건 상황에 대해 우리가 느끼는 것들이에요. 이 감정들은 몸의 한 부분에서만 느껴지지 않아요. 감정에 대해서는 나중에 좀 더 자세히 배워보도록 할게요."

마무리 | 5분

- "서준이의 욕구가 충족되지 않았을 때 어떻게 느꼈나요?
- 자신의 욕구가 충족되었을 때는 어떻게 느꼈나요?
- 서준이의 욕구가 충족될 수 있도록 누가 도와줬나요?
- 이야기 속 상황에서처럼 누군가의 욕구를 알아볼 수 있는 방법이 있을까요?"

'할머니 댁에서 보낸 서준이의 하루' 이야기

"서준이는 갑자기 깼어요. 거리에서 자동차 경적 소리가 엄청 크게 들렸어요. 빵! 빵! 빵!

서준이가 살고 있는 시골에서는 이렇게 큰 자동차 소리를 듣는 것이 아주 드문 일이에요.

서준이는 눈을 비비고 방 안을 둘러보았어요. 그리고 침실에 있는 가구들이 서준이 것이 아닌 것을 알아차렸어요. 그 순간 서준이는 _____(을)를 느꼈어요.

그때 서준이는 손에 뭔가 부드러운 것이 닿는 것을 느꼈어요. 그것은 할머니가 서준이를 위해 만들어준 아주 부드러운 목도리였어요. 서준이가 여행을 갈 때마다 항상 가지고 다니던 것이었죠. 그때 기억났어요. "맞아! 난 지금 할머니 집에 와 있어!" 서준이는 지난밤에 아버지가 도시에 있는 할머니 댁으로 자신을 데려온 것을 기억했어요. 서준이는 지금 _____(을)를 느껴요.

서준이는 침대에서 일어났어요. 그리고 배에서 꼬르륵거리는 소리를 들었어요.

서준이는 _____(을)를 느끼고 있어요. 서준이는 지금_____(이)가 필요해요.

그때 할머니가 부드러운 목소리로 서준이를 불렀어요. "서준이, 깼니? 네가 가장 좋아하는 음식을 만들었단다! 어서 와서 아침 먹으렴!" 할머니는 서준이가 아주 좋아하는 음식을 만들어 주셨어요. 그래서 서준이는 _____(을)를 느꼈어요. 이 아침은 할머니가 서준이만을 위해 특별히 만들어 주신 거예요!

서준이는 달걀프라이와 매운 콩, 그리고 꿀이 뿌려진 바나나 조각을 먹으며 맛있는 아침식사를 즐겼어요. 서준이는 아침이 너무 좋았어요! 지금 서준이는 _____(을)를 느껴요.

서준이와 할머니는 설거지를 했어요. 그때, 전화벨이 울렸어요. 할머니가 전화를 받으셨어요. 서준이는 싱크대에 흐르는 물소리 때문에 잘 들을 수 없어요. 그렇지만 할머니가, "오, 정말 안

됐구나. 빨리 나아졌으면 좋겠다"라고 말씀하시는 것을 들었어요. "서준아." 할머니가 말했어요. "몬토요 아주머니가 전화를 했는데, 후안이 오늘 아파서 못 놀러 온다고 하네." 서준이의 심장이 쿵 하고 내려앉았어요. 후안은 할머니 집에 놀러 올 때만 만날 수 있는 친구예요. 후안은 도시에 살고 있고, 서준이는 시골에 살고 있기 때문이죠. 서준이는 _____(을)를 느꼈어요. 서준이는 후안을 만나서 밖에 나가 축구하는 것을 매우 좋아해요. 서준이는 할머니 댁에 오는 걸 좋아하지만, 평소 하던 게임과 장난감은 없어요. 그래서 서준이는 어떻게 시간을 보내야 할지 고민이 되었어요.

할머니는 서준이의 얼굴에 나타난 긴장된 표정을 알아차렸어요. "서준아, 공원으로 산책 갈까? 아마 그곳에서 새로운 친구를 만날 수 있을 거야." 서준이는 _____(을)를 느꼈어요.

서준이와 할머니가 공원에 도착했을 때, 여러 명의 아이들이 놀고 있는 것을 보았어요. 그네를 타는 아이들과 농구를 하는 아이들이 보였고, 술래잡기를 하는 아이들도 보았어요. 서준이는 농구를 하고 있는 아이들에게 다가갔어요. "안녕! 같이 놀래?" 그러나 곱슬곱슬한 갈색머리를 가진 키가 큰 여자아이가 말했어요. "아니, 우리는 벌써 팀이 있는걸." 서준이는 _____(을)를 느꼈어요.

바로 그때, 누군가가 팔을 툭 치는 것을 느꼈어요. 돌아보니 안경을 쓴 남자 아이가 서 있었어요. "땡, 네가 술래야!" 서준이는 생각할 겨를이 없었어요. 빨리 다른 친구를 잡아야 했죠. 서준이는 친구들이 사방으로 달려나가는 것을 발견했어요. 그리고 정말 열심히 뛰면 한 명을 잡을 수 있을 것 같았어요. 지금 서준이는 _____(을)를 느껴요. 정말 재미있는 시간이 될 거예요."

4장	감정 안내하기
수업 활동 **3**	**나에게 필요한 것**

목적

이 수업 활동의 목적은 자신의 욕구를 탐구해 보는 것이다. 학생들은 통찰 활동에서 욕구와 감정의 연결고리에 대해 살펴보고, 자신에게 필요한 것을 살펴보는 반성적 활동에 참여한다. 그리고 자신의 욕구를 충족시키는 데 필요한 것과 충족될 때의 느낌에 대해 알아볼 것이다.

학습 목표

학습자는

• 자신의 욕구를 살펴볼 것이다.

• 자신의 욕구가 충족될 때 생기는 감정과
  감각을 탐구할 것이다.

주요 구성 요소

집중 & 자기 인식 (1A)

시간

25-30분

준비물

• 전지 1장

• 우리 모두에게 필요한 것 목록

• 작은 종이 한 장

• 크레용, 매직, 연필 등

도입 | 3분

- "이제 몸과 마음을 편안하게 하기 위해 자원을 사용해 볼 거예요.

- 보물상자를 꺼내 주세요. 자원을 하나 선택해서 책상 위에 놓아 주세요. 이 자원은 우리가 안전하고 편안하다고 느낄 수 있도록 도와주는 것이라는 점을 기억하세요.

- 이제 잠시 우리 몸에 집중해 볼게요. 허리를 곧게 펴고 편안한 자세로 앉아 주세요.

- 이제 여러분 앞에 있는 자원에 집중해 보세요. 자세한 부분까지 볼 수 있도록 집중해 보세요. (잠시 멈춤)

- 자원을 보면서 몸에서 무엇을 느꼈나요? 기분 좋은 느낌인가요? 차분한 느낌인가요? 중립적인 느낌인가요? 만약 그렇다면 그 느낌에 집중해 보세요.

- 만약 불쾌함을 느낀다면, 다른 것에 집중할 수 있어요. 눈을 감고 좋아하는 사람이나 물건을 떠올려 보세요. (잠시 멈춤)

- 어떤 것을 알아차렸나요?"

통찰 활동 | 10분
새로 온 학생에게 필요한 것과 그 학생의 감정

개요

이 통찰 활동에서 학생들은 교실에 새로운 학생이 오게 됐을 때를 상상하고 그 학생에게 필요한 것과 그 학생이 느낄 감정을 탐구하면서 욕구와 감정의 관계를 살펴 본다.

탐구할 내용/통찰

- 우리는 다양한 느낌을 갖는다. 감각(몸의 특정 부분에서 느끼는 것)과 감정(상황에 대한 느낌).
- 욕구가 충족되거나 충족되지 않으면 사람들은 모두 다른 감각과 감정을 경험한다.

준비물

- 우리 모두에게 필요한 것 목록
- 학생 수만큼의 작은 종이
- 크레용, 매직, 연필 등

수업 방법

- 학생들에게 이전에 토론한 친절의 순간을 기억해 보도록 한다. 친절이 우리 모두에게 필요한 것 목록에 있는지 확인한다.
- 필요한 순간에 친절을 받으면 어떤 기분을 느끼는지 물어본다.
- 친절을 원하고 있는데 얻지 못하는 경우, 어떤 느낌인지 물어본다.
- '충족'과 '충족되지 않은' 욕구가 무엇인지 설명한다.
- 감각이 무엇인지 묻고 목록을 만든다.
- 감정이 무엇인지 묻고 목록을 만든다.
- 새로 전학 온 서준이의 이야기를 읽는다. 서준이가 수줍음을 탄다면 무엇이 필요할지 물어본다. 만약 서준이에게 필요한 것이 충족되거나 충족되지 않으면 서준이가 어떤 느낌을 가질지 물어본다.
- 잠시 멈추고 학생들에게 새로운 친구를 만났을 때나 우정, 친절, 소속감의 욕구가 충족되었을 때를 조용히 상상하도록 한다. 어떤 감각이나 감정이 느껴지는지 살펴보도록 한다.
- 이야기 나눈다.

교사를 위한 팁

상상할 때는 기분 나쁘거나 불편하게 느끼는 상황이 아닌, 즐겁거나 중립적으로 느껴지는 상황을 떠올리도록 한다.

활동안

- "우리는 친절의 순간과 친절이 우리에게 어떻게 느껴지는지에 대해 이야기했어요.
- 우리 모두 친절과 보살핌이 필요한가요? 그것이 우리 모두에게 필요한 것 목록에 들어 있나요?

- 필요한 것을 얻으면 어떤 느낌이 드나요? 예를 들어서, 지금 너무 슬퍼서 친절이 필요한데 누군가 친절을 베푼 거예요. 그럼 기분이 어떨까요?
- 우리가 필요한 것을 받으면, 그것을 욕구가 '충족 되었다'라고 말해요.
- 만약 내가 조금 외로워서 친절이나 우정이 필요한데, 그것을 갖지 못했다고 생각해 볼게요. 이런 일은 가끔 일어나기도 해요. 우리가 원하는 것을 얻지 못할 때가 있나요? 그럼 우리는 어떤 기분일까요?
- 우리가 필요한 것을 얻지 못할 때, 그것을 욕구가 '충족되지 못했다'라고 말해요. 우리가 필요한 것을 갖지 못했다는 것을 말하는 것이에요.
- 이제 우리의 친구 서준이에 대해 생각해 볼게요. 서준이가 오늘 우리 교실에 새롭게 왔다고 생각해 볼게요. 그런데 서준이는 약간 수줍어요. 그리고 우리 학교에는 아는 친구가 없어요. 서준이에게는 지금 무엇이 필요할까요? (아이들의 의견을 듣는다.)
- 만약 원하는 것이 충족되면 서준이는 무엇을 느낄까요? 서준이가 필요한 것을 받게 되면요.
- 만약 원하는 것이 충족되지 않는다면 서준이는 무엇을 느낄까요? 필요한 걸 받지 못하게 되면요.
- 서준이가 느끼는 것 중 몇 가지는 감각일 수 있어요. 감각이 무엇인지 기억하는 친구 있나요?

(감각 단어 목록을 보여주거나 알려준다.)

- 감각은 우리 몸의 일부분에서 느껴요. 추위를 느끼고, 따뜻함을 느끼고, 심장이 두근거리는 것을 느끼고, 호흡이 빨라지는 것을 느끼고, 따끔거리는 것을 느끼고, 단단하거나 느슨한 것을 느끼는 것이 감각이에요. 우리는 또 무엇을 느끼나요?
- 서준이는 감정도 느낄 수 있어요. 감정은 무엇인가요? 감정을 어떻게 표현하는지 아는 친구 있나요? (감정 단어 목록을 보여주거나 알려준다.)
- 감정은 어떤 상황에 대해 우리가 느끼는 것이에요. 행복을 느끼고, 슬픔을 느끼고, 화가 나고, 무서운 것을 말해요. 감정을 표현하는 다른 단어는 또 무엇이 있을까요?
- 서준이가 새로운 학생으로서 필요할 것 같은 것을 생각해 볼게요. 그리고 그것을 얻었을 때 서준이의 느낌이 어떨지 생각해 보세요. (의견을 듣는다.)

- 자, 이제 우리들에 대해 생각해 볼게요. 우리에게 필요한 것이 오게 됐을 때를 한번 생각해 보아요. 이것은 우리가 만든 필요한 것 목록에 있을 수도 있고 없을 수도 있어요.
- 누가 이야기해 볼까요?
- 우리 친구는 어떤 것이 필요했고, 그것이 어떻게 충족되었어요?
- 충족되었을 때 어떤 기분이 들었나요? 어떤 감각이나 감정을 느꼈나요?"

반성적 활동 | 12분
나에게 필요한 것

개요
이 활동에서 학생들은 자신에게 지금 가장 필요한 것이 무엇이고 그것을 어떻게 충족시킬 수 있는지에 대해 생각해 볼 것이다. 그리고 이것을 신체의 감각을 따라가는 활동과 연계할 것이다.

탐구할 내용/통찰
- 가장 필요한 욕구는 사람마다 다르며, 시간에 따라서도 달라진다.
- 욕구를 충족시키거나 충족시키지 못하는 것에 대해 생각하는 것은 우리의 정서 상태와 신경계에 영향을 미친다.

준비물
- 우리 모두에게 필요한 것 목록
- 크레용, 매직, 연필 등

수업 방법
- 학생들에게 종이 한 장씩 나눠 주고 이름을 쓰도록 한다.
- 우리 모두에게 필요한 것 목록을 읽고 그림으로 그리고 싶은 것을 선택하도록 한다. 위쪽에는 필요한 것을 적도록 한다.

- 이것은 개인적인 활동이며 원하지 않으면 그림을 보여주지 않아도 된다고 설명한다.
- 자신과 다른 사람들이 자신의 욕구를 충족시키기 위해 어떤 일을 할 수 있는지 그림으로 표현해 본다.
- 그림을 다 그리면, 마음속에 일어난 욕구가 완전히 충족되었을 때를 상상해보도록 한다. 그런 다음 몸 안에서 느끼는 것을 알아차리도록 한다(따라가기). 불쾌한 느낌이 있으면 접촉하기나 자원 활용하기를 한다.
- 발표하고 싶은 학생은 이야기하도록 한다.
- 보물상자에 그림을 넣는다.

교사를 위한 팁

- 학생들이 그림을 그리는 동안 교사는 학생들이 표현하고자 하는 것을 적절하게 잘 담아내고 있는지 확인한다. 만약 무언가가 필요했던 순간을 떠올리기 어려워한다면, 학기 초에 교실에 처음 들어왔을 때 다른 친구들과 교사가 반갑게 맞이했던 것을 떠올리도록 한다.
- 학생들이 이야기하는 것은 교사에게 굉장히 중요한 정보가 되므로 기억해 두는 것이 좋다. 학생들이 자신들에 대해서, 그리고 자신이 가지고 있는 욕구에 대해서 알려주고 싶어 할 때가 있다. 이야기를 들어주되, 학생들의 사생활은 존중해 준다.

활동안

- "종이에 매직을 가지고 이름을 쓰세요.
- 지금 나에게 가장 중요하다고 생각되는 것을 떠올려 보세요. 생각이 나지 않으면, 우리가 만든 목록을 봐도 괜찮아요.
- 종이 위쪽에 나에게 지금 필요한 것을 써 보세요.
- 이제 필요한 것을 가질 수 있도록 도움을 줄 수 있는 사람이나 물건을 떠올려 보세요.
- 그리고 욕구가 충족되었을 때의 내 모습을 그림으로 그려 보세요. 그 그림에는 다른 사람들이 등장할 수도 있어요. 만약 욕구가 아직 충족되지 않았다면, 다른 사람들이 자신을 돕고 있는 그림을 그릴 수 있어요. (그림을 그릴 수 있도록 시간을 준다.)
- 우리의 욕구가 충족되는 건 어떤 느낌일지 잠시 생각해 보세요. (30초 정도 멈춘다.)

- 잠시 동안 마음에 일어나는 일들을 바라볼게요.

- 고마워요. 발표하고 싶은 친구 있나요? 꼭 하지 않아도 괜찮아요.

- 이제 자신의 보물상자에 그림을 넣어 볼게요. 선생님에게 보여주고 싶으면 가지고 와주세요.
  비밀은 꼭 지켜줄게요."

마무리 | 2분

- "다른 사람들이 필요로 하는 것을 어떻게 알 수 있을까요?

- 다른 사람이 강한 감정을 가지고 있는 것을 보면, 그들이 필요한 것을 생각할 수 있을까요?"

감정 안내하기

감정 가족

목적

이 수업 활동의 목적은 '감정 가족'을 만들거나 감정과 관련된 단어를 탐구하면서 감정을 표현하는 단어를 습득하는 것이다. 학생들은 또한 감정 가족들이 어떻게 다른 느낌을 만드는지, 그리고 어떻게 다른 감각과 행동으로 연결되는지 살펴볼 것이다.

학습 목표

학습자는

• 감정과 관련된 어휘를 개발할 것이다.

• 연결되어 있는 감정들을 탐구할 것이다.

주요 구성 요소

집중 & 자기 인식 (1A)

시간

20–25분

준비물

• 수업 활동 끝에 첨부된 카드

도입 | 5분

- "우리는 감정과 욕구에 대해 이야기하고 있어요.
- 자신의 감정과 욕구, 그리고 다른 사람의 감정과 욕구를 알아차리기 위해서는 감정에 주의를 기울일 수 있어야 해요.
- 그래서 먼저 집중력을 높여 보도록 할게요.
- 보물상자를 꺼내서 자원을 하나 선택해 주세요. 그리고 책상 위에 올려놓으세요.
- 잠시 우리 몸에 집중해 볼게요. 혹시 스트레칭이 필요하면 잠깐 일어나서 몸의 긴장을 풀어 주어도 좋아요.
- 다시 의자에 앉아서 허리를 펴고 편안하게 해 주세요.
- 이번에는 호흡에 집중해 볼게요. 불편한 느낌이 있거나 호흡에 집중하고 싶지 않은 친구는, 자원에 대해 생각하면서 몸의 감각을 느껴보아도 좋아요.
- 숨을 들이쉬면서 코와 얼굴의 느낌을 알아차려 볼게요. (잠시 멈춤) 그리고 숨을 내쉬면서 다시 코와 얼굴의 느낌을 알아차려 보세요. 호흡을 할 때 아랫배의 느낌도 관찰할 수 있어요. (잠시 멈춤)
- 호흡에 집중하면서 잠시 앉아 있을게요. (학생들의 능력에 따라 1~2분간 호흡에 집중한다.)
- 이 활동을 통해 무엇을 느꼈나요?" (함께 이야기 나눈다.)

통찰 활동 | 15분

감정 가족 만들기

개요

이 통찰 활동에서 학생들은 감정의 어휘를 확장하고 감정이 서로 어떻게 연관되어 있는지를 보기 위해 '감정 가족'을 만들 것이다.

탐구할 내용/통찰

- 감정은 다양한 강도로 나뉜다.
- 일부 감정은 서로 관련이 있다.

준비물

- 이 수업 활동 끝에 첨부된 감정 카드 5세트

수업 방법

- 학생들을 3–5개 그룹으로 나누거나 전체 학급으로 진행한다. (아래의 활동안은 소규모 그룹을 대상으로 수업할 때를 위해 작성되었다.) 각각의 그룹은 테이블이나 바닥에 따로 모여 둘러앉는다.
- 수업 활동 끝에 첨부된 주요 감정 카드(행복, 친절, 슬픔, 분노, 두려움)를 각 그룹에 나눠준다. 이 감정이 각 그룹의 '부모'라고 설명한다.
- 각 그룹에게 나머지 감정 카드 한 세트를 준다. 이것은 '가족'을 구성하기 위한 것이다.
- 모든 단어를 함께 읽어보면서 학생들이 단어를 읽는 방법을 확실히 알고 있는지 확인한다.
- 학생들에게 비슷한 단어를 묶어 '감정 가족'을 만들도록 한다.
- 행복의 감정 가족은 교실 전체가 함께 만든다. 학생들에게 '행복'을 나타내는 다른 단어를 찾도록 한다. 단어를 이야기하면 행복 카드 옆에 놓는다. 이렇게 계속 진행한다.
- 나머지 활동은 학생들이 그룹별로 진행하도록 한다.

교사를 위한 팁

- 다음은 감정 가족이 완성되었을 때의 모습이다.
  - 행복: 즐거움, 흥분, 만족, 기쁨
  - 친절: 배려, 사랑, 친근함, 공감
  - 슬픔: 외로움, 우울, 절망
  - 화: 좌절, 초조, 짜증
  - 두려움: 걱정, 무서움, 긴장
  - 각 그룹이 활동을 하면서 카드를 펼칠 수 있는 넉넉한 공간이 필요하다. (테이블이나 바닥과

같은 평평한 곳이 좋음.)

- 감정 카드에 얼굴을 그리거나 '이모지(이모티콘)'를 사용하는 것도 도움이 될 수 있다. 특히 글을 아직 잘 읽지 못하는 학생들에게 도움이 될 것이다.

활동안

- "여기에 다섯 가지 주요 감정들이 있어요. 각 그룹마다 하나씩 줄 거예요. 이것이 여러분이 만들 감정 가족의 '부모'예요. 그 감정 카드를 큰 소리로 함께 읽어 볼게요.
- 이것 말고 또 다른 감정 카드도 많이 가지고 있어요. 이 감정들은 가족과 같은 거예요. 각 카드는 주요 감정 카드 중 한 곳으로 가서 '부모'와 만나게 될 거예요.

(교사는 학생들이 볼 수 있도록 카드를 들어 크게 읽는다.)

- 자, 카드들이 어디로 가야 할지 보도록 할게요. '행복'한 감정 가족부터 만나볼까요?
- 만약 우리가 행복하다고 느끼면, 또 어떤 감정들을 느끼게 될까요?

행복과 관련된 감정을 찾아 주세요. (즐거움, 흥분) 좋아요! 그럼 즐거움을 행복 옆에 놓을게요.

- 행복과 어울리는 감정은 또 무엇이 있을까요? (의견을 듣는다.)
- 이제 그룹별로 활동을 해 보도록 할게요. 주요 감정 부모와 맞는 카드를 찾아 부모 주위에 두세요. (충분한 시간을 주고 각 그룹별로 확인한다.)
- 이제 다 같이 이야기 나눠 볼게요. 어떤 그룹이 먼저 이야기해 볼까요? 이야기할 때는 부모를 먼저 알려주고 가족들을 이야기해 주세요. (각 그룹별로 활동한 내용을 발표한다.)
- 아직 이해하지 못한 감정이 있나요?"

마무리 | 3분

- "감정에 대해 배우는 것이 왜 좋을까요?"

감정 카드

행복	친근함
친절	공감
슬픔	외로움
화	우울
두려움	절망
기쁨	좌절
흥분	초조
만족	짜증
즐거움	걱정
배려	무서움
사랑	긴장

위험한 감정 조사하기

목적

이 수업 활동에서 학생들은 탐구 과정을 통해 어렵거나 '위험한' 감정의 특성을 확인한다. 이 탐구 과정은 통제할 수 없는 감정을 만나거나 자신과 타인에게 위험할 수 있는 감정을 만날 때 사용한다.

학습 목표

학습자는

• 너무 강해지면 위험할 수 있는 감정을 확인할 것이다.

• 일련의 과정을 거치면서 감정을 탐구할 수 있다는 것을 깨달을 것이다.

주요 구성 요소

집중 & 자기 인식 (1A)

시간

30분

준비물

• 모든 사람이 볼 수 있도록 배치한 '감정 가족'

• '위험한 감정 체크리스트'(이 학습 경험의 끝에 첨부되어 있음)가 적힌 전지

도입 | 5분

• "우리는 감정과 욕구에 대해 이야기하고 있어요.

• 자신의 감정과 욕구, 또는 다른 사람의 감정과 욕구를 알아차리기 위해서는 주의를 기울일 수 있어야 해요.

• 그래서 먼저 집중력을 높여 보도록 할게요.

• 보물상자를 꺼내 자원을 하나 선택해서 책상 위에 놓아 주세요.

• 잠시 우리 몸에 집중해 볼게요. 혹시 스트레칭이 필요하면, 잠깐 일어나서 몸의 긴장을 풀어 주세요.

• 다시 의자에 앉아서 허리를 펴고 편안하게 해 주세요.

• 이번에는 호흡에 집중할 거예요. 혹시 여러분이 불편함을 느끼거나 호흡하기를 하고 싶지 않으면, 자원에 대해 생각하면서 몸의 감각을 느껴보도록 해요.

• 숨을 들이쉬면서 코와 얼굴의 느낌을 알아차려 볼게요. (잠시 멈춤) 그리고 숨을 내쉬면서 다시 코와 얼굴의 느낌을 알아차려 보세요. 호흡을 할 때 아랫배의 느낌도 관찰할 수 있어요. (잠시 멈춤)

• 호흡에 집중하면서 잠시 앉아 있을게요. (학생들의 능력에 따라 1-2분간 호흡에 집중한다.)

• 이 활동을 통해 무엇을 느꼈나요?" (함께 이야기 나눈다.)

통찰 활동 | 15분
위험한 감정 조사하기

개요
이 통찰 활동에서 학생들은 감정이 얼마나 위험해질 수 있는지, 그리고 이러한 감정들이 공통적으로 가지고 있는 것은 무엇인지에 대해 생각하면서 위험한 감정을 조사한다.

탐구할 내용/통찰
• 어떤 감정은 다른 감정보다 더 위험하며, 통제가 되지 않을 때 자신과 타인에게 해를 끼치는

행동을 유발한다.

- 위험한 감정에 대해 질문하면서 이들을 확인한다.
- 위험한 감정을 확인하면, 그 감정들에 주의하게 되고(조심) 그 감정이 강해졌을 때 '뒤로 물러날' 수(자제) 있다.

준비물

- 모든 사람이 볼 수 있도록 배치한 '감정 가족'
- '위험한 감정 체크리스트'(이 학습 경험의 끝에 첨부되어 있음)가 적힌 전지

수업 방법

- '감정 가족 만들기' 활동에서 만든 감정 가족을 보여준다. 이때 모든 학생이 볼 수 있도록 한다.
- 불씨와 산불 이야기를 떠올리도록 한다. 어떤 감정들은 불씨가 될 수 있으며, 만약 우리가 그 감정을 잘 다루지 못하면 큰 산불이 될 수도 있다는 것을 알려준다. 이것을 '위험한 감정'이라고 부른다고 설명한다.
- 감정 가족 카드에서 큰 불을 낼 수 있는 감정을 고른다. 이러한 감정은 위험해질 수 있는 감정들이다. 학생들이 어떤 것을 선택하든, '위험한 감정 체크리스트'를 사용해 탐정이 된 것처럼 감정을 '조사'한다. 감정 카드를 칠판에 올려놓고 위험할 수 있는 감정 옆에 표시를 한다.
- '위험한 감정 체크리스트'를 모든 학생에게 나누어 준다.
- 표시된 감정 중에서 처음으로 알아보고 싶은 감정을 선택한다. 모든 학생이 다 같이 체크리스트를 큰 소리로 읽으면서 질문하고 답한다.
- 표시된 다음 감정으로 이동해 체크리스트를 다시 확인한다.
- 위험한 감정들이 공통적으로 가지고 있는 것이 있는지, 우리 마음속에서 그리고 다른 사람에게서 위험한 감정을 발견하면 조심해야 하는지 물어보면서 마무리한다.

교사를 위한 팁

- 학생들이 위험한 감정을 '나쁘다'고 느끼거나, 두렵거나 억제해야 된다고 느끼지 않도록 한다. 우리 삶에는 불, 전기, 귀중품이나 깨지기 쉬운 물건과 같이 우리가 주의하거나 제어해야 하는 것이 많이 있다. 자제하는 것은 억압을 의미하는 것이 아니라 자신과 타인에 대한 피해를

방지하기 위해 건설적으로 다루는 것을 말한다. 위험한 감정이 무엇인지, 그리고 이러한 감정을 어떻게 다루는지를 배우는 것은 학생들이 감정을 억누르거나 억압할 필요 없이 건설적으로 안내하도록 돕기 위한 것이다.

- '위험한 감정 체크리스트'의 질문들은 학생들이 생각이나 감정을 분석하는 데 있어서 잠재적 이익이나 해로움을 생각할 수 있도록 돕기 위해 만들어졌다. 여기에는 옳고 그른 답이 없으며, 감정이 가져올 수 있는 다른 영향에 대해 질문한다.
- 다른 위험한 감정을 평가할 수 있도록 최대한 많은 시간을 준다.

활동안

- "마지막 활동에서 만든 카드 기억하나요? 그 카드들을 모두가 볼 수 있게 놓아 볼게요.
- 불씨와 산불에 대해 이야기했던 것 기억나나요? 그것이 무엇을 의미하는지 이야기해 줄 친구 있나요? 어떻게 감정이 산불을 일으키는 불씨가 될 수 있을까요?
- 어떤 감정들은 우리가 통제하지 못하면 큰 불을 일으킬 수도 있어요.
- 큰 불이 될 수 있는 감정을 무엇이라고 표현했나요? 우리는 이런 감정들을 위험한 감정이라고 불러요. 더 크고 강해져서 큰 어려움을 가져오기도 하는 감정들이에요.
- 여기 있는 여러 가지 감정 중에서 위험할 것 같은 감정이 보이나요? (학생을 한 명씩 불러 위험하다고 생각되는 감정에 표시하도록 할 수 있다.)
- 우리는 위험한 감정들을 탐정처럼 조사하고 그것이 얼마나 위험한지 확인해 볼 거예요.
- 다행히 우리는 훌륭한 도구를 가지고 있어요. 그것은 바로 이 체크리스트예요. 이 체크리스트는 감정이 위험한 것인지, 그리고 위험하다면 얼마나 위험한지 확인할 수 있게 도와줄 거예요.
- 체크리스트를 사용해서 '좌절'이라는 감정을 먼저 조사해 보도록 할게요. (학생들과 함께 체크리스트에 있는 질문을 살펴보고 질문에 어떻게 대답할 것인지 물어본다. 학생들의 답을 칠판이나 전지에 쓴다.)
- 이제 모든 질문에 답했어요. 이제 결정할 시간이에요. 절망은 위험한 감정인가요? 만약 그렇다면, 절망은 아주 많이 위험한 감정인가요? 아니면 조금 위험한 감정인가요?
- (시간이 더 있다면 다른 감정도 계속 조사한다.)
- 위험한 감정들을 몇 가지 확인했어요. 이제는 이 감정들의 공통점에 대해 생각해 보도록 할게

요. 이 감정들은 어떤 부분에서 비슷한가요?

- 자신이나 타인에게서 위험한 감정을 느낄 때 어떻게 조심할 수 있을까요?
- 위험한 감정을 느끼고 있을 때 할 수 있는 행동은 무엇일까요?"

(참고: 학생들이 단순히 억압하지 않고 위험한 감정을 처리하거나 다룰 수 있는 방법을 생각하도록 돕는다. 접촉하기, 자원 활용하기, 지금 도와주세요! 전략들과 같이 이미 많은 방법이 SEE Learning 교육과정에서 제시되었다. 또한 어른이나 친구에게 이야기하기, 심호흡하기, 잠시 쉬기, 산책하기, 문제의 해결책 찾기 등과 같이 다른 방법도 찾아볼 수 있다.)

반성적 활동 | 7분
감정에 대한 마음 관찰하기

개요
이 활동은 3장의 수업 활동 6.에 있는 '마음 바라보기'와 비슷하다. 한 가지 차이점은 학생들에게 활동 마지막에 어떤 감정을 느꼈는지 물어보는 것이다. 학생들은 감정, 생각, 감각을 느낄 때 손을 들고, 느낌이 사라지면 손을 내린다.

활동안
- "편안하고 집중이 잘 되는 자세로 앉아 볼게요.
- 우리가 너무 신이 나 있거나 너무 피곤하면 집중하기가 어려워요. 또 우리가 회복탄력영역 밖에 있을 때도 집중력을 연습하기가 힘들어져요. 그림을 그리면서 봤던 멍하거나 신이 났을 때처럼 말이죠.
- 그럼 이제 허리를 똑바로 세우고 등을 펴도록 할게요. 눈은 감거나 아래를 내려다보아 주의가 흩어지지 않도록 해주세요.
- 먼저 회복탄력영역에 머무를 수 있게 자원 활용하기와 접촉하기를 해볼게요.
- 조용히 자원을 하나 떠올려 보세요. 아니면 접촉하기를 해도 좋아요. (잠시 멈춤)

- 이제 호흡에 집중해 보세요. 코로 숨을 들이쉬고 온몸 깊숙이 숨이 들어가는 것을 알아차려 보세요. 그리고 숨이 나가는 것을 느껴보세요. 불편함을 느끼면, 자원이나 접촉하기로 돌아갈 수 있어요. (학생들이 편안하게 있다면 30초 이상 멈춘다.)
- 이제 우리 마음을 바라보도록 할게요.
- 호흡에는 더 이상 집중하지 않을 거예요. 대신, 마음에 떠오르는 것이 무엇인지 바라볼 거예요.
- 이때 일어나는 생각이나 감정에 사로잡히지 않도록 조심하세요. 그냥 관찰자가 되어 바라보는 거예요. 생각이나 감정을 따라가지 않고 무슨 일이 일어나는지 알아차리는 거예요.
- 조용히 주의를 기울여 보세요. (학생들이 편안하게 하는 경우 15-30초 정도 멈춘다.)
- 감정, 생각, 느낌을 발견하면 조용히 손을 들어 주세요. 그리고 그것이 사라지면 손을 내려 주세요.
- 만약 우리의 마음이 다른 곳으로 가거나 생각이나 감정에 사로잡히게 되면, 우리는 단지 관찰자처럼 바라보고만 있다는 것을 떠올리세요. 우리는 감정들이 찾아오고 머물고 떠나가는 것을 바라볼 뿐이에요. 조금 더 해보도록 할게요. (15-30초 이상 멈춘다.)
- 이제 눈을 떠주세요. 이야기 나누어 보도록 할게요.
- 무엇을 발견했나요?
- 생각들이 떠올랐다 사라지는 것을 보았나요? 어떤 모습이었나요?
- 느낌이나 감정을 알아차린 친구 있나요?
- 생활하다가 감정이 일어나면 알아차릴 수 있을까요?"

마무리 | 3분

- "위험한 감정에 대해 무엇을 배웠나요?
- 감정이 위험한지 아닌지 어떻게 알 수 있나요?
- 위험한 감정을 빨리 알아차리면 어떻게 될까요?
- 위험한 감정을 알아차릴 수 있도록 도와주는 것을 배웠나요?"

위험한 감정 체크리스트

☐ 큰 산불이 될 수 있나요?

☐ 자신과 다른 사람에게 스트레스를 유발하나요?

☐ 우리 학교에 모든 사람이 이 감정을 더 많이 가지고 있으면 어떤 일이 벌어질까요?

☐ 모든 사람이 이 감정을 덜 가지고 있으면 어떤 일이 일어날까요?

☐ 이 감정에 대해 어떤 생각이 드나요? 우리가 놓치고 있는 것이 있을까요?

목적

이 수업 활동에서는 자신과 타인에게 문제를 일으키기 전에 위험한 감정을 다루거나 예방하는 방법으로 '정서적 돌봄'을 소개한다. 학생들은 시나리오를 상상하고 각각의 위험한 감정에 대해 체크리스트를 확인하면서 스스로 무엇을 할 수 있는지, 그리고 그 감정 상태를 경험하는 다른 사람을 위해 무엇을 할 수 있는지 생각해 본다.

학습 목표

학습자는

- 자기 돌봄과 자제력의 실제 기술인 '정서적 돌봄'을 탐구할 것이다.
- 자신과 타인에게 위험할 수 있는 감정을 다루는 방법을 확인할 것이다.

주요 구성 요소

집중 & 자기 인식 (1A)

시간

30분

준비물

- 감정 가족
- 전지

도입 | 4분

- "우리는 감정을 살펴보면서 위험한 감정에 대해 이야기하고 있어요.
- 감정을 알아차리기 위해서, 특히 위험한 감정을 알아차리기 위해서 우리는 강한 집중력이 필요해요.
- 그래서 먼저 집중력을 강화하는 것으로 수업을 시작해 보도록 할게요.
- 보물상자를 꺼내 자원을 하나 선택해서 책상 위에 놓아 주세요. 그것은 우리가 필요할 땐 언제나 그곳에 있어요.
- 잠시 우리 몸에 집중해 볼게요. 혹시 스트레칭이 필요하면, 잠깐 일어나서 몸의 긴장을 풀어 주세요.
- 다시 의자에 앉아서 허리를 펴고 편안하게 해요.
- 이번에는 호흡에 집중할 거예요. 불편함을 느끼거나 호흡하기를 하고 싶지 않은 친구는, 자원에 대해 생각하면서 몸의 감각을 느껴보도록 하세요.
- 숨을 들이쉬면서 코와 얼굴의 느낌을 알아차려 볼게요. (잠시 멈춤) 그리고 숨을 내쉬면서 다시 코와 얼굴의 느낌을 알아차려 보세요. 호흡을 할 때 아랫배의 느낌도 관찰할 수 있어요. (잠시 멈춤)
- 호흡에 집중하면서 잠시 앉아 있을게요. (학생들의 능력에 따라 1~2분간 호흡에 집중한다.)
- 이 활동을 통해 무엇을 느꼈나요?" (함께 이야기 나눈다.)

토론 | 10분

정서적 돌봄은 무엇일까요?

개요

이 토론에서 학생들은 정서적 돌봄의 개념에 대해 탐구할 것이다.

탐구할 내용/통찰

• 우리 몸(신체적 건강)을 돌보는 것처럼, 우리의 마음(정서적 건강)도 돌볼 수 있다.

• 정서적 돌봄은 위험한 감정을 경험할 때 우리가 '두 번 생각'할 수 있도록 도와 자신과 타인을 보호한다.

준비물

없음

수업 방법

• '감정 가족 만들기' 수업에서 어떤 감정이 위험한 것이었는지 떠올려 본다. 교사와 학생이 만든 위험한 감정 목록을 모든 사람이 볼 수 있도록 벽에 전시한다.

• '서준이의 하루'와 '할머니 댁에서 보낸 서준이의 하루' 이야기로 돌아간다. 학생들이 예전에 들은 이야기를 잘 기억하지 못할 수 있기 때문에, 다시 떠올릴 수 있도록 상기시키거나 시작 부분을 다시 읽어 준다.

• 이야기를 훑어보면서 서준이가 언제 위험한 감정을 느꼈을지 물어본다.

• 서준이가 경험하고 있을지 모를 위험한 감정을 확인할 때 체크리스트(이 수업 활동의 끝에 제공됨)를 사용한다. 그리고 그 위험한 감정을 잘 다룰 수 있는 방법을 생각한다.

• 계속해서 다른 위험한 감정을 찾고 그 감정을 다루기 위해 할 수 있는 행동과 전략을 탐구한다.

교사를 위한 팁

우리가 생각한 방법이 어떤 상황에서는 위험한 감정을 잘 다룰 수 있지만, 또 다른 상황에서는 잘 작동하지 않을 수 있다는 것을 적절한 시간에 알려준다. 따라서 위험한 감정을 다루는 방법은 여러 가지 다양하게 가지고 있는 것이 좋다.

활동안

- "우리가 함께 감정 가족을 만들었던 것 기억하나요? 다른 친구가 기억날 수 있게 이야기해 줄 친구 있나요?

- 맞아요, 감정과 관련된 단어들을 생각해 보았어요.

- 위험하다고 확인한 감정은 무엇이었나요? (이전 수업에서 만든 목록을 걸어 놓고 이야기 나눌 수 있다.)

- 모든 사람이 이런 감정을 경험할까요?

- 서준이가 할머니 댁에 놀러 갔었던 이야기로 돌아가 볼게요. 그 이야기 기억하나요?

- 서준이는 할머니 댁에 있었어요. 아침에 일어났을 땐 어디에 있는지 몰랐어요. 그리고 친구가 서준이와 함께 놀 수 없다는 것을 알게 되었고, 조금 후에 공원에 놀러 나갔어요. 어떤 아이들은 서준이와 같이 놀아주지 않았어요.

- 서준이가 이런 상황에서 위험한 감정을 느낄 수 있었을까요? 어떤 위험한 감정을 느꼈을까요?

- 서준이가 위험한 감정을 느낄 때, 몸에서는 어떤 감각을 느꼈을까요?

- 위험한 감정을 느꼈을 때 서준이는 무엇을 할 수 있었을까요? 서준이가 사용할 수 있는 전략을 배운 적이 있나요? ('나를 위해 할 수 있는 것'이라는 제목 아래 학생들의 의견을 적는다.)

- 만약 우리가 서준이와 함께 있었다면 어땠을까요? 서준이가 그 감정을 느낄 때 어떻게 도와줄 수 있을까요? (이것은 다른 사람들을 위해 사용하는 전략이다. 이것을 '다른 사람을 위해 할 수 있는 것'이라는 제목 아래 학생들의 의견을 적는다.)

- 와! 굉장해요! 우리는 우리 자신을 도울 수 있는 방법과 다른 사람을 도울 수 있는 방법을 생각해냈어요. 만약 서준이가 다른 위험한 감정을 느꼈다면 어떨까요? 두려워하거나, 화가 나거나, 좌절하거나, 외로운 감정이 들었다면 어떨 것 같아요? (신체의 감각과 서준이가 할 수 있는 방법, 친구가 서준이를 위해 해줄 수 있는 일 등에 대해 이야기 나누고 학생들의 의견을 적는다.)

- 서준이가 위험한 감정을 계속 느껴서 우리에게 와서 도와달라고 하는 것을 상상해 볼게요. 서준이는 우리가 정서적 건강을 돌보는 방법에 대해 배우고 있다는 것을 듣고 우리를 찾아온 거예요. 서준이가 큰 불을 만들지 않도록 매일 할 수 있는 일은 무엇이 있을까요? 우리가 서준이에게 가르쳐줄 수 있을까요?"

반성적 활동 | 9분
강한 감정을 느낄 때 무엇을 할 수 있을까요?

개요
감정 가족 목록에서 자신과 다른 사람에게 문제를 일으킬 수 있는 강한 감정을 하나 선택한다. 그리고 서준이 같은 친구들이 그 감정을 다루기 위해 할 수 있는 일들을 그림으로 그린다.

탐구할 내용/통찰
자신과 타인이 위험한 감정들을 경험할 때 그 감정을 다루는 전략을 사용할 수 있다.

준비물
• 그림 그릴 종이
• 그리기 도구

수업 방법
• 서준이가 정서적 돌봄을 배우기 위해 교실에 찾아왔다고 설명한다. 여기서 배워서 다음에 위험한 감정이 찾아오면 잘 다룰 수 있게 될 것이라고 설명한다.
• 각각의 학생들이 감정 가족 목록에서 위험한 감정을 하나씩 선택한다. 그리고 서준이가 그 감정을 만났을 때 서준이와 다른 사람들에게 큰 문제를 일으키지 않도록 사용할 수 있는 전략을 생각하고 그림으로 그리도록 한다.
• 그림에 대해 이야기 나눈다.

교사를 위한 팁
• 처음부터 자신의 개인적 삶이나 경험과 관련된 위험한 감정이나 해로울 수 있는 행동에 대해 이야기하도록 하는 것은 학생들에게 위험할 수 있다. 따라서 3인칭 시점으로 가상의 인물(서준)을 설정해 진행하도록 한다. 이를 통해 자연스럽게 자신에게도 적용할 수 있게 될 것이다. 교실에서 느끼는 자신의 감정들에 대해 이야기하기 전에 간접적인 방법을 먼저 사용하

는 게 좋다.

활동안

• "서준이가 우리 반에 계속 있었다고 상상해 볼게요. 그래서 서준이는 우리가 지금까지 배운 것을 모두 알고 있어요. 서준이는 마음을 건강하게 하는 연습을 많이 했어요. 그래서 위험한 감정이 시작되었을 때 그것을 어떻게 다루어야 하는지 잘 알고 있지요.

• 자, 우리 친구들은 이제 감정 가족에서 위험한 감정을 하나 선택해 주세요.

• 그리고 서준이가 그 감정을 만났을 때 더 큰 문제를 만들지 않도록, 즉 큰 불을 만들지 않도록 할 수 있는 일을 생각해 보세요.

• 다 생각한 친구는 서준이가 그 감정을 만났을 때 사용할 수 있는 방법을 그림으로 그려주세요.

• 그림을 그리고 나면 원하는 친구들은 자신의 그림을 소개할 수 있어요."

• (5분 정도 그림 그릴 시간을 준다. 그리고 이야기 나눈다.)

마무리 | 3분

• "정서적 돌봄이 왜 우리에게 도움이 될까요?

• 어떻게 하면 우리 마음을 더 건강하게 만들 수 있을까요?"

위험한 감정을 다루는 방법

감정의 이름:

언제 이 감정을 느낄까요?

어떤 사람이 이 감정을 느끼고 있다면, 그 사람에게 무엇이 필요할까요?

모든 사람이 이 감정을 느낄까요?

어떤 사람이 이 감정을 느끼고 있다면, 몸에서는 어떤 감각을 느끼고 있을까요?

이 감정을 다룰 수 있는 방법들

몸으로 할 수 있는 일:

마음으로 할 수 있는 일:

다른 사람과 함께 할 수 있는 일:

다른 사람이 이 감정을 가지고 있는 것을 발견했을 때 내가 할 수 있는 일:

초등학교 저학년 교육과정(만 5-7세)

5장

서로에 대해 배우기

Center for Contemplative Science and Compassion-Based Ethics | Emory University

개요

이번 장부터 SEE Learning 교육과정은 개인적 영역의 내용에서 사회관계 영역의 내용으로 전환되며, 따라서 수업 활동에서 학생들은 자신에게 초점을 두었던 마음을 타인에게로 옮긴다. 개인적 영역인 1장부터 4장까지 배운 기술들은 이번 장에서도 연습하겠지만 여기서는 시선을 외부에 두고 학생들이 매일 만나고 있는 학급 친구나 다른 사람들에게 초점을 맞춰 진행한다.

이 연령대의 아이들은 자연스럽게 타인에게 호기심을 갖고 그들에게 관심을 기울이지만, 어떻게 다른 사람에게 주의를 기울이는지, 어떻게 질문하는지, 그리고 어떻게 의미 있는 방식으로 다른 사람과의 유사점이나 차이점을 탐구하는지에 대해서는 잘 모르는 경우가 많다. 따라서 이번 장에서는 이러한 세 가지 핵심 내용에 대해서 배울 것이다. 이 세 가지는 구체적으로 맥락 속에서 타인의 감정 이해하기, 마음챙김 듣기(주의 깊게 경청하기), 우리의 공통점과 차이점 탐구하기이며, 이들은 각 장에서 차례대로 다루어질 것이다. 이 장에서 지속적으로 다루어지는 주제는 공감이다. 따라서, 타인의 상황과 정서를 이해하고 그것에 공명하는 능력을 계속 키워 나갈 것이다. 공감과 마음챙김 듣기(주의 깊게 경청하기) 기술은 자기 자비와 타인 자비를 배우기 위한 토대를 마련할 것이다.

이 연령대의 아이들은 타인이 자신과 똑같이 생각하거나 느끼고 있다고 생각할 수 있다. 그리고 자신과 똑같이 생각하거나 느끼지 않는 사람들은 자신과는 완전히 다른 사람이라고 생각하거나 공통점이 아주 드물다고 생각하기도 한다. 이 장의 핵심은 이 두 극단의 중간지점을 탐색해 서로 간의 공통점과 차이점을 이해하고, 이 두 가지가 서로를 부정하는 것이 아님을 살펴보는 것이다. 공통점이나 차이점 중 하나를 지우려고 하지 않는 중간지점에 있을 때 우리는 타인에 대한 진정한 자비와 존중의 마음을 지닐 수 있다.

수업 활동 1. '다른 사람의 감정을 맥락 속에서 이해하기'에서는 사람들이 같은 상황에 대해 다른 감정적 반응을 보일 수 있다는 것을 탐구한다. 앨버트와 예서의 이야기를 통해 같은 상황(놀이터에서 강아지를 보는 것)에 대해 매우 다른 감정적 반응을 보이는 모습을 보게 될 것이다. 사람들이 동일한 사건에 대해 아주 다른 감정적 반응을 보일 수 있다는 사실을 이해하는 것은 매우 중요하다. 왜냐하면, 이러한 깨달음은 (과거 경험이나 우리의 정체성이 가지는 다양한 모습과 같은) 상황이나 주변 사람들에 대한 자신의 정서적 반응이 맥락 속에서 형성되었다는 것을 이해하도록 도와주기 때문이다. 이것은 유사성과 차이점을 이해하는 것뿐 아니라 공감을 기르는 데에도 매우 중요하다.

수업 활동 2. '마음챙김 듣기(주의 깊게 경청하기)'에서는 다른 사람의 말에 귀를 기울이지 않는 행동이 가져올 수 있는 결과를 탐구하고, '마음챙김 듣기(주의 깊게 경청하기)'라고 불리는 적극적인 경청 방법을 소개하고 연습한다. '마음챙김 듣기(주의 깊게 경청하기)'는 다른 사람이 말을 할 때 끼어들거나, 다른 것에 한눈을 팔거나, 자신의 일을 생각하거나, 말을 하는 사람에 대해 판단하지 않고, 그 사람에게 온전히 집중해서 존중하는 마음으로 공감하며 듣는 것을 의미한다. 이것은 공감의 두 부분인 인지적 공감과 정서적 공감을 연결해 사용하는 의사소통 기술이다. 주의를 기울여 경청하는 것은 타인의 상황과 감정을 잘 이해하도록 하고(인지적 공감), 존중하는 마음으로 경청하는 것은 다른 사람에게 공명하고 관심을 표현하도록 돕는다(정서적 공감). 이러한 경청은 학생들이 자신이 대답하고 싶은 것을 생각하도록 하기보다 상대방이 하는 말에 온전히 집중하도록 하기 때문에 학생들의 집중력을 개발하고 향상시킨다. 마음챙김 듣기(주의 깊게 경청하기)는 또한 판단 없이 다른 친구의 이야기를 들어주어, 안전한 교실을 만들어 준다. 마음챙김 듣기(주의 깊게 경청하기)를 실천하는 것이 말하는 사람과 듣는 사람, 더 나아가 교실에 가져올 영향에 대해 깊이 탐구할 수 있을 것이다.

수업 활동 3. '공통점과 다양성 이해하기'에서는 사람들이 가지는 유사성과 차이점에 대해 탐구한다. 학생들은 1장에서 배웠던 '들어가고 나가기' 활동을 다시 하면서 유사점과 차이점이 가지는 의미에 대해 탐구한다. 이 활동은 학생들의 상황에 맞게 지문을 수정해 사용할 때 가장 효과적으로 수행될 수 있다. 학생들은 모든 사람이나 대부분의 사람이 공통적으로 가지고 있는 것이 있으며, 반대로 다른 점을 가지는 부분도 있고, 그들을 특별하게 만들어 주는 것도 있다는 것을 확인할 것이다. 공통점을 확인하면서 학생들은 다른 것은 틀린 것이 아니라는 것을 인식하고, 공감을 확대하며, 나아가 시스템적 차원에서 보편적 인간성을 이해할 수 있을 것이다.

학생의 개인 연습

자신과 타인에 대한 깊은 이해는 지속적으로 개발되어야 한다. 이전에 배운 집중이나 감정적 알아차림과 같은 기술들을 적용하면서 학생들은 자기 자신과 학급 친구들, 그리고 지구상에 살고 있는 모든 사람들을 이해하고자 할 것이다. 특히, 이 장에 소개된 마음챙김 듣기(주의 깊게 경청하기) 기술은 학생들에게 서로 말하고 들을 수 있는 기회가 계속해서 주어지면 일주일 만에도 강화될 수 있다. 이렇게 되면 이 활동을 일상생활에 쉽게 적용하게 될 것이다.

교사의 개인 연습

이 장을 가르치는 동안, 스스로 마음챙김 듣기를 연습하고 자신의 경험을 되돌아보는 것이 좋다. 스스로 직장이나 집에서 주의를 기울여 경청하는지 돌아본다. 만약, 주의 깊게 공감하며 경청하는 것이 유익하다고 생각되면, 주의를 기울이지 않으면서 듣고 있는 자신을 알아차리고, 행동을 변화시킨다. 주의 깊게 공감하며 경청할 때 자신과 타인에게 미치는 영향도 일기에 적어본다. 주의 깊게 공감하면서 경청하는 것이 어렵게 느껴진다면 보편적으로 우리가 가지고 있는 마음인 '우리 모두는 행복을 원하고, 불행은 원하지 않는다'라는 문구를 떠올려본다.

부모님/보호자님께 보내는 편지

날짜 : _____

부모님/보호자님께,

여러분의 자녀는 이제 SEE Learning의 5장 '서로에 대해 배우기'를 시작합니다.

5장에서는 사람들이 가지는 차이점, 유사점, 특별함, 그리고 모든 인간이 가지고 있는 공통점(예: 감정, 욕구, 행복해지고 싶은 바람)에 대해 탐구할 것입니다. 모든 사람이 공통적으로 가지고 있는 것을 인식하는 것은 차이를 받아들이고 공감을 개발하도록 도와줍니다. 여기서 함께 배울 마음챙김 듣기(주의 깊게 경청하기)는 말하는 사람에게 주의를 기울이고, 도중에 끼어들거나 개인적인 판단 없이 경청하는 능력을 키워줄 것입니다.

가정에서의 활동
여러분의 자녀가 이번 장을 학습하는 동안 아이들에게 주의 깊게 경청하는 모습을 보여달라고 부탁해 보세요. 그리고 아이에게 온전히 집중하고 판단하지 않으면서 끼어들지 않고 공감하며 경청하는 모습을 보여주세요. 부모님의 행동을 보면서 아이들은 정서적으로 비슷해지려고 노력할 것입니다. 이러한 정서적 조율은 타인의 감정을 이해하고 보살피는 공감의 중요한 측면입니다. 아이들은 이 수업에서 얼굴 표정, 목소리 톤, 몸짓과 같은 신호를 통해 타인의 감정을 알아내는 방법을 배울 것입니다. 자녀에게 다른 사람의 감정에 대해 어떻게 생각하는지 물어보거나 감정의 신호를 함께 알아보는 것도 공감을 키우는 데 도움을 줄 것입니다.

지금까지 배운 내용
- 1장에서는 친절과 자비의 개념을 탐구하고, 그것이 우리의 행복과 건강에 어떻게 연결되어 있는지를 살펴보았습니다.
- 2장에서는 스트레스에 대한 회복탄력성에 대해 배우고, 신체와 신경계를 조절해 행복감을 높이는 방법을 살펴보았습니다.
- 3장에서는 외부의 대상과 내면의 대상, 즉 몸과 마음, 생각, 감정에 집중하는 방법을 살펴보았습니다.
- 4장에서는 감정과 정서를 건강하게 돌보는 방법에 대해 배우면서 감정이 생기는 과정과 그 감정을 다루는 방법에 대해 살펴보았습니다.

추가 자료

교육과정 안내서에 있는 SEE Learning 교육과정 모형을 참고하시기 바랍니다.

이 모형은 웹사이트에서도 찾아볼 수 있습니다. www.seelearningkorea.com

궁금한 사항이 있으면, 언제든 저희에게 연락주시기 바랍니다.

_____

선생님 사인

선생님 이름 _____

선생님 연락처 _____

Center for
Contemplative Science and
Compassion-Based Ethics

EMORY UNIVERSITY

서로에 대해 배우기

다른 사람의 감정을 맥락 속에서 이해하기

목적

타인의 행동과 감정이 그들의 삶과 과거 경험의 특정한 맥락 속에서 발생했다는 것을 인식하면 자비와 친절이 쉽게 생겨날 수 있다. 학생들은 비슷한 상황에서 다르게 반응하는 아이들의 이야기를 들으면서 사람들이 같은 사건에 대해 왜 다른 감정을 느끼게 되는지 탐구할 것이다.

학습 목표

학습자는

• 다른 상황이 누군가의 감정에 미치는 영향을 탐색할 것이다.

• 사람들이 같은 상황에서 다른 정서적 반응을 보일 수 있다는 것을 살펴볼 것이다.

주요 구성 요소

대인 관계 인식 (1A)

시간

25분

준비물

• 아래에 제공된 앨버트와 예서 이야기

• 종이와 그림 도구

도입 | 3분

- "자, 이제 집중력을 키우는 시간을 가져보도록 할게요. 자세를 어떻게 하면 좋을까요?

- 먼저 허리를 펴고 편안하게 앉아 주세요. 선생님은 눈을 뜨고 있을 거예요. 여러분은 눈을 감거나 아래쪽을 바라보아도 괜찮아요.

- 보물상자에서 자원을 하나 고르거나, 새로운 자원을 하나 상상해 보세요. 여러분의 기분을 더 좋아지게 하고, 안전한 기분을 느끼게 하거나, 행복하게 만드는 것은 어떤 것이라도 좋아요.

- 자원을 마음속으로 가져와 잠시 동안 주의를 기울여 보세요. 원한다면 접촉하기를 해도 좋아요. (잠시 멈춤)

- 몸에서 무엇이 느껴지나요? 유쾌하거나 중립적인 감정이 느껴진다면 그곳에 잠시 머물러 보세요. 불편함이 느껴지면 몸 안에서 더 기분 좋은 곳을 찾아 옮겨갈 수 있어요. (잠시 멈춤)

- 자, 이제 호흡을 알아차려 볼게요. 숨이 우리 몸으로 들어왔다 나가는 것에 주의를 기울여 볼게요.

- 호흡에 집중하는 것이 불편하면, 자원에 집중하거나 접촉하기를 해도 괜찮아요. (15-30초간 잠시 멈춤)

- 마음이 다른 곳에 있으면 다시 호흡으로 돌아오세요. 호흡을 세어 볼 수도 있어요. (더 오래 멈춘다. 30-60초 이상)

- 자, 이제 눈을 뜨세요. 무엇을 느꼈나요?" (이야기 나눈다.)

통찰 활동 | 12분
앨버트와 예서가 만난 강아지

개요

이 활동에서는 이야기를 읽고 토론하면서 사람들이 같은 상황에 대해 다르게 반응하는 이유를 탐색할 것이다.

탐구할 내용/통찰

• 우리는 같은 상황에 대해 다른 반응이나 감정을 가질 수 있다.

• 주의를 기울이면 다른 사람이 자신과 다르게 반응한다는 것을 볼 수 있고, 그것에 대해 물어 볼 수 있다.

준비물

없음

수업 방법

• 학생들에게 이야기를 들려줄 것이라고 말하고, 이야기 속 인물들이 느낄 감정에 대해 집중하 도록 한다. 인물들은 다른 감정을 느낄 수도 있다고 설명한다.

• 이야기를 읽어준다.

• 다음과 같이 질문하면서 이야기 속 등장인물의 감정에 대해 이야기한다.

• 예서는 어떤 감정을 가지고 있나요? 예서가 왜 그렇게 느낀다고 생각해요?

• 예서가 느낀 감정과 똑같은 감정을 느낀 친구는 손을 들어주세요.

• 그렇다면 앨버트는 어떨까요? 어떻게 느꼈을까요? 앨버트가 왜 그렇게 느꼈다고 생각해요?

• 앨버트가 느낀 감정과 똑같이 느낀 친구는 손을 들어주세요.

• 왜 같은 강아지를 보면서 예서와 앨버트는 다르게 느꼈을까요?

• 시간이 충분하면 이야기를 다시 읽으면서 주인공들이 감정을 느끼고 있는 지점과 주인공들이 느끼는 감정을 알고 있다고 생각되는 지점에서 손을 들어보도록 한다.

교사를 위한 팁

• 4장의 그림을 활용할 수 있다.

• 이야기의 내용은 자신의 학생들에게 적합한 방식으로 수정할 수 있다.

이야기: 앨버트와 예서가 만난 강아지

"앨버트와 예서는 같은 초등학교에 다니고 있어요. 둘은 날씨가 너무 좋아서 학교 운동장에 나가있었어요. 그때, 강아지 짖는 소리가 들렸어요. 그리고 그 소리는 운동장으로 점점 가까이 다가왔어요. 예서는 눈을 동그랗게 뜨고 미소를 지었어요. 그리고는 강아지를 찾으려고 신이 나서 주위를 둘러보았어요. 예서는 지금 키우고 있는 강아지, 해피를 떠올렸어요. 해피는 예서 발 옆에서 자곤 해요. 해피를 생각하면 마음이 따뜻해지지요. 예서는 강아지를 불렀어요. 그런데, 앨버트도 강아지가 짖는 소리를 들었어요. 그러자 앨버트는 눈이 동그래지면서 온몸이 굳기 시작했어요. 앨버트는 미친 듯이 운동장을 두리번거렸어요. 손에는 땀이 흥건해지고 심장이 점점 빨리 뛰는 것을 느꼈어요. 팔과 다리에는 충격의 에너지가 흘렀어요. 강아지는 보이지 않았지만 건물 안으로 들어가기 위해 빠르게 걷기 시작했어요. 이때, 지나가던 준이는 예서가 꼬리를 흔드는 강아지와 재미있게 놀고 있는 모습을 보았고, 앨버트가 서둘러 건물 안으로 들어가 복도를 걸어가는 모습을 보았어요."

활동안

• "예서가 느꼈던 감정은 무엇일까요? 왜 그렇게 느꼈다고 생각하나요?

• 여러분도 예서와 같은 감정을 느꼈다면 손을 들어 주세요.

• 앨버트는 어떻게 느꼈을까요? 왜 그렇게 느꼈다고 생각하나요?

• 앨버트처럼 느낀 친구는 손을 들어주세요.

• 같은 강아지를 보고 왜 예서와 앨버트는 다르게 느꼈을까요?

• 이야기를 다시 한번 더 읽어볼게요. 이번에는 주인공이 감정을 느낄 수 있는 곳에서 손을 들어주세요. 그리고 주인공의 느낌을 설명하고 왜 그렇게 생각했는지 이야기해 주세요.

• (이야기를 읽는다. 학생이 손을 들면 토론을 위해 멈춘다.)

• (다음의 질문과 함께 토론한다.)

• 우리 교실에 있는 여러 친구들이 느끼는 감정은 어떻게 알아볼 수 있을까요?

• 여러분이 느꼈던 감정을 부모님(혹은 보호자, 친구들)은 다르게 느꼈던 것을 경험한 적이 있나요? 부모님은 다르게 느낀다는 것을 어떻게 알았나요?

• 내가 좋아하는 건데 다른 사람들은 나만큼 좋아하지 않는 것이 있나요?" (게임, 음식 종류, 운동, 혹은 다른 종류의 활동들이 예시가 될 수 있다.)

반성적 활동 | 7분
우리는 같은 것을 다르게 경험할 수 있다.

개요
무언가에 대해 신나는 감정을 느꼈을 때를 생각하고, 자신과 다르게 반응할 것 같은 사람을 떠올린다.

탐구할 내용/통찰
우리가 무언가에 대해 매우 강한 감정을 가지고 있다 하더라도, 다른 사람은 다르게 반응하거나 다르게 느낄 수 있다.

준비물
• 종이와 그림 도구

수업 방법
• 학생들에게 종이와 그림 도구를 나눠준다.
• 신나는 감정을 느꼈을 때를 생각해보도록 한다. 떠올린 친구는 손을 든다. 다른 학생들이 느낌을 떠올릴 수 있도록 자신의 경험을 이야기해 보도록 한다. 아니면 교사 본인의 예를 들어줄 수도 있다.
• 각자의 신났던 순간과 신나게 했던 것을 그려본다.
• 가족이나 친구들도 같이 그린다. 그리고 다음 질문에 대해 생각 한다. "가족이나 친구들도 이것에 대해 신나는 감정을 느낄까요? 왜 그럴까요? 왜 그렇지 않을까요? 가족이나 친구들이 다르게 느낄까요?"
• 그림 안에 있는 것을 보고도 흥분하지 않을 것 같은 사람을 최소한 한 명 그리도록 한다.

• 그림에 대해 이야기 나눈다. 그리고 왜 똑같이 느끼거나 다르게 느끼는지에 대해 토론한다.

교사를 위한 팁

없음

활동안

• "여러분에게 그림을 그릴 수 있는 종이를 나눠줄게요. 이제 오늘 무엇을 할 건지 설명해 줄 게요.

• 무언가에 대해 정말로 신났던 순간을 떠올려 보세요. 생각나면 손을 들어주세요.

• 친구들의 이야기를 들어볼게요. (학생들이 발표하도록 한다. 혹은 교사 본인의 예를 들어준다.)

• 좋아요. 이제 잠시 눈을 감아 주세요. 바닥을 보아도 좋아요. 신났던 순간을 다시 한번 떠올려보세요. 그리고 이번에는 그 순간에 가족이나 친구도 같이 있는 것을 상상해보세요. 가족이나 친구들도 같이 신나 하나요? 왜 그럴까요? 왜 그렇지 않나요? 몇몇 사람들은 다르게 느낄까요? (30초 동안 멈춤)

• 이제 눈을 떠주세요. 이번엔 그림을 그려볼 거예요. 무언가에 대해 신나 하는 나와 가족, 친구들을 그려보세요. 그렇게 신나 하지 않을 것 같은 사람도 한 명 그려볼게요. 자, 조용히 혼자 그리는 시간을 가져 보도록 할게요. 그림을 다 그리고 나면 함께 이야기 나누어요. 시작하세요. (그림을 그릴 시간을 준다.)

• 그림에 대해 이야기하고 싶은 친구 있나요?

• 어떤 일이 일어났는지 설명해주세요.

• 누가 신이 났나요? 누가 신이 나지 않았나요? 왜 그런지 설명해주세요."

마무리 | 3분

• "앨버트와 예서가 강아지를 봤을 때처럼 왜 우리는 어떤 상황에 대해 비슷하게도 느끼고 다르게도 느끼는 걸까요?

• 나와는 다르게 느끼는 친구가 있다면, 그 친구에게 무슨 질문을 할 수 있을까요?"

서로에 대해 배우기

마음챙김 듣기(주의 깊게 경청하기)

목적

이번 수업 활동에서는 '마음챙김 듣기' 활동을 소개한다. 마음챙김 듣기란 다른 사람이 말을 할 때 끊거나, 다른 생각을 하거나, 자신의 문제에 대해 생각하거나, 판단하는 것 없이 존중의 마음으로 공감하며 주의를 집중해 듣는 것이다. 이렇게 주의를 기울여 경청하기 위해서는 다른 사람이 말을 할 때 자신이 할 말을 생각하는 것이 아니라 그 사람이 말하는 것에 집중해야 한다. 따라서 여기에는 고도로 훈련된 집중력이 필요하다. 주의 깊게 경청하는 것은 학생들에게 서로에 대해 판단하지 않고 배울 수 있는 기회를 제공할 것이다.

학습 목표

학습자는

• 주의 깊게 경청하는 행동을 알게될 것이다.

• 말을 끊거나 자신의 이야기를 하지 않고 주의 깊게 듣는 기술을 연습할 것이다.

• 주의 깊게 경청하는 것이 학교나 일상생활에서 어떻게 사용될 수 있을지 생각할 것이다.

주요 구성 요소

대인 관계 인식 (2A)

준비물

• 다음과 같은 제목을 쓴 전지

1. 내 말을 잘 들어주지 않으면 … 하게 느낀다.

2. 내 말을 잘 들어주면 … 하게 느낀다.

3. 주의 깊게 경청하는 행동

• 매직

• 시계나 타이머

시간

30분

도입 | 4분

- "자, 이제 집중력을 키우는 시간을 가져보도록 할게요. 자세를 어떻게 하면 좋을까요?

- 먼저 허리를 펴고 편안하게 앉아 주세요. 선생님은 눈을 뜨고 있을 거예요. 여러분은 눈을 감거나 아래쪽을 바라보아도 괜찮아요.

- 보물상자에서 자원을 하나 고르거나, 새로운 자원을 하나 상상해 보세요. 여러분의 기분을 더 좋아지게 하고, 안전한 기분을 느끼게 하거나, 행복하게 만드는 것은 어떤 것이라도 좋아요.

- 자원을 마음속으로 가져와 잠시 동안 주의를 기울여 보세요. 원한다면 접촉하기를 해도 좋아요. (잠시 멈춤)

- 안에서 무엇이 느껴지나요? 유쾌하거나 중립적인 감정이 느껴진다면 그곳에 잠시 머물러 보세요. 불편함이 느껴지면 몸 안에서 더 기분 좋은 곳을 찾아 옮겨갈 수 있어요. (잠시 멈춤)

- 자, 이제 호흡을 알아차려 볼게요. 숨이 우리 몸으로 들어왔다 나가는 것에 주의를 기울여 보세요.

- 호흡에 집중하는 것이 불편하면, 자원에 집중하거나 접촉하기를 해도 괜찮아요. (15-30초간 잠시 멈춤)

- 마음이 다른 곳에 있으면 다시 호흡으로 돌아오세요. 호흡을 세어 볼 수도 있어요. (더 오래 멈춘다. 30-60초 이상)

- 자, 이제 눈을 뜨세요. 무엇을 느꼈나요?" (이야기 나눈다.)

설명/토론 | 8분

주의 깊게 듣기 역할극

개요

이번 반성적 활동에서 학생들은 교사와 다른 학생이 경청하기를 연습하는 것을 지켜본다. 그리고 자신이 본 것에 대해 생각하고 마음챙김 듣기의 힘에 대해 토론한다.

탐구할 내용/통찰

• 다른 사람의 말을 좀 더 집중해서 들을 수 있다.

• 집중해서 들으면 진심으로 소통할 수 있으며, 마음을 다해 들어주는 것은 선물과도 같다.

준비물

• 시계나 타이머

수업 방법

• 학생들에게 활동을 소개한다. 짧은 연극을 할 것이라고 말하고, 학생들에게 무슨 일이 일어나고 있는지 살펴보도록 한다. 이때, 자신이 다른 사람의 말을 잘 안 듣는 사람을 보여줄 것이라고 말하지 않는다.

• 연극 속에서 말하는 사람을 연기하는 친구는 자신이 주말 동안 하고 싶은 일에 대해 이야기한다. (학생들과 관련된 다른 주제를 사용해도 좋다.) 교사의 행동에 화가 나지 않도록 말하는 친구에게는 연극의 목적을 알려준다.

• 타이머를 45초로 맞춘 뒤(손목시계나 시계를 이용할 수 있다) 말하는 역할을 맡은 학생에게 이야기하도록 한다. 말을 하는 동안, 교사는 듣고 있지 않다는 것을 확실하게 보여준다. 예를 들어 말을 끊거나, 다른 곳을 보거나, 뒤로 돌거나, 시계나 핸드폰을 볼 수 있다. 화자는 45초 동안 계속 이야기한다. (아래 교사를 위한 팁에서 역할극을 위해 준비할 사항을 확인한다.)

• 45초가 지나면 화자에게 고맙다고 인사하고, 역할극을 지켜본 학생들에게 고마움의 박수를 치도록 한다.

• 학생들과 역할극에 대해 이야기 나누고 활동안에서 제공하는 마무리 질문을 하며 끝낸다.

교사를 위한 팁

• 같이 역할극을 할 학생이나 동료 교사와 미리 연습해 보는 것이 좋다. 역할극에 참여하는 학생들에게 이것은 단지 연극일 뿐이며, 편하게 생각할 것을 당부한다. 말하는 학생들에게는 이야기하게 될 주제에 대해 준비할 수 있도록 한다.

• 학생들이 활동 중간에 웃음을 터뜨릴 수도 있다. 교사가 하는 행동이 웃기다고 생각할 수도

있고, 잘 들어주지 않는 것이 학생들을 긴장시킬 수도 있다. 학생들의 반응에 대해 판단이 들어가지 않은 질문을 하면서 연극에서 웃음을 터뜨린 이유를 물어본다. (잘 들어주지 않는 행동이 그저 연기였을 때는 웃겨 보일 수 있지만, 그것이 실제로 일어난다면 그렇지 않을 것이라고 이야기한다.)

활동안

• "선생님과 역할극 상대역에게 집중해 주세요. 오늘은 여러분에게 아주 짧은 연극을 보여주려고 해요. 이 연극이 끝나면, 여러분이 알아차린 것을 물어볼게요. (타이머를 45초로 맞춘다. 상대역에게 인사를 하고 주말에 했던 것을 물어보면서 연극을 시작한다. 타이머가 끝나면 마무리한다.)
• 고마워요. 상대역에게 수고했다는 박수를 쳐 주세요.
• 방금 어떤 일이 일어났나요?
• 선생님의 행동이 어떻게 보였나요? 선생님이 무엇을 했죠? (학생들이 대답하면 그것을 행동으로 보여달라고 한다. 학생이 "선생님이 너무 무례했어요"라고 말하면 그렇게 생각하도록 만든 구체적인 행동이 무엇인지 물어본다. "말할 때 끼어들었어요"와 같은 것이 있을 것이다.)
• 말하는 사람에게서는 무엇을 발견했나요? 어떻게 반응했죠? 여러분이 말하는 사람의 처지였다면 어떤 기분이었을 것 같나요?
• 말하는 역할을 한 친구에게 물어볼게요. "상대방이 친구의 말을 잘 듣지 않았을 때 기분이 어땠나요? 몸 안에서 어떤 감각을 느꼈어요? 어떤 감정을 느꼈나요?"
• 말하는 사람은 선생님이 어떻게 행동하길 원할 것 같아요?
• 다른 사람의 말을 주의 깊게 경청하는 것이 언제 필요할까요?"

설명 및 반성적 활동 | 15분
마음챙김 듣기(주의 깊게 경청하기)*

개요

이번 활동에서 학생들은 집중해서 들을 때와 그렇지 않을 때를 비교해 본다. 그리고 주의 깊게 듣는 행동을 설명하고, 짝을 이뤄 그 행동을 연습한다.

초등학교 저학년 5장 | 서로에 대해배우기

탐구할 내용/통찰

• 집중해서 듣는 것과 집중하지 않고 듣는 것은 다르다.

• 주의 깊게 경청하는 것은 말하는 사람, 듣는 사람, 교실 전체, 그리고 더 나아가 공동체 전체에게 영향을 미친다.

준비물

• 매직

• 타이머나 손목시계, 시계

• 다음과 같은 제목을 쓴 전지

  1. 내 말을 잘 들어주지 않으면 … 하게 느낀다.

  2. 내 말을 잘 들어주면 … 하게 느낀다.

  3. 주의 깊게 경청하는 행동

수업 방법

• 오늘 수업에서 상대방의 말에 온전히 주의를 기울여 듣는 것이 무엇인지 논의할 것이라고 설명한다.

• 누군가 자신의 말을 진심으로 들어주지 않을 때 어떤 기분인지 이야기한다. '내 말을 잘 들어주지 않으면 … 하게 느낀다'는 제목을 써 놓은 전지에 학생들의 생각을 적는다. 이전에 했던 역할극에서 보여줬던 행동들을 참고해도 좋다.

• 자신이 말하는 것을 판단하지 않고 완전히 집중해서 진심으로 들어줄 때 어떤 기분인지 이야기한다. '내 말을 잘 들어주면 … 하게 느낀다'는 제목을 써 놓은 전지에 학생들의 생각을 적는다.

• 두 개의 목록에서 차이점을 발견할 수 있도록 잠시 바라보면서 시간을 갖는다.

• 완전히 집중해서 타인의 말을 경청하는 것이 어떻게 보일지 물어본다. 수업에서 그것을 '마음챙김 듣기나 주의 깊게 듣기'라고 부를 것이라고 설명한다. '주의 깊게 듣는 행동'이라는 제목을 써 놓은 전지에 학생들의 생각을 적는다. (참고: 이 활동지를 보관하도록 한다.)

• 교사의 지도하에 친구들 앞에서 연극을 할 두 명의 학생을 지원받는다(자원하는 학생이 없으면

말하는 사람 역할을 할 학생 한 명만 선택한다). 말하는 사람 역할을 하는 학생은 평소에 좋아하는 것에 대해 이야기한다. 시작하기 전에, 듣는 역할을 하는 학생이 잘 경청할 수 있도록 몸과 마음을 바르게 하도록 한다. 듣는 사람을 연기하는 학생에게 어떤 행동을 사용할 것인지 물어본다. 이때 학생은 활동지를 참고할 수 있다. 다른 학생들에게 앞에서 시범을 보이는 동안 주의 깊게 경청하는 것에 집중해달라고 말한다.

- 학생들에게 '시작'이라고 말하고, 60초 타이머를 시작한다.
- 시간이 다 되면 두 학생을 멈춘다. 그리고 다른 학생들에게 어떤 주의 깊은 경청의 행동을 발견했는지 물어본다. 학생들이 '마음챙김 듣기' 목록에 없던 새로운 행동을 발견했다면 그것을 목록에 추가한다. 학생들이 집중하지 않는 듣기 행동을 지적하면, 지금은 주의 깊게 듣는 행동에 집중하고 있다고 말한다.
- 시범을 보여준 친구들에게 고맙다고 말하고 자리로 돌아가도록 한다.
- 학생들이 주의 깊게 듣는 것을 연습할 수 있도록 짝을 지어준다. 먼저 이야기할 사람을 정한다. 말하는 학생은 90초 동안 자신이 좋아하는 일에 대해 이야기한다. 듣는 학생은 주의 깊게 듣는다. 말하는 학생은 좋아하는 것을 언제 하는지, 왜 좋아하는지, 처음에 시작한 것은 언제인지 등에 대해 이야기할 수 있다.
- 90초가 지나면 역할을 바꿔 말하던 학생은 듣는 사람이 되어 주의 깊게 듣고, 듣는 역할을 했던 학생은 말하는 사람이 된다.
- 활동을 마무리하고, 다음과 같이 질문한다.
  - "어떤 주의 깊게 듣는 행동을 발견했나요?
  - 상대가 이야기를 잘 들어주었을 때 어떤 기분이었어요? 주의 깊게 경청하는 사람이 되었을 땐 어떤 기분이었나요?
  - 마음챙김 듣기를 하면서 어려웠던 점은 무엇인가요?"

교사를 위한 팁

- 마음챙김 듣기 목록은 다음 활동을 위해 보관한다.
- SEE Learning에서 마음챙김 듣기는 말을 끊지 않고, 다른 생각을 하지 않으며, 중간에 조언을 한다거나 대화 주제를 본인에게 돌리지 않고 온전히 집중해서 듣는 것을 말한다. 다른 사

람의 말을 들을 때 우리는 주의를 완전히 기울이지 않을 때가 많다. 때로는 반응할 방법에 대해 생각하거나, 자신이 할 말을 준비하거나, 자신의 생각에 집중하기도 한다. 마음챙김 듣기는 판단 없이 온전히 집중해서 듣는 것을 말한다. 자비와 같이, 마음챙김 듣기도 자신보다는 타인에게 초점이 맞춰진 것이라 하겠다.

- 앞에서 시범을 보여주는 학생들의 긍정적인 마음챙김 듣기 행동에만 집중하도록 한다. 만약 주의 깊게 듣는 행동이 시범에서 나타나지 않으면, 다른 지원자를 부르거나 교사 자신이 예를 보여준다. 그러나 시범을 보여준 학생들의 행동을 다른 학생들 앞에서 비판하지 않는다. 필요하면 그 학생과 따로 만나 이야기한다.

활동안

- "우리는 지금 집중해서 듣지 않을 때를 보았어요. 그럼 이제, 어떻게 주의를 기울여 들을 수 있는지 배워보도록 해요.

- 친구가 내 말을 들어주지 않으면 어떻게 느끼는지에 대해 이야기했던 것을 다시 보도록 할게요. 이런 상황이 오면 어떨 것 같나요? ('내 말을 잘 들어주지 않으면 … 하게 느낀다' 목록에 학생들의 생각을 적는다.)

- 친구가 내가 하는 말에 완전히 집중해주면 어떨 것 같나요? ('내 말을 잘 들어주면 … 하게 느낀다' 목록에 학생들의 생각을 적는다.)

- 우리가 만든 두 개의 목록을 볼게요. 여기에 차이가 있나요? 가장 큰 차이점은 무엇인가요?

- 다른 사람이 이야기할 때 주의 깊게 경청하는 사람이 되기 위해서 무엇을 할 수 있을까요? 주의 깊게 듣는 행동이 무엇인지 확인해 볼게요. (집중해서 듣지 않는 행동을 보여준 연극에서 토론한 부분들을 참고해서 그 반대의 행동을 생각할 수 있다.)

- 눈은 어떻게 하는 것이 좋을까요? 표정은요? 손은요? 몸은요? 마음은요? 감정은요? (학생들이 주의 깊게 듣기 위해 어떤 노력을 할 수 있는지 구체적으로 예를 말하도록 한다. '마음챙김 듣기' 목록에 학생들의 생각을 적는다.)

- 근육을 단련시킬 수 있는 것처럼, 우리가 집중해서 듣는 능력도 연습을 통해 강화할 수 있어요.

- 자 그럼 실제로 연습해 보도록 할게요. 오늘 이야기 주제는 여러분이 평소에 즐겁게 하는 활

동이에요. 평소에 재미있게 하는 활동을 하나 생각해보세요. 짝에게 그 활동에 대해 이야기할 거예요. (잠시 기다린다.) 다 생각했나요?

- (그러고 나면, 다른 학생들 앞에서 시범을 보여줄 학생 두 명을 지원받는다. 말하는 학생은 자신이 평소에 재미있게 하는 활동에 대해 이야기한다. 시범을 보이기 전에, 듣는 역할을 하는 학생이 집중해서 들을 수 있도록 도와준다.) 주의 깊게 듣는 행동에 대해 다시 생각해 볼게요. 몸은 어떻게 하는 게 좋을 까요? 마음은요?

- (다른 학생들에게) 이 학생들이 시범을 보여줄 동안 집중해 주세요. 그리고 주의 깊게 듣는 행동 을 찾아 보도록 하세요. (타이머를 60초에 맞추고 시작한다.)

- 고마워요! 어떤 마음챙김 듣기 행동을 발견했나요? (대답을 듣는다. 만약 학생들이 비판적으로 좋지 않은 행동에 대해 말하기 시작하면, 좋은 마음챙김 듣기 행동에 대한 질문으로 돌아가도록 한다.)

- 마음챙김 듣기 목록에는 없었는데 우리 친구가 말을 들을 때 보여줬던 주의 깊은 행동이 있었 나요? (추가사항을 목록에 적는다.)

- 자, 그럼 이제 짝을 지어서 우리 모두가 연습해 보도록 할게요. (짝을 지어준다.) 여러분이 짝이 말하는 것을 주의 깊게 들을 수 있도록 90초의 시간을 줄 거예요. 말하는 사람은 짝에게 '평 소에 재미있게 하는 활동'에 대해서 이야기할 거예요. 이제 누가 먼저 말하는 사람이 될지 정 해 주세요. (잠시 멈춤)

- 시작이라고 말하면 말하는 사람은 자신이 재미있게 하는 활동에 대해 이야기해 주세요. 그리 고 듣는 사람은 우리가 방금 이야기했던 행동들을 사용하면서 주의 깊게 들어주세요. 90초가 지나면 알려줄게요. 그때 서로의 역할을 바꿔 주세요.

- 준비됐나요? (활동을 시작하도록 한다. 교실을 돌아 다니며 학생들의 행동을 관찰한다.)

- 어떤 마음챙김 듣기 행동을 발견했나요?

- 집중해서 들을 때 기분이 어땠나요?

- 주의 깊게 들을 때 어떤 것이 어려웠나요?"

마무리 | 3분

- "어제 여러분의 말을 집중해서 들어준 사람이 있나요? 그게 누구였나요? 그 사람이 여러분의 말을 주의 깊게 듣고 있다는 것을 어떻게 알았나요?

- 그럼 어제 누군가의 말을 주의 깊게 들어준 친구 있나요? 그 사람이 한 이야기나 그 사람의 느낌을 기억하나요? 무엇이 기억나나요?

- 오늘 마음챙김 듣기 방법에 대해 배웠으니까, 교실에서 다 같이 주의 깊게 경청하는 것을 연습해 보도록 해요."

공통점과 다양성 이해하기

목적

이 수업 활동에서 학생들은 서로의 유사점과 차이점을 탐구한다. 다양성이 두려운 것이나 부정적인 것으로 인식되지 않고 잘 수용되기 위해서는 차이를 판단의 눈이 아닌, 호기심 어린 눈으로 바라보아야 한다. 우리는 분명히 다른 점을 가지고 있지만, 그럼에도 불구하고 중요한 부분들에 있어서는 기본적으로 비슷한 점을 많이 가지고 있다. 감각을 경험하는 신체를 가지고 있다는 것도 우리의 공통점이며, 공동체에 소속되어 함께 살아가고 있는 것, 기본적인 욕구를 가지고 있는 것, 행복을 원하는 것, 다른 사람들로부터 친절을 원하고 이에 감사함을 느끼는 것, 그리고 감정을 가지고 있는 것 등 우리가 공통적으로 함께 가지고 있는 점이 많다. 보편적인 경험 속에서 다양성과 차이를 보는 것은 차이를 인식하는 것이 왜 중요한지를 깨닫게 해 줄 것이다.

학습 목표

학습자는

• 사람들이 가지는 공통점과 차이점을 탐구할 것이다.

• 차이가 존재함에도 불구하고 우리 모두가 공통된 욕구나 바람을 가지고 있다는 것을 인식할 것이다.

• 모든 사람들에게 진실이라고 생각하는 것이 실제로는 그렇지 않을 수도 있다는 것을 인식할 것이다.

시간

30분

주요 구성 요소

보편적 인간성에 대한 깨달음

준비물

• 주의 깊게 듣는 행동 목록

• 다음을 적은 전지나 화이트보드

  • '사람들의 공통점'

  • '사람들의 차이점'

  • 한 가지 목록을 더 추가할 수 있도록 공간을 남겨 둔다.

• 매직

도입 | 3분

- "자, 이제 집중력을 키우는 시간을 짧게 가져보도록 할게요. 자세를 어떻게 하면 좋을까요?

- 먼저 허리를 펴고 편안하게 앉아 주세요. 선생님은 눈을 뜨고 있을 거예요. 여러분은 눈을 감거나 아래쪽을 바라보아도 괜찮아요.

- 보물상자에서 자원을 하나 고르거나, 새로운 자원을 하나 상상해 보세요. 여러분의 기분을 더 좋아지게 하고, 안전한 기분을 느끼게 하거나, 행복하게 만드는 것은 어떤 것이라도 좋아요.

- 자원을 마음속으로 가져와 잠시 동안 주의를 기울여 보세요. 원한다면 접촉하기를 해도 좋아요. (잠시 멈춤)

- 몸에서 무엇이 느껴지나요? 유쾌하거나 중립적인 감정이 느껴진다면 그곳에 잠시 머물러 보세요. 불편함이 느껴지면 몸 안에서 더 기분 좋은 곳을 찾아 옮겨갈 수 있어요. (잠시 멈춤)

- 자, 이제 호흡을 알아차려 볼게요. 숨이 우리 몸으로 들어왔다 나가는 것에 주의를 기울여 볼게요.

- 호흡에 집중하는 것이 불편하면, 자원에 집중하거나 접촉하기를 해도 괜찮아요. (15-30초간 잠시 멈춤)

- 마음이 다른 곳에 있으면 다시 호흡으로 돌아오세요. 호흡을 세어 볼 수도 있어요. (더 오래 멈춘다. 30-60초 이상)

- 자, 이제 눈을 뜨세요. 무엇을 느꼈나요?" (이야기 나눈다.)

통찰 활동 | 12분
들어가고 나가기

개요
들어가고 나가기 활동을 통해 서로의 공통점과 차이점을 탐색한다.

탐구할 내용/통찰

- 인간으로서 우리는 모두 보편적 인간성에 기초한 공통점을 가지며, 이와 함께 차이점도 가진다.
- 사람들은 보편적 인간성을 가지고 있으며, 또한 각각의 사람은 특별한 점들을 가지고 있다.

준비물

없음

수업 방법

- 학생들은 원을 만들어 선다.
- 활동안의 지시문을 하나씩 읽는다.
- 본인에게 해당되는 지시문일 경우 원 안으로 들어간다. 해당되지 않으면 그대로 서 있는다.
- 이 활동은 조용히 진행한다(토론하지 않음). 그러나 교사는 학생들에게 원이 어떻게 생겼는지, 누가 안에 있고 밖에 있는지 물어본다. 그리고 "고마워요. 이제 다시 원으로 돌아가 주세요"라고 말한다.
- 지시문을 다 읽으면 학생들을 그 자리에서 앉도록 하거나 책상으로 돌아가도록 하고, 다음 질문으로 마무리한다.
- "어떤 점에서 우리는 다른가요?
- 어떤 점에서 우리는 같은가요?"

가르침을 위한 팁

- 만약 다양한 측면들, 예를 들어 종교, 민족, 사는 곳, 먹는 것, 가족 구조, 사회 경제적 배경 등의 다양성에 대해 생각할 시간을 갖게 된다면 이 활동은 훨씬 더 의미 있을 것이다. 그런 다음 활동의 시작 부분에 있는 일부 지시문을 지금 가르치고 있는 학생들의 상황에 맞춰 차이점과 공통점을 이끌어낼 수 있는 구체적인 질문으로 대체할 수 있다. 학생들이 불편해할지 모를 답을 하도록 만드는 질문은 피해야 한다. 우선 학생들이 공통적으로 가지고 있지 않은 좋아하는 것이나 정체성과 관련된 주제로 시작한 뒤, 지금까지 SEE Learning 교육과정에서 살펴본

공통점인 감정, 감각, 욕구, 집중, 친절 등의 경험으로 넘어간다.

- 학생들이 들어가고 나갈 수 있을 만한 크기의 원을 만들 수 있도록 넓은 공간을 마련한다. 책상이나 테이블을 옮겨 놓아야 할 수도 있고 체육관, 운동장 같은 넓은 공간을 사용할 수도 있다.
- 대안: 학생들이 원 안으로 들어가고 나가도록 하는 대신, 의자로 원을 만들어 앉고 해당될 때 의자에서 일어서는 방식으로 진행할 수도 있다. 아니면 손을 높이 들어 올리는 것으로 대체할 수도 있다. 어느 방법을 선택하든, 다른 친구들이 답변하는 모습을 서로 볼 수 있도록 자리를 배치하는 것이 핵심이다.
- 활동을 진행하면서 교사는 누가 공통점을 가지고 있는지 언급해 주어 학생들이 공통점을 인식할 수 있도록 한다.
- 학생들이 왜 원 안으로 들어갔는지, 아니면 남아 있는지에 대해서는 물어보지 않는다. 마지막 몇 개의 질문에서 일부 학생들이 원 안으로 들어가지 않았다면 질문을 못 들었거나 이해하지 못 했을 수 있다. 그렇다고 생각되면 지시문을 반복해서 읽어준다. 그러나 학생들의 답변이 판단되지 않고 자유롭게 이루어질 수 있도록 한다.

활동안

- "우리 함께 원을 만들어보도록 해요.
- 선생님이 여러분에 대해서 진실을 말하면 그때 원 안으로 들어가 주세요. 자신한테 해당되지 않으면 그대로 서 있으면 돼요. 이번에는 자신이 원 안으로 들어갔을 때 누가 원 안에 들어왔는지에 대해서 주의를 좀 더 기울여 볼게요. 여러분이 집중하고 기억할 수 있는지 볼게요. 다음 활동에 도움이 될 거예요.
- 이제 시작해볼까요?
- 무언가를 만드는 것을 좋아하거나 그림 그리기를 좋아한다면 안으로 들어가 주세요. 나처럼 누가 미술을 좋아하는지 둘러보세요. 이제 뒤로 물러나 주세요.
- 반려동물을 키우고 있다면 안으로 들어가 주세요. 누가 또 반려동물을 키우는지 둘러보세요. 누가 원 안으로 들어왔는지 기억하도록 해요. 이제 뒤로 물러나 주세요.
- 가족 구성원 중에 채식주의자가 있다면 안으로 들어가 주세요. 고마워요, 이제 나와도 좋아요.

- 가족 구성원 중에 두 가지 이상의 언어를 할 줄 아는 사람이 있다면 안으로 들어가 주세요. 고마워요, 이제 뒤로 물러나 주세요.
- 가족 구성원 중에 다른 나라에서 태어난 사람이 있다면 안으로 들어가 주세요. 고마워요, 이제 뒤로 물러나 주세요.
- 매번 여러분 중 일부만이 들어오고 있는 것 같아요. 이번에는 이런 질문을 해볼게요. 몸 안에서 감각을 느낀다면 안으로 들어와 주세요. 이제 주변을 둘러보세요. 무엇을 알아차렸나요?
- 하고 싶은 일에 집중할 수 있는 능력을 가지고 있다면 안으로 들어가 주세요. 고마워요, 이제 나가도 좋아요.
- 마음이나 몸을 편안하게 하기 위해 사용하는 자원을 가지고 있는 친구는 안으로 들어가 주세요. 고마워요, 이제 뒤로 물러나 주세요.
- 살기 위해 음식이 필요한 친구는 안으로 들어가 주세요. 이제 누가 원 안에 있는지 주변을 둘러보세요. 우리가 어떤 사람이든 우리 모두는 공통적으로 욕구를 가지고 있어요. 고마워요, 이제 나가도 좋아요.
- 살기 위해 음식이나 옷을 제공해주는 사람이 필요한 친구는 안으로 들어가 주세요.
- 슬픈 것보다 행복한 것이 더 좋은 친구는 원 안으로 들어가 주세요. 보세요! 우리 모두(혹은 거의 모두)가 원 안에 들어와 있어요! 우리는 모두 슬픈 것보다 행복한 것을 더 좋아해요. 다시 뒤로 물러나 주세요.
- 이제 마지막 질문이에요! 사람들이 친절하게 대하는 것이 못되게 대하는 것보다 더 좋은 친구는 안으로 들어가세요. 주위를 둘러보세요. 다 들어와 있나요? 우리 모두는 사람들이 친절하게 대할 때 더 행복을 느끼는 것 같아요.
- 고마워요. 이제 자리에 앉도록 해요.
- 우리는 어떤 면에서 달랐나요? (지시문을 다시 읽어줄 수 있다.)
- 우리는 어떤 면에서 같았나요?" (모두가 아니면, 거의 모두가 원 안으로 들어갔던 지시문을 다시 읽어줄 수 있다.)

통찰 활동 | 12분

우리는 어떻게 같을까? 그리고 어떻게 다를까?

개요

서로의 공통점을 살펴본다.

탐구할 내용/통찰

• 인간으로서 우리는 공통적으로 가지고 있는 것이 있다.

• 모든 사람들에게 공통적으로 해당된다고 생각하는 것이 실제로는 그렇지 않을 수도 있다.

준비물

• 주의 깊게 듣는 행동 목록

• 다음을 적은 전지나 화이트보드

  • '사람들의 공통점'

  • '사람들의 차이점'

  • 한 가지 목록을 더 추가할 수 있도록 공간을 남겨 둔다.

• 매직

수업 방법

• 활동을 시작하기 전에 주의 깊게 듣는 행동을 복습한다.

• 그룹을 지어 브레인스토밍한다.

• 자, 대부분의 사람이 똑같이 가지고 있는 것을 말해 주세요. (우리는 모두 몸을 가지고 있어요. 우리 모두 옷을 입어요. 우리 모두 물과 음식이 필요해요.) 이제 사람들이 어떻게 다른지 이야기해 주세요. (우리는 모두 다른 이름을 가지고 있어요. 우리는 다른 종류의 옷을 입어요.) (학생들이 이야기하는 것들은 전지나 칠판에 적는다. 보이는 것 이외의 것도 생각할 수 있도록 격려한다.)

• 반복하면서 사람들이 어떻게 다른지 두 가지 정도 더 생각해 보도록 한다. 학생들의 생각을 목록에 적는다.

- 목록을 다 함께 본다. 다음과 같이 질문한다.
- 대부분의 사람이 이런 공통점들을 가지고 있다고 생각하나요? 모든 사람들에게도 같을까요? 그렇다고 생각하면, 손을 들어주세요. 한 명이나 혹은 그 이상의 학생들이 동의하지 않으면, 이유를 설명해달라고 한다.
- 이것은 세계의 모든 사람들이 공통적으로 가지고 있는 것인가요? 그렇다고 생각하는 친구는 손을 들어주세요. 한 명이나 혹은 그 이상의 학생들이 동의하지 않으면, 이유를 설명해달라고 한다.
- 두 번째 목록에 추가할 수 있는 우리가 가진 차이점이 또 있을까요?
- 모든 그룹이 이야기를 마치면 첫 번째 목록을 크게 읽어준다. '보편적 인간성'에 해당하는 것들을 적고, 그 위에 '보편적 인간성'이라고 제목을 붙인다.
- '나만의 특별함'이라는 제목을 추가한다. 이것은 자신의 이름과 같이 다른 사람이 가지고 있지 않은 어떤 것을 말한다. 학생들에게 본인만이 가지고 있는 특별한 점을 이야기해 달라고 한다. 이를 '나만의 특별함'이라고 쓴 곳에 적는다.

교사를 위한 팁

- 교실에 있는 모든 학생이 공통적으로 가지고 있는 것을 결정할 때에는 문제를 일으킬 수 있는 부분에 민감하게 반응해야 한다. 예를 들어, 어떤 학생이 "우리 모두는 아빠가 있어"라고 제안하면서 다른 학생들의 마음을 아프게 할 수 있다. 이때는 반박하거나 그 아이를 지목해서 문제를 지적하지 말고, 학생들에게 맡겨 스스로에게 적용되는 것과 그렇지 않은 것에 대해 자연스럽게 이야기하도록 한다.
- 대부분의 사람이 가지고 있는 것에 대해 생각해 보도록 한 뒤, 2-3명씩 조를 만들어 공통점을 두 가지 정도 더 찾아보도록 한다. 그리고 이야기 나누며 생각을 적는다.

활동안

- "주의 깊게 듣는 행동 목록을 다 같이 보도록 할게요. 오늘 수업에서는 무엇에 대해 이야기 나누게 될까요? (이야기 나눈다.)
- 좋아요. 오늘은 모두 함께 브레인스토밍을 해 볼게요. 대부분 사람들이 똑같이 가지고 있는

것은 무엇일까에 대해 생각해 보세요. (생각을 이야기하도록 한다. 그리고 전지나 칠판에 적는다.)

• 두 개 정도 더 생각해 볼게요. 우리가 눈으로 볼 수 있는 것 말고 다른 것은 무엇이 있을까요?

• 좋아요. 아주 좋은 생각이에요. 그럼, 서로가 가지는 차이점은 무엇일까요? (생각을 이야기하도록 한다. 그리고 전지나 칠판에 적는다.)

• (이 시점에서 학생들을 2~3명씩 그룹을 지어 활동할 수 있다.)

• 차이점을 두 가지 정도 더 생각해 볼까요? (생각을 이야기하도록 한다. 그리고 전지나 칠판에 적는다.)

• 좋아요. 이제 여기 적힌 생각들을 한번 볼게요.

• 여러분은 대부분의 사람들이 여기 있는 것들을 가지고 있을 거라고 생각하나요? 대부분의 사람에게 해당되는 것인가요? 그렇게 생각하는 친구는 손을 들어주세요. (한 명이나 그 이상의 학생들이 동의하지 않으면 이유를 설명하도록 한다.)

• 세계 모든 사람들이 이것을 다 가지고 있을까요? 그렇게 생각하는 친구는 손을 들어주세요. (한 명이나 그 이상의 학생들이 동의하지 않으면 이유를 설명하도록 한다.)

• 또 다른 차이점이 있나요? (목록에 생각을 추가한다.)

• 선생님이 이제 우리가 '공통'적으로 가지고 있는 것을 큰 소리로 읽어볼게요. 이러한 점들은 우리 모두가 한 사람으로서 가지고 있는 것들이에요. 이 목록을 '보편적 인간성'이라고 부를 거예요. (단어를 적는다.)

• 이제 새로 제목을 하나 추가해볼게요. ('나만의 특별함'이라고 적는다.)

• 이것은 자신의 이름처럼 다른 사람이 가지고 있지 않은, 나에게만 있는 것을 말해요.

• 나만이 가지고 있는 특별함을 누가 이야기해 볼까요?" (생각을 적는다.)

마무리 | 3분

• "우리 모두가 다 똑같이 가지고 있어서 놀랐나요? 차이점에 대해서는 어때요?

• 우리의 공통점과 차이점을 아는 것이 학급에 어떤 도움을 줄까요?

• 이것을 아는 것이 서로에게 더 친절하거나 자비롭게 행동하는 데 도움이 될까요? 왜 그렇죠?"

사후 활동

학생들에게 포스터 두 개를 만들고 꾸미도록 한다.

• 포스터 하나에는 자신과 친구들, 그리고 세계 모든 사람이 공통적으로 가지고 있는 것을 표현한다.
• 다른 포스터에는 각 학생이 가지고 있는 특별함을 표현한다.

이렇게 만든 포스터를 교실에 전시한다. 누군가 교실을 방문하면, 포스터에 적힌 글을 읽도록 하고 그중에서 자신이 가지고 있는 것 하나와 자신만의 특별한 점 한 가지를 이야기하도록 한다.

SEE LEARNING
마음과 생각을 키우는 교육

초등학교 저학년 교육과정(만 5-7세)

6장

자신과
타인을 위한
친절

6

Center for Contemplative Science and Compassion-Based Ethics | Emory University

개요

어린 아동들은 동물도 행복을 원하고 고통을 피하려고 한다는 점을 인식하고 있다. 동물도 배를 채울 음식이나 따뜻하게 머무를 장소를 찾으며 천적은 멀리한다. 그들에게 도움을 주는 동물과는 친구가 되기도 하지만, 해하려는 동물과는 멀리 떨어져 생활한다. 이처럼 동물도 사람처럼 고통이나 무자비함보다는 친절과 자비를 더 좋아한다.

이 장에서는 우리 자신과 타인에게 좀 더 친절하게 대하는 방법을 살펴볼 것이다. 여기서는 친절하게 대하는 마음만 가지는 것에서 끝나는 것이 아니라 실제로 친절을 실천하는 방법을 배울 것이다. 친절을 실천하기 위해서는 학생들이 기본적으로 자신의 정서와 타인의 정서를 인식할 수 있어야 한다. 맥락 속에서 타인의 정서와 행동을 이해하면, 타인에게 좀 더 공감할 수 있다. 이렇게 개발된 공감은 타인과 연결되어 있다고 생각하게 해 고립감이나 외로움을 덜 느끼게 한다. 타인을 이해하고 그들을 보살피는 마음을 기르는 것은 자신을 좀 더 잘 이해하고 보살피는 과정과 비슷하다.

6장에서 전반적으로 다루는 주제는 자기 자비와 타인 자비이다. 자비에 대한 저명한 학자인 툽텐 진파 박사는 자비를 "타인의 고통과 마주했을 때 그 고통을 덜어주고자 하는 마음을 내는 것"이라고 정의한다.[1] 이 정의에 따르면 자비는 다른 사람의 상황을 인식하고 공감하면서 그들에 대해 연민과 사랑의 마음을 내는 것이다. 이러한 능력은 자기 자비에서도 중요하다. 자기 자비를 연구하는 세계적으로 저명한 학자인 크리스틴 네프 박사는 자기 자비를 "자신의 실수와 단점을 관대하게 수용하는 것"이라고 정의한다.[2] 이러한 자기 자비는 유치원이나 학교를 다니면서 교사, 부모, 성인, 또래에게 끊임없이 평가받을 어린 아동들에게 매우 필요하다. 학생들은 살며 배우는 과정에서 마주하게 될 실패가 자신의 가치를

---

1 Jinpa, Thupten. A Fearless Heart: How the courage to be compassionate can transform our lives (Avery, 2016), xx.
2 https://self-compassion.org/the-three-elements-of-self-compassion-2/

떨어뜨릴 수 없으며, 오히려 이를 배우는 기회로 삼으면 미래에 중요한 자산이 될 수 있다는 사실을 반드시 배워야 한다.

수업 활동 1. 과 2. 에서는 자기 자비(자기 친절/자기 연민)에 대해 소개한다. 여기서는 많은 활동과 이야기를 통해 어려움에 처한 친구를 도와줄 때 사용하는 방법이 자기 자신에게도 도움이 될 수 있다는 점을 배울 것이다. 또한 배움에는 시간이 걸리고, 실패는 자연스러운 것이며, 이것은 포기하도록 만드는 이유가 될 수 없고, 자기 자신을 부정적으로 인식하게 만드는 요인도 될 수 없다는 것을 생각하는 '성장 마인드셋'을 길러줄 것이다. 비현실적인 기대('모든 것은 다 쉽게 잘 될 것이다. 나는 항상 이긴다. 나는 절대 실수하거나 실패하지 않는다'와 같은 생각들)를 내려놓는 것은 자기 자비에서 핵심적인 요소다. 이를 통해 역경을 만났을 때 자기를 비난하거나 자신이 가치 없는 존재라고 생각하도록 만드는 요인을 제거할 수 있다.

수업 활동 3. 과 4. 에서는 타인을 위한 자비(친절)에 대해 배운다. 자비가 생기기 위해서는 타인의 욕구를 알아차려야 하고, 그들과 정서적으로 연결되어야 한다. SEE Learning 교육과정 모형에도 나와 있듯이 자비는 알아차림에 기반을 두고 있으며, 이는 타인의 이익을 도모하는 실천적인 행위로 이끈다.

수업 활동 3. 에서는 이야기를 통해 자비와 용서에 대해 배운다. 세 명의 친구를 괴롭히는 현수의 이야기를 통해 현수가 부적응 행동을 보이는 원인을 맥락 속에서 살펴볼 것이다. 그리고 우정과 용서를 통해 현수에게 다가갈 수 있는 방법을 고민해 볼 것이다.

이 수업 활동은 용서와 자비의 중요 개념을 알려준다. 즉 용서는 타인에 대한 부정적인 감정을 해소하는 것이며, 그 사람의 상황을 맥락과 이해하면 용서가 가능하다는 것을 알려줄 것이다. 나아가 '능동적 자비'는 타인에 대한 책임감을 가지고 그들을 도와주려는 마음을 갖는 것이라는 점도 살펴볼 것이다.

학생들은 자비와 친절이 다른 사람에게 늘 맞춰주고 항상 '네'라고 대답하며, 다른 사람이 원하는 것을 자신과 그들에게 올 결과도 생각하지 않고 그대로 해 주기만 하는 것이 아니라는 것도 알아야 한다. 만약 자비가 이런 방식으로 생각되면 자기 파괴적으로 변질될 수 있다. 따라서, 자비는 분별력과 함께 개발되어야 한다. 누군가가 해로운 것을 원한다면 그때에는 분명한 목소리로 안 된다고 말하는 것이 자비이다.

이를 위해 마지막 수업 활동에서는 "안 돼"라고 말하거나, 제한이나 틀을 만들어 주는 자비에 대해서 살펴본다. 여기서는 나무를 타면 위험하기 때문에 안 된다고 말하는 교사의 예를 보여줄 것이다. 또한, 자신이나 타인을 위해 하는 일도 서로의 안전과 행복을 위해 일정한 한계나 경계를 둘 필요가 있다는 것을 살펴보고, 이것이 또 다른 방식의 자비라는 것을 배울 것이다.

이전 장에서는 다른 사람을 해칠 수 있는 상황에서 자신을 제어할 수 있는 자제력에 대해 배웠다. 6장에서는 보살핌에 대해 살펴본다. 자신과 타인을 진정으로 보살피는 것이 상황에 대한 분별력과 함께 가르쳐지면 학생들은 더 큰 행복감을 느낄 수 있다. 자신과 타인에게 장기적인 이익을 가져오는 배려심을 키우면 자비와 용서 이외에 관대함, 자제력, 정직, 성실, 사랑 등 많은 인성적 자질을 기를 수 있다.

학생의 개인 연습

SEE Learning에서 배운 많은 활동과 기술은 사실 자기 자비(자기 친절)와 타인 자비(타인 친절)를 연습하기 위한 것이었다. 회복탄력성을 키워주는 접촉하기, 자원 활용하기, 지금 도와주세요! 전략들은 자기 자비를 연습하는 또 다른 방법이다. 자신의 감정을 안내하는 것도 자기 자비를 연습하는 것이다. 이것은 자신의 행복과 평화로운 마음을 방해하는 부정적인 감정을 해소해 준다는 점에서 용서를 연습하는 것이기도 하다. 또한 마음챙김 듣기와 타인에게 집중하는 것은 타인을 위한 자비와 친절을 연습하는 것이다. 학생들에게 이미 배운 기술을 이야기하면서 지금까지 자기 자비와 타인 자비를 연습하고 있었다는 사실을 알려주면, 자기 자비와 타인 자비를 좀 더 자주 연습하기 시작할 것이다.

교사의 개인 연습

교사에 대한 타인의 기대나 자신이 부여하는 교사로서의 기준이 유난히 높게 느껴질 때가 있다. 이번 기회에 자기와의 대화 시간을 마련해 보자. 자신을 격려해줄 때가 있는지, 그리고 자신에게 부정적으로 이야기하지는 않았는지 생각해 본다. 자신과 학생들에게 비현실적인 기대를 갖고 있는 건 아닌지도 점검한다. 만약 비현실적인 기대를 가지고 있다면, 그것을 어떻게 변화시킬 수 있을지에 대해서 생각해 본다. 자신과 타인에게 친절을 표현하는 다양한 방법들에 대해서도 고민해 볼 수 있다.

추가 자료

- 크리스틴 네프(Kristen Neff)가 쓴 책 'Self-Compassion: The Proven Power of Being Kind to Yourself'(William Morrow, 2015)에서는 자기 자비에 대한 여러 과학적 연구를 만나볼 수 있다. 오디오북으로도 나와 있다. 네프 박사의 홈페이지에 있는 좋은 자료들도 참고할 수 있다. www.self-compassion.org
- 툽텐 진파의 책 'A Fearless Heart: How the Courage to Be Compassionate Can Transform Our Lives'(Avery, 2016)는 자기 자비에 대해 소개하는 장에서 이 교육과정에서 설명하는 많은 부분에 대해 다루고 있다.

용서와 자비에 대한 동화책도 도움이 될 것이다.

- *사자의 용서*(*The Forgiving Lion* by Efrat Haddi)
- *사막에서의 두 친구*(*Friends through Sand and Stone* by A. M. Marcus and Lizbeth Jane Amantillo).

부모님/보호자님께 보내는 편지

날짜 : _____

부모님/보호자님께,

여러분의 자녀는 이제 SEE Learning의 6장 '자신과 타인을 위한 친절'을 시작합니다.

6장에서는 자신과 타인에게 친절하게 대하는 방법을 연습할 것입니다. 자신과 긍정적으로 대화하면서 자기 자신에게 친절하게 대하는 방법을 확인하고 이것을 실천하는 방법에 대해 살펴볼 것입니다. 또한 다른 사람에 대한 부정적인 정서를 해소하는 용서에 대해서도 배울 것입니다. 아이들은 다른 사람들의 감정과 상황을 이해하는 것이 용서와 따뜻한 마음을 만들 수 있다는 것을 알게 될 것입니다.

가정에서의 활동
여러분의 자녀가 이번 장을 학습하는 동안 아이들에게 자신과 타인에게 친절하게 대하는 것이 무엇이라고 생각하는지 물어봐 주세요. 그리고 어려웠지만 누군가를 용서하고 행복을 찾았던 경험이 있으시다면 자녀에게 이야기해 주세요.

지금까지 배운 내용
• 1장에서는 친절과 자비의 개념을 탐구하고, 그것이 우리의 행복과 건강에 어떻게 연결되어 있는지를 살펴보았습니다.
• 2장에서는 스트레스에 대한 회복탄력성에 대해 배우고, 신체와 신경계를 조절해 행복감을 높이는 방법을 살펴보았습니다.
• 3장에서는 외부의 대상과 내면의 대상, 즉 몸과 마음, 생각, 감정에 집중하는 방법을 살펴보았습니다.
• 4장에서는 감정과 정서를 건강하게 돌보는 방법에 대해 배우면서 감정이 생기는 과정과 그 감정을 다루는 방법에 대해 살펴보았습니다.
• 5장에서는 다양성과 보편적 인간성에 대해 살펴보았습니다. 또한 마음챙김 듣기를 연습했습니다.

추가 자료
교육과정 안내서에 있는 SEE Learning 교육과정 모형을 참고하시기 바랍니다.
이 모형은 웹사이트에서도 찾아볼 수 있습니다. www.seelearningkorea.com

궁금한 사항이 있으면, 언제든 저희에게 연락을 주시기 바랍니다.

_____

선생님 사인

선생님 이름　_____

선생님 연락처　_____

Center for
Contemplative Science and
Compassion-Based Ethics

EMORY UNIVERSITY

자신과 타인을 위한 친절

자신을 위한 친절 탐구하기 1

목적

이 수업 활동에서 학생들은 어렵거나 도전적인 일을 만났을 때 자기 판단이나 자기 비난으로 나타날 수 있는 부정적인 자기 대화를 살펴보고 긍정적으로 자신과 대화하는 방법을 배운다.

학습 목표

학습자는

• 자신이나 타인과 갖는 긍정적인(유익한) 대화와 부정적인(해로운) 대화의 개념을 살펴볼 것이다.

• 친구에게 하는 것과 같이 자신에게도 친절하게 대하며 용기를 북돋아 줄 수 있다는 것을 살펴볼 것이다.

시간

25분

주요 구성 요소

자기 자비 (1C)

준비물

• 전지나 화이트보드

• 매직

• 제시된 '사진작가 서준이' 이야기

• 이 장에 첨부된 '긍정적', '부정적'이라고 적힌 카드

• 이야기 속 주인공인 서준, 은영, 현수를 표현할 인형이나 사진, 그림 등

도입 | 5분

- "자, 이제 집중력을 키우는 시간을 가져보도록 할게요. 자세를 어떻게 하면 좋을까요?

- 먼저 허리를 펴고 편안하게 앉아 주세요. 선생님은 눈을 뜨고 있을 거예요. 여러분은 눈을 감거나 아래쪽을 바라보아도 괜찮아요.

- 보물상자에서 자원을 하나 고르거나, 새로운 자원을 하나 상상해 보세요. 여러분의 기분을 더 좋아지게 하고, 안전한 기분을 느끼게 하거나, 행복하게 만드는 것은 어떤 것이라도 좋아요.

- 자원을 마음속으로 가져와 잠시 동안 주의를 기울여 보세요. 원한다면 접촉하기를 해도 좋아요. (잠시 멈춤)

- 몸에서 무엇이 느껴지나요? 유쾌하거나 중립적인 감정이 느껴진다면 그곳에 잠시 머물러 보세요. 불편함이 느껴지면 몸 안에서 더 기분 좋은 곳을 찾아 옮겨갈 수 있어요. (잠시 멈춤)

- 자, 이제 호흡을 알아차려 볼게요. 숨이 우리 몸 속으로 들어왔다 나가는 것에 주의를 기울여 볼게요.

- 호흡에 집중하는 것이 불편하면, 자원에 집중하거나 접촉하기를 해도 괜찮아요. (15-30초간 잠시 멈춤)

- 마음이 다른 곳에 있으면 다시 호흡으로 돌아오세요. 호흡을 세어 볼 수도 있어요. (더 오래 멈춘다. 30-60초 이상)

- 자, 이제 눈을 뜨세요. 무엇을 느꼈나요?" (이야기 나눈다.)

설명/토론 | 7분

긍정적인 대화

개요

이 활동에서는 우리가 자신에게 친절할 수 있는지, 그리고 친절할 때의 모습은 어떠한지에 대해 탐구한다. 또한 부정적인 자기 대화를 알아차리고 그것이 유익하지 않다는 것을 인식한다. 더불어 친구에게 친절하게 대하는 것처럼 자신에게도 친절하게 대할 수 있음을 배운다.

탐구할 내용/통찰

- 힘든 친구에게 긍정적으로 이야기할 수 있다.
- 힘든 상황에서 자신에게 긍정적으로 이야기할 수 있다.

준비물

- 전지나 화이트보드
- 매직

수업 방법

- 인형이나 사진을 준비한다.
- 서준이가 말한다. "보조바퀴 없이 자전거를 배워보려고 했는데 너무 어려웠어. 그래서 아직 자전거를 탈 줄 몰라. 다시는 자전거 타는 법을 배우지 못할 것 같아." 그리고 "서준이가 힘을 낼 수 있도록 은영이가 해줄 수 있는 말이 있을까요? 뭐라고 이야기하면 좋을까요?"라고 교사의 목소리로 물어본다. 서준이가 기분이 좋아지는 것을 보여준다. 도움이 되는 말을 하는 것을 긍정적인 대화라고 한다고 설명한다. (칠판에 쓴다.) 그리고 현수가 서준이에게 이야기한다. "맞아, 보조 바퀴 없이 넌 절대로 자전거를 배울 수 없어". 이때 서준이가 슬퍼하는 모습을 보여준다. 잠시 멈춘다. 그리고 무슨 일이 일어났는지 물어본다. 이것이 부정적인 대화라고 설명한다. (칠판에 쓴다.)
- 그리고 서준이가 자신을 의심하는 상황에 대해 다시 한번 이야기 나눈다. "서준이가 자신에게 뭐라고 말해줄 수 있을까요? 이것을 자기 대화라고 해요. 자기 대화는 긍정적이거나 부정적일 수 있어요"라고 설명한다.
- 긍정적인(유익한, 진실된, 친절한, 힘을 주는) 대화와 부정적인(해로운, 거짓의, 불친절한, 실망시키는) 대화의 차이에 대해 토론한다.
- 우리 자신이 힘들 때 긍정적인 자기 대화를 할 수 있을지 물어본다.

교사를 위한 팁

이 연령대의 아이들은 부정적인 자기 대화를 경험해 보지 않은 학생들이 있을 수 있으며, 어떤 것을 성취하지 못하는 것이 실패라고 느껴지거나 심하게 상처가 된다고 생각하지 않을 수도 있다. 그러나 이 아이들도(힘든 일을 겪고 있는 사람을 보거나 그것 때문에 자신에 대해 부정적으로 말하는 것을 들으면서) 타인이 사용하는 부정적인 자기 대화를 인식할 수 있다. 타인에게 공감하기 위해, 그리고 미래에 힘든 일을 겪을 수도 있는 자신을 위해 긍정적인 자기 대화법을 알아두면 좋을 것이다.

활동안

- "우리는 지금까지 친절을 보여주는 것이 왜 중요한지에 대해서 배웠어요. 그리고 친절을 보여주는 다양한 방법에 대해서도 배웠어요.
- 가족이나 친한 친구가 어떤 것을 하려고 하는데 그게 잘 안 되고 있는 것을 상상해 볼게요. 예를 들면 파티에서 사진을 찍는데 사진이 잘 나온 것이 하나도 없는 거예요. 그래서 기분이 안 좋아진 것이죠.
- 이때 우리가 뭐라고 말해주면 친구의 기분이 좋아질까요? 어떻게 힘을 줄 수 있을까요??
- 도움이 되는 친절한 말을 하는 것을 '긍정적인 대화'라고 해요. ('긍정적인' '친절'이라고 적는다.) '긍정적'이라는 말은 도움이 되거나 친절하거나 좋거나 유익한 것을 말하는 거예요.
- 지금까지 배운 것 중에 이 상황에서 사용할 수 있는 좋은 활동이 있을까요?
- 누군가를 실망하게 하거나 못된 말을 하거나 해로운 말을 하면 그것을 '부정적인 대화'라고 해요. 부정적이라는 것은 긍정적이라는 말의 반대말이에요. ('부정적'이라고 쓴다.)
- 그럼, 우리 자신에게도 긍정적이거나 부정적인 말을 할 수 있을까요?
- 만약 우리가 어떤 것을 하지 못해서 슬퍼지면 어떨까요? 내가 이 상황에 있다면 나 자신에게 "나는 이걸 잘 못해. 나는 절대 이걸 할 수 없을 거야!"라고 말할 수도 있어요. 그리고 더 심하게는 "나는 잘하는 게 하나도 없어!"라고 생각할 수도 있어요.
- 그리고는 좀 더 노력하거나 연습하려고 하지 않고 쉽게 포기해 버릴 수도 있지요. 결국 실패했다고 생각할 수 있어요. 이런 일이 여러분에게도 일어날 수 있을까요?
- 이건 자신에게 친절하지 않은 방식으로 이야기하는 거예요. 친구에게는 이렇게 이야기하지 않을 거예요. 그리고 그것은 사실도 아니에요.
- 만약 자신에게 이렇게 말한다면 이것은 긍정적인 대화일까요, 부정적인 대화일까요?
- 자신에게 친절한 사람이라면 친구가 문제가 생겼을 때 친절하게 이야기하는 것처럼 자신에게

도 친절하게 이야기해줄 거예요. 이것은 자신과 하는 긍정적인 대화예요.

- 이제 서준이와 은영이의 이야기를 읽어줄게요. 이야기에 집중해서 잘 들어보고, 서준이나 은영이가 긍정적인 대화나 부정적인 대화를 하고 있을 때를 잘 찾아보세요."

통찰 활동 | 12분
사진작가 서준이

개요
이 통찰 활동에서 학생들은 실패에 대해 생각해 보고 어떻게 이런 상황에서 자신과 타인에게 친절하게 대할 수 있는지 토론한다.

탐구할 내용/통찰
- 우리가 기대에 못 미치게 됐을 때 실망하기도 한다.
- 새로운 과제를 하면서 어려움을 느끼는 것은 자연스러운 것이며, 연습을 하거나 다른 사람의 도움을 받으면서 완성할 수 있다.

준비물
'긍정적' '부정적'이라고 적힌 카드 (수업 활동 끝에 첨부됨. 교사가 준비할 수도 있음.)

수업 방법
- 이야기 1부를 읽는다. 이야기 속 주인공들이 부정적이거나 긍정적인 대화를 나누는 부분이 나오면 손을 들도록 한다.
- 학생이 손을 들면 어디서 부정적이거나 긍정적인 대화를 보았는지 물어본다.
- 별 표시가 있는 곳에서 잠시 멈추고 다음과 같이 질문한다.
  - 서준이가 지금 무엇을 생각하고 있을까요?
  - 어떤 감정을 느끼고 있을까요?
  - 다른 주인공들은 무엇을 느끼거나 생각하고 있을까요?

- 여기에 부정적이거나 긍정적인 대화를 하는 친구가 있나요?
- 첫 번째 부분이 끝나면 다음에 일어날 일을 예상해 보기 위해 이야기를 복습한다.
- '긍정적인 대화'와 '부정적인 대화'의 카드를 선택하도록 하고 각각의 상황에 맞는 대화의 예를 찾아 본다.
- 두 번째 부분을 읽고 위와 같이 이야기 나눈다.
- 자신이 힘들 때 긍정적으로 대화하며 자기 자신에게 친절하게 대하고 힘을 주는 것이 왜 중요한지에 대해 질문하며 마무리한다.

교사를 위한 팁

- 인형을 사용할 수 있다.
- 포스터에 서준이에게 하는 친절한 말들을 적고 교실에 전시할 수 있다. 이때 특정 이름이나 상황에 대해 이야기하기보다, 일반적인 용어를 사용해 일상생활에서 더 자주 사용할 수 있도록 한다(예: 아직 못하는 것뿐이야).

사진작가 서준이 이야기

도입

"이 이야기는 서준이와 은영이에 관한 이야기예요. 이야기를 들려주는 동안 집중해서 잘 듣고, 긍정적이거나 부정적인 대화를 하는 부분을 찾아보세요. 다른 사람과 대화를 나눌 수도 있고, 자기 자신과 대화를 나눌 수도 있어요. 이렇게 대화를 나누는 것을 발견하면 손을 들어주세요. 선생님이 잠시 멈추고 질문하면, 이야기 속 친구들이 그 순간에 느끼는 것이나 생각하는 것을 이야기해 주면 돼요."

1부

"서준이는 은영이의 생일 파티에 왔어요. 그래서 지금 아주 신이 났어요. 여기에는 정말 많은 아이들이 있어요. 서준이가 잘 모르는 친구들도 있었죠. 작년에도 은영이 생일파티에 왔었어요. 그래서 이렇게 맛있는 음식들과 케이크, 그리고 재미있는 게임이 많이 있을 거란 걸 이미 알고 있었어요. 서준이는 특히 은영이와 다른 친구들과 놀 생각에 기분이 매우 좋았어요.*

서준이는 케이크를 먹으면서 은영이 아버지가 카메라로 사진을 찍고 계시는 모습을 보았어요. 서준이는 항상 카메라로 직접 사진을 찍어보고 싶었어요. 그러나 아직까지는 그럴 기회가 없었지요.

"저, 그 카메라로 사진을 한번 찍어봐도 될까요?" 서진이가 물었어요.

"서준아, 이 카메라로 사진을 어떻게 찍는지 알고 있니?" 은영이 아버지께서 물어보셨어요.

"네!" 서준이가 대답했어요. 그렇지만 사실 서준이는 카메라를 어떻게 사용하는지 몰라요.

"그래, 그럼 이 버튼만 누르렴. 그런데 찍으려는 대상에 초점을 잘 맞춰야 해. 그렇지 않으면 사진이 희미하게 나올 거야. 은영이가 케이크 촛불을 끌 때 사진을 꼭 찍어주렴."

"문제없어요!" 서준이는 자신 있게 말했어요. 파티가 끝날 때까지 서준이는 여기저기 다니며 친구들의 사진을 찍었어요.*

은영이가 소원을 빌고 촛불을 끌 시간이 왔어요. 그건 은영이 가족들이 생일에 항상 갖는 시간이에요. 은영이 아버지는 사진을 찍기 위해 서준이를 찾았어요. 그런데 그 누구도 서준이를 찾을 수 없었어요. 서준이는 밖에서 축구를 하고 있었거든요.*"

2부

"파티가 끝날 무렵, 사람들이 집으로 돌아가기 시작했어요. 서준이는 은영이 아버지에게 카메라를 가져다 드렸어요.

"사진 좀 볼까?" 은영이 아버지께서 말씀하셨어요. 함께 사진을 보는데 모든 사진이 다 흐리게 나와 있었어요. 깨끗하게 나온 사진이 하나도 없었어요. 그때 서준이는 은영이가 촛불을 끌 때 사진을 찍었어야 했다는 것이 생각났어요.*

"윽, 안돼." 서준이가 생각했어요. "큰일 났네. 은영이가 다시는 나랑 놀지 않겠지."

서준이는 집에 돌아가고 나서도 마음이 좋지 않았어요. 그리고 스스로 생각했어요. "어떻게 잘 하는 게 하나도 없을 수가 있지?"*

다음날 서준이는 학교에서 은영이를 피해 다녔어요. 서준이는 은영이가 자신에게 화가 났을 거라고 생각했어요.*

그러나 학교가 끝날 때쯤 마주친 은영이는 서준이에게 반갑게 인사하며 말했어요. "서준아, 안녕! 어제 파티에 와줘서 고마워!"

"사진은 정말 미안해." 서준이가 말했어요. "내가 다 망쳐놨어. 나는 항상 일을 망쳐."*

"아! 그거 괜찮아. 다른 사람도 사진을 찍고 있었어." 은영이가 말했어요. "네가 찍은 사진 재미있던데! 너 나중에 사진작가가 될 것 같아."

"하지만 나는 사진을 잘 못 찍는 걸." 서준이가 말했어요. "나는 사진작가 못해. 모든 사진들이 다 별로였어!"

그러자 은영이가 말했어요. "너무 슬퍼하지 마. 처음부터 좋은 사진을 찍는 건 어려운 일이야. 우리 아빠가 사진 찍는 법을 가르쳐 주셨는데 나도 배우는 데 시간이 걸리던 걸. 다음에 우리 집 와서 같이 사진 찍을까?"

"정말 내가 사진 찍는 걸 배울 수 있다고 생각해?" 서준이가 물었어요.

"그럼! 연습만 하면 돼!" 은영이가 말했어요.*

서준이는 잠시 고민하고 대답했어요. "내가 뭘 하고 있었던 건지 모르겠어. 나는 사진 찍는 게 쉬울 줄 알았어. 그런데 은영아, 네가 사진 찍는 것을 배웠던 것처럼, 나도 충분히 배울 수 있을 것 같아. 그래, 알았어. 다시 배워볼게!'"

토론을 위한 질문

- "왜 서준이는 앞으로 사진을 절대로 잘 찍을 수 없다고 생각했을까요?
- 은영이는 왜 서준이가 사진을 잘 찍을 수 있다고 생각했을까요?
- 사진이 모두 흐리게 나온 것을 봤을 때 서준이는 자기 스스로에 대해 어떻게 생각했나요?
- 은영이는 흐리게 나온 사진에 어떻게 반응했나요? 서준이에게 한 말은 무엇이었죠?
- 세계에서 가장 친절한 사람은 서준이에게 어떤 말을 해 주었을까요? (아래와 같이 이야기할 수 있다.)
- 실수를 한 것뿐이야.
- 다음에 더 잘할 거야.
- 사진을 잘 찍는 방법은 배울 수 있어. 조금만 연습 하면 돼.
- 끔찍한 게 아니야. 아직 익숙하지 않은 것뿐이야.
- 은영이나 다른 친절한 사람이 서준이를 위로해 주지 않는다면 서준이가 스스로 힘을 줄 수 있는 방법이 있을까요? 자기 자신에게 뭐라고 이야기할 수 있을까요? (아래와 같이 이야기할 수 있다.)
- 나는 실수를 한 것뿐이야.
- 나는 다음에 더 잘할 수 있어.
- 사진 찍는 법을 배우고 연습해야겠어.
- 망친 게 아니야. 아직 익숙하지 않은 것뿐이야."

마무리 | 3분

- "처음에는 정말로 어려웠는데 연습하면서 점점 쉽게 느껴졌던 경험이 있나요? 언제 그랬나요?
- 우리가 힘들 때 우리 자신에게 뭐라고 이야기하면 힘이 날까요?
- 오늘 배운 것 중에 기억하고 싶은 것은 무엇인가요?"

긍정적인 대화

부정적인 대화

자신을 위한 친절 탐구하기 2

목적

이 학습 활동에서 학생들은 가까운 친구나 가족이 어려운 일이나 힘든 일을 겪고 있을 때 부드럽고 친절하게 대하는 것처럼, 자기 자신에게도 부드럽고 친절하게 대하는 방법을 탐구한다. 이 학습 경험은 이전 수업에서 배운 긍정적인 자기 대화와 부정적인 자기 대화에 대해 잘 이해하고 있을 때 훨씬 더 잘 학습될 수 있다.

학습 목표

학습자는

• 나 자신과 친구가 될 수 있다는 것을 탐구할 것이다.

• 타인을 위한 친절은 자신에게도 적용될 수 있다는 것을 탐구할 것이다.

주요 구성 요소

자기 자비 (1C)

시간

30분

준비물

• 종이

• 그림 그릴 도구

도입 | 4분

- "자, 이제 집중력을 키우는 시간을 가져보도록 할게요. 자세를 어떻게 하면 좋을까요?

- 먼저 허리를 펴고 편안하게 앉아 주세요. 선생님은 눈을 뜨고 있을 거예요. 여러분은 눈을 감거나 아래쪽을 바라보아도 괜찮아요.

- 보물상자에서 자원을 하나 고르거나, 새로운 자원을 하나 상상해 보세요. 여러분의 기분을 더 좋아지게 하고, 안전한 기분을 느끼게 하거나, 행복하게 만드는 것은 어떤 것이라도 좋아요.

- 자원을 마음속으로 가져와 잠시 동안 주의를 기울여 보세요. 원한다면 접촉하기를 해도 좋아요. (잠시 멈춤)

- 몸에서 무엇이 느껴지나요? 유쾌하거나 중립적인 감정이 느껴진다면 그곳에 잠시 머물러 보세요. 불편함이 느껴지면 몸 안에서 더 기분 좋은 곳을 찾아 옮겨갈 수 있어요. (잠시 멈춤)

- 자, 이제 호흡을 알아차려 볼게요. 숨이 우리 몸 속으로 들어왔다 나가는 것에 주의를 기울여 볼게요.

- 호흡에 집중하는 것이 불편하면, 자원에 집중하거나 접촉하기를 해도 괜찮아요. (15-30초간 잠시 멈춤)

- 마음이 다른 곳에 있으면 다시 호흡으로 돌아오세요. 호흡을 세어 볼 수도 있어요. (더 오래 멈춘다. 30-60초 이상)

- 자, 이제 눈을 뜨세요. 무엇을 느꼈나요?" (이야기 나눈다.)

통찰 활동 | 8분

친구에게 친절하듯, 나에게도 친절하자.

개요

이 활동에서 학생들은 기가 죽어 있는 친구를 위로하는 방법을 브레인스토밍한다. 그리고 짝을 지어 그 방법을 직접 시연해 본다. 그 뒤 친구가 없어도 스스로에게 해줄 수 있는 행동과 긍정적인 대화를 찾아본다.

탐구할 내용/통찰

- 낙담한 친구에게 할 수 있는 힘을 주는 말이나 도움을 주는 행동이 있다.
- 친구에게 힘을 주기 위해 하는 말이나 행동은 우리 자신에게도 힘을 준다.

준비물

없음

수업 방법

- 학생들에게 친한 친구 두 명을 떠올리도록 한다. '사진작가 서준이' 이야기를 하면서 서준이와 은영이가 어떻게 친구가 되었는지 이야기 나눈다.
- 친구가 서준이처럼 슬프거나 행복하지 않을 때, 또는 어려운 일을 당했을 때 어떻게 친절하게 대할 수 있을지 물어본다. "친구가 행복하지 않은 것을 보면 우리는 어떻게 느낄까요? 뭐라고 말할 수 있을까요? 무엇을 할 수 있을까요?"
- 칠판에 '느낌' '말' '행동'이라고 적고 학생들의 의견을 해당하는 곳에 적는다.
- 두 명의 지원자를 받아서 한 명은 서준이처럼 낙담한 친구가 되고 다른 친구는 은영이처럼 힘을 주는 친구가 된다. 적은 목록 중에서 '말'이나 '행동' 중에 하나를 선택하도록 하고 똑같이 해보면서 위로하는 연습을 한다. 서준이 역할을 하는 친구에게 기분이 어떤지 물어본다. 이 활동을 새로운 지원자와 함께 3-4번 반복한다.
- 친구들이 항상 우리 주변에 있는 것은 아니라는 것을 알려준다. 만일 친구가 없을 때 우리가 직접 이 행동이나 말을 해줄 수 있을지 물어본다. 서준이의 예를 사용해도 좋다.
- 목록에서 우리가 스스로에게 해줄 수 있는 말이나 행동을 확인한다.
- 더 추가할 사항을 확인한다. "우리가 힘이 들 때 우리에게 힘을 주는 말이나 행동, 느낌은 또 어떤 것이 있을까요?"

교사를 위한 팁

짝을 지어서 하는 활동에서는 학생들의 이해를 높일 수 있도록 교사가 학생과 함께 예시를 보여주는 것도 좋다.

활동안

- "지난 번 수업시간에 들었던 '사진작가 서준이' 이야기 기억하나요? 서준이가 은영이 생일 파티에 갔었고, 카메라와 얽힌 이야기가 나왔었어요.

- 은영이는 서준이가 찍은 사진들을 보고 뭐라고 했나요? (학생들이 대답한다.) 은영이는 서준이에게 친절하게 이야기해 주는 좋은 친구예요.

- 이제 서준이가 되어 볼게요. 여러분이 서준이라면 사진이 잘 나오지 않았을 때 어떻게 느꼈을 것 같나요? 친구가 나에게 무슨 말을 해주면 좋을까요? (학생들의 의견을 받고 '말' '행동'이라고 적힌 제목 아래 적는다.) 그래요. 그럼, 우리가 슬프거나 실망했을 때 우리의 좋은 친구들이 해줄 수 있는 말과 행동을 보도록 할게요. (적힌 것을 다시 한번 읽는다.)

- 이제, 우리가 행동으로 직접 시연해 볼게요. 직접 행동으로 보여줄 두 명의 친구 있을까요? 한 명은 생일 파티를 망쳤다고 생각해 힘이 쭉 빠진 서준이가 되고, 다른 한 명은 서준이를 위로해주는 좋은 친구가 될 거예요. 좋은 친구가 되면 여기 적혀 있는 것 중에서 하나를 골라 그대로 재연해 보는 거예요. 자, 무슨 일이 일어날지 다 같이 보도록 할게요. 어땠나요?

- 그런데, 지금 이렇게 좋은 친구가 옆에 없는 상황에서 화가 났다면, 또는 슬프거나 무섭거나 힘이 없다면 어떻게 해야 할까요? 우리 자신에게 뭐라고 이야기해 줄 수 있을까요? 어떻게 해 줄 수 있을까요?"

반성적 활동 | 15분
나에게 친절하기

개요
이 반성적 활동에서 학생들은 자신이 낙담했을 때 자신에게 베풀 수 있는 친절을 쓰거나 그리면서 배운 것을 체화시킨다. 그리고 다른 사람들에게 좀 더 친절하게 대하는 방법을 탐구한다.

탐구할 내용/통찰

- 우리는 이미 자신에게 친절을 베풀고 있다.
- 자신에게 친절하게 대하는 법을 다른 사람들로부터 배울 수 있다.
- 우리에게 친절하게 대하는 법을 많이 찾을 수 있다.

준비물

- 종이
- 필기도구, 그림 도구
- 생각 방울 그림 (이 수업 활동에 첨부됨)

수업 방법

- 학생들에게 종이 한 장과 그림 도구를 나누어 준다.
- 수업 활동 뒤에 첨부된 생각 방울 그림을 보여준다.
- 학생들에게 자신과의 긍정적인 대화가 필요한 시기를 생각하고 그리도록 한다.
- 자신에게 친절하게 해줄 수 있는 말이 무엇인지 물어 본다.
- 이야기 나눈다.
- 친구들이 자신을 친절하게 대하는 방법에 대해 발표하는 것을 들으면서 자신의 그림에 첨가하고 싶은 것이 생겼다면 더 그리거나 쓰도록 한다. 친구들의 이야기에 귀를 기울이는 것은 친구들에게서 새로운 방법을 배울 수 있는 좋은 기회라고 설명한다. 교사가 생각한 것이 있다면 그것도 첨가한다.
- 그림을 교실에 전시한다.

교사를 위한 팁

생각 방울 그림을 복사해서 학생들에게 먼저 나누어 주고 활동을 할 수도 있다.

활동안

- "자, 지난 시간에는 친구들에게, 그리고 자기 자신에게 친절하게 대하는 방법을 연습해 보았어요. 그럼 이제 그 방법들을 그림으로 그려보도록 할게요.

- 자신에게 친절하게 말하는 것이 필요한 때를 생각하고 그림으로 그려보세요. 여기 생각 방울이 있어요. 이 생각 방울 안에 자신에게 했거나 하고 싶은 말을 써 주세요. (그림을 그릴 시간을 준다.)

- 어떤 친구가 그림에 대해서 이야기해 볼까요? 어떤 말을 썼는지에 대해서도 이야기해 줄 친구 있나요? (이야기 나눈다.)

- 이야기해 줘서 고마워요. 다른 친구들이 이야기하는 것을 들었는데요. 우리 친구들이 생각 방울에 더 넣고 싶은 것이 생겼나요? (시간을 몇 분 더 주고 생각 방울을 더 만들도록 한다.)

- 좋아요. 이제 그림을 제출해 주세요."

마무리 | 3분

- "우리에게 더 친절해지기 위해서 무엇을 할 수 있을까요?

- 오늘 배운 것 중에 꼭 기억해 두고 싶은 것이 있나요?"

긍정적인 자기 대화

긍정적인 자기 대화가 필요할 때의 나를 그린다.

목적

이 수업 활동에서 학생들은 다른 사람에 대한 부정적인 감정을 행동의 수용 여부와 상관없이 해소하면서 용서를 탐구한다. 또한 화가 용서와 자비로 바뀌게 되는 이야기를 들으면서 행동과 감정을 맥락 속에서 이해하는 법을 배운다. 그리고 자신의 경험으로 돌아와 분노의 마음을 내려놓는 경험을 해본다.

학습 목표

학습자는

• 자신과 타인에 대한 부정적인 정서를 해소하면서 용서의 개념을 탐구할 것이다.

• 자비라는 용어를 배우고 의미를 탐구할 것이다.

• 어떤 사람의 행동과 감정을 맥락 안에서 이해하는 것이 어떻게 그 사람에 대해서 자비를 일으키는지 탐구할 것이다.

• 불행한 느낌과 다른 사람들을 아프게 하는 것 사이의 관계에 대해 탐구할 것이다.

• 다른 사람에게 화가 났지만 화를 풀 수 있었던 일에 대해 생각해 볼 것이다.

주요 구성 요소

타인 자비 (2C)

시간

25분

준비물

• 없음

도입 | 4분

- "자, 이제 집중력을 키우는 시간을 가져보도록 할게요. 자세를 어떻게 하면 좋을까요?

- 먼저 허리를 펴고 편안하게 앉아 주세요. 선생님은 눈을 뜨고 있을 거예요. 여러분은 눈을 감거나 아래쪽을 바라보아도 괜찮아요.

- 보물상자에서 자원을 하나 고르거나, 새로운 자원을 하나 상상해 보세요. 여러분의 기분을 더 좋아지게 하고, 안전한 기분을 느끼게 하거나, 행복하게 만드는 것은 어떤 것이라도 좋아요.

- 자원을 마음속으로 가져와 잠시 동안 주의를 기울여 보세요. 원한다면 접촉하기를 해도 좋아요. (잠시 멈춤)

- 몸에서 무엇이 느껴지나요? 유쾌하거나 중립적인 감정이 느껴진다면 그곳에 잠시 머물러 보세요. 불편함이 느껴지면 몸 안에서 더 기분 좋은 곳을 찾아 옮겨갈 수 있어요. (잠시 멈춤)

- 자, 이제 호흡을 알아차려 볼게요. 숨이 우리 몸 속으로 들어왔다 나가는 것에 주의를 기울여 볼게요.

- 호흡에 집중하는 것이 불편하면, 자원에 집중하거나 접촉하기를 해도 괜찮아요. (15-30초간 잠시 멈춤)

- 마음이 다른 곳에 있으면 다시 호흡으로 돌아오세요. 호흡을 세어 볼 수도 있어요. (더 오래 멈춘다. 30-60초 이상)

- 자, 이제 눈을 뜨세요. 무엇을 느꼈나요?" (이야기 나눈다.)

설명/토론 | 5분

개요

학생들은 이 활동에서 단어 지도를 그리며 '용서'의 의미를 탐구하고 자신의 경험에 대해 이야기 나눈다.

탐구할 내용/통찰

용서는 자신과 타인에 대해 가지는 부정적인 정서나 화를 내려놓는 것이다.

초등학교 저학년 6장 | 자신과 타인을 위한 친절

준비물

• 없음

수업 방법

• 오늘은 용서에 대해서 이야기하면서 용서의 의미를 살펴볼 것이라고 설명한다.
• 칠판에 '용서하다'라고 쓴다.
• 무슨 뜻인지 아는 친구가 있는지 물어보고 이를 표현하는 다른 단어를 이야기하도록 한다. '용서하다' 주변에 학생들이 이야기하는 단어를 적는다.
• 교사 자신이 누군가를 용서했던 경험을 이야기한다. 이때 누구나 경험할 수 있는 예를 들고, 비슷한 경험이 있는 학생이 있다면 이야기하도록 한다.

교사를 위한 팁

• 자신이 한 용서의 경험을 이야기할 때는 작은 불편을 준 사람에 대한 용서와 같이 아주 사소한 부분을 다룬다. 큰 범죄에 대한 것을 용서했다는 이야기는 피하도록 한다. 그리고, 자기 자신을 용서했다는 이야기보다는 다른 사람을 용서한 이야기로 시작한다.
• 사람들이 용서하기 어려운 일에 대해 이야기하기보다 일반적으로 수용할 수 있는 사소한 일을 용서하는 것부터 강화시킨다. 즉, 강점에 기반한 접근법을 취한다.

활동안

• "오늘은 용서에 대해서 배워 볼 거예요. 누군가를 용서하는 것이 어떤 의미인지 이야기 나눠 보도록 할게요. (칠판에 '용서하다'라고 쓴다.)
• '용서하다'라는 단어는 무엇을 의미할까요? 어떤 것과 연관이 있을까요?
• 누군가를 용서하게 된 이야기를 아는 친구 있나요? (학생들이 이야기하지 않으면 자신의 경험을 이야기한다.)
• 누군가에게 진심이 아닌 것 같은 사과를 받아 본 적 있나요? 어떻게 그것이 진심이 아니라고 말할 수 있나요?
• 미안하지 않은데 미안하다고 말해 본 적 있나요? 왜 미안하다고 말했나요?"

통찰 활동 | 13분

개요

이 활동에서 학생들은 자신을 해친 사람을 이해하면서 용서와 자비의 마음을 갖고 그 사람이 더 이상 다른 사람을 해치지 않도록 도와주는 한 친구의 이야기를 들을 것이다. 그리고 화가 자비와 용서로 변한 이유와 화가 계속 일어났다면 벌어질 결과에 대해서도 생각해 볼 것이다.

탐구할 내용/통찰

- 부정적인 감정을 가지고 있을 수는 있지만, 이것은 삶을 즐겁게 사는 능력과 행복감에 영향을 준다.
- 용서는 잘못을 저지른 사람에 대한 부정적인 감정을 내려놓는 것이다.
- 다른 사람의 행동을 맥락 속에서 이해하면 자비심을 기를 수 있다.
- 타인에 대한 강한 자비는 그 사람을 돕고 싶은 마음으로 이어진다.

준비물

- 없음

수업 방법

- 아래의 이야기를 읽는다. 별표(*)가 있는 곳에서 잠시 멈추고 다음과 같이 질문한다.
  - "서준이는 지금 어떤 감정을 느끼고 있을까요?
  - 서준이는 지금 무엇이 필요할까요?
  - 서준이는 자신에게 뭐라고 이야기하고 있을까요?
  - 다른 학생들은 무엇을 느끼고, 생각하고 있을까요?
  - 그 학생들은 무엇이 필요할까요?
  - 서준이가 해야 할 일은 무엇인가요?"
- 이야기를 다 읽으면 학생들에게 아래와 같이 질문하면서 일어난 일에 대해 이야기 나눈다.
  ('이야기에 대한 토론' 참조)

교사를 위한 팁

- 이야기가 길게 느껴지면 세 번에 나누어 수업을 진행할 수 있다. 이야기는 1부, 2부, 3부로 나뉘어 있다.
- 두 번으로 나누어 수업을 하게 되면 1부와 2부를 먼저 읽고 토론한 후 다음 시간에 3부에 대해 이야기 나눈다.

활동안

- "이제 서준이, 은영이, 지수의 이야기를 들려줄게요.
- 이야기 속 친구들이 생각하고 있는 것과 느끼고 있는 것들에 대해 생각해 보세요. 선생님이 잠시 멈추면 여러분의 생각을 이야기해 주세요." (아래의 이야기를 읽는다. 그리고 별 표시가 있는 곳이나 필요하다고 생각하는 곳에서 잠시 멈추고 질문한다. 이야기와 함께 토론한다.)

서준이의 용서 이야기

1부

" 어느 날 서준이는 운동장에서 은영이, 지수와 함께 공놀이를 하고 있었어요. 공이 자신에게 오자 서준이는 은영이에게 공을 던져 주려고 했어요. 그때 다른 남자 아이가 다가와 서준이를 밀었어요. 서준이는 그만 진흙 바닥에 넘어지고 말았어요.

"야! 뭐하는 거야!" 서준이가 말했어요. 그 남자 아이는 웃으면서 서준이가 떨어뜨린 공을 주웠어요.

"이 공은 내 거다." 그리고는 공을 가지고 가버렸어요.*

"말도 안돼! 너무 놀랐잖아." 은영이가 말했어요.

"놀란 정도가 아니야. 너무 못된 것 같아." 지수가 말했어요. "쟤는 현수라는 앤데, 항상 우리를 괴롭힌다니까." 서준이는 일어나서 옷에 묻은 흙을 털어내려고 했어요. 그러나 진흙이 묻은 옷은 깨끗해지지 않았어요.

"내가 할 수 있는 일이 있었으면 좋겠다." 서준이가 말했어요. 그러나 현수는 서준이보다 훨씬 덩치가 컸고, 서준이는 아무것도 할 수 없었어요.*"

2부

"그날 오후 서준이는 학교를 마치고 집으로 향했어요. 서준이 엄마는 옷이 더러워진 것을 보시고 무슨 일이 있었는지 물어 보셨어요. 서준이는 현수가 자신을 민 기억이 떠오르자 너무너무 화가 나는 것을 느꼈어요. 사실, 서준이는 화가 너무 심하게 나서 저녁도 맛있게 먹을 수가 없었어요.*

다음날에도 서준이는 화가 나 있었어요. 은영이와 지수를 만났을 때도 행복하지 않았어요. 점심시간에 다 같이 모였어요. 서준이는 현수도 점심을 먹고 있는 것을 보았어요. 그런데 혼자 앉아서 점심을 먹고 있었어요.*

"저것 봐, 아무도 현수와 같이 앉고 싶지 않아 해." 지수가 말했어요. "모든 사람들이 현수를 싫어한다니까. 선생님들도 다 현수를 싫어하서."

서준이는 아무 말도 하지 않았어요. 그때, 선생님께서 현수에게 가시는 것을 보았어요. 선생님은 현수 등에 손을 올려놓으며 부드럽게 말씀하셨어요. 선생님이 현수에게 굉장히 다정하게 대하는 것처럼 보였어요.*

선생님이 다른 곳으로 가실 때, 서준이는 선생님께 다가갔어요. "선생님, 현수한테 잘해주시면 안 돼요. 현수는 어제 운동장에서 저를 밀고 공을 뺏어갔어요. 현수는 모든 아이들을 괴롭혀요. 벌을 받아야만 한다고요."

선생님은 미소를 지으며 서준이에게 말했어요. "현수가 너를 밀고 공을 빼앗아 갔다면 그건 정말 잘못된 행동이다. 내가 현수에게 가서 이야기해 볼게. 그런데, 우리는 모두 현수에게 친절하게 대해야 해. 현수 어머니는 지금 많이 아프시단다. 그래서 우리가 현수의 가족이 되어 줘야 해."*"

3부

" 점심시간이 끝나고 서준이는 은영이, 지수와 함께 운동장에서 놀고 있었어요. 서로에게 공을 차며 놀고 있는데 현수가 혼자 서 있는 것을 보았어요. 서준이는 선생님께서 하신 말씀이 떠올랐어요. 그리고 현수에 대한 화가 많이 가라앉았다는 것을 발견했어요. 현수를 보는데도 마음이 그렇게 아프지 않았어요.

"애들아, 우리 현수한테 같이 놀자고 할까?" 서준이가 말했어요. *

"장난해? 현수가 어제 널 밀었잖아. 옷도 다 더러워지고." 지수가 말했어요.

"그래, 알아. 그런데 현수가 외로워 보여서. 선생님이 그러시는데 현수 엄마가 많이 아프시대. 현수가 슬플 것 같지 않아? 무섭기도 하고." 서준이가 말했어요.

"그래도 다른 사람을 밀면 안 되는 거야." 은영이가 말했어요.

"그건 맞아. 선생님이 그러셨는데, 사람들은 불행하지 않으면 다른 사람들을 해치려고 하지 않는대. 나는 현수가 행복하지 않아서 그랬다고 생각해. 나를 민 것은 분명히 잘못된 일이지만, 현수한테는 화가 많이 나지 않아."*

"부모님이 아프시다니, 상상이 안 되는데. 현수가 왜 그렇게 못되게 굴었는지 알겠다. 친구도 없고. 우리마저 친절하게 대하지 않으면 아무도 없겠는데?"

지수는 공을 잡고 현수에게 걸어갔어요. "현수야, 우리랑 같이 공놀이 할래?"

현수는 놀란 눈으로 물었어요. "정말 나랑 놀고 싶어?"

"그럼~ 너한테 화 다 풀렸어. 그렇지만 다시는 친구를 밀면 안돼. 알겠지?" *

그날 오후 서준이가 집에 갔을 때 엄마가 물어보셨어요. "오늘 어떻게 지냈니?"

"좋았어요. 현수랑 같이 놀았어요." 서준이가 대답했어요.

"현수는 어제 너를 밀었던 친구 아니니?" 엄마가 물어 보셨어요. 그리고 미소를 지으며 말씀하셨어요. "서준아, 네가 정말 자랑스럽구나.""

이야기에 대한 토론

이야기를 읽고 난 뒤, 다음과 같이 질문하면서 토론한다.

- "현수는 왜 서준이를 밀었을까요?
- 서준이는 화를 얼마 동안 내고 있었나요? 화가 나 있을 때 서준이는 어땠나요?
- 서준이는 현수를 용서한 것 같나요? 그걸 어떻게 알죠?
- 서준이는 현수에게 왜 갑자기 친절하게 대했나요?
- 서준이와 친구들이 현수에게 영원히 화가 나 있다면 어떤 일이 일어날까요?
- 아직 화가 나 있는데 미안하다고 말해 본 적 있나요? 그것을 용서라고 할 수 있을까요?
- 현수는 서준이를 미는 대신 어떻게 할 수 있었을까요?
- 서준이가 현수를 용서했을 때, 서준이의 공을 뺏은 것에 대해 현수는 어떻게 느꼈을까요?"

마무리 | 3분

- "용서가 무엇인지 모르는 사람을 만나면 용서에 대해 어떻게 설명해 줄 수 있을까요?
- 오늘 배운 것 중에 앞으로도 쭉 기억하고 싶은 것이 있나요?"

수업 활동 4

능동적 친절 탐구하기

목적

이 수업 활동에서 학생들은 다른 사람들에 대한 책임감을 가지고 그들을 도와주고 보호하는 행동인 능동적 친절에 대해 배운다. 이야기를 듣고 토론하면서 능동적 친절의 세 가지 구성요소에 대해 탐구한다. 이 세 가지 구성 요소는 다른 사람에게 사랑의 마음 갖기, 다른 사람이 필요로 하는 것과 원하는 것을 이해하기, 그리고 책임감을 갖고 도와주기이다. 학생들은 또한 안 된다고 이야기하거나 제한을 만드는 것이 어떻게 능동적 친절과 연결되는지에 대해서도 탐구한다.

학습 목표

학습자는

• 능동적 친절의 세 가지 구성요소인 사랑의 마음 갖기, 욕구와 바람 이해하기, 책임감을 가지고 도와주기에 대해 탐구할 것이다.

• 친절이나 자비는 안 된다고 말하는 것이나 누군가를 대변해 주는 것도 포함한다는 것을 탐구할 것이다.

• 자기의 생각을 뚜렷하게 이야기하는 것은 무례하거나 불친절한 것과는 다르다는 것을 인식할 것이다.

주요 구성 요소

타인 자비 (2C)

시간

30분

준비물

• 종이
• 그림 도구

도입 | 3분

- "자, 이제 집중력을 키우는 시간을 가져보도록 할게요. 자세를 어떻게 하면 좋을까요?

- 먼저 허리를 펴고 편안하게 앉아 주세요. 선생님은 눈을 뜨고 있을 거예요. 여러분은 눈을 감거나 아래쪽을 바라보아도 괜찮아요.

- 보물상자에서 자원을 하나 고르거나, 새로운 자원을 하나 상상해 보세요. 여러분의 기분을 더 좋아지게 하고, 안전한 기분을 느끼게 하거나, 행복하게 만드는 것은 어떤 것이라도 좋아요.

- 자원을 마음속으로 가져와 잠시 동안 주의를 기울여 보세요. 원한다면 접촉하기를 해도 좋아요. (잠시 멈춤)

- 몸에서 무엇이 느껴지나요? 유쾌하거나 중립적인 감정이 느껴진다면 그곳에 잠시 머물러 보세요. 불편함이 느껴지면 몸 안에서 더 기분 좋은 곳을 찾아 옮겨갈 수 있어요. (잠시 멈춤)

- 자, 이제 호흡을 알아차려 볼게요. 숨이 우리 몸 속으로 들어왔다 나가는 것에 주의를 기울여 볼게요.

- 호흡에 집중하는 것이 불편하면, 자원에 집중하거나 접촉하기를 해도 괜찮아요. (15-30초간 잠시 멈춤)

- 마음이 다른 곳에 있으면 다시 호흡으로 돌아오세요. 호흡을 세어 볼 수도 있어요. (더 오래 멈춘다. 30-60초 이상)

- 자, 이제 눈을 뜨세요. 무엇을 느꼈나요?" (이야기 나눈다.)

설명/토론 | 8분

능동적 친절은 강점이 된다.

개요

이야기를 들으면서 학생들은 자비를 통해 다른 사람들을 보호하고 그들을 위한 최선의 행동을 할 수 있는 방법에 대해 탐구한다. 또한 자비가 항상 '네'라고 대답하거나, 그 사람에게 진정으로 도움이 되는지는 생각하지 않고 무조건 주기만 하는 것이 아니라는 것도 배울 것이다.

탐구할 내용/통찰

능동적 친절은 다른 사람에 대해 책임감을 느끼고 그 사람에게 가장 적합한 것을 생각하는 것이다.

준비물

없음

수업 방법

- 이야기를 들려줄 것이라고 말하고 친절과 자비의 순간에 주의를 기울이도록 한다.
- 친절과 자비의 순간이라고 생각하는 부분에 손을 들도록 한다. 손을 들면, 이유에 대해 이야기 나눈다.
- 이야기를 다 읽고 나면 배운 것을 검토한다.

나무를 타는 수아 이야기

" 어느 날, 지수는 운동장에서 서준이, 은영이와 놀고 있었어요. 지수는 그때 아는 동생인 수아가 혼자 나무를 타고 있는 모습을 보았어요.

교실에 들어갔을 때 선생님께서 무엇을 했는지 물어보셨어요.

"공놀이를 하고 수아가 나무를 타고 있는 것을 보았어요." 지수가 말했어요. "그래서 저도 다음에 나무를 타보려고요!"

그러자 선생님께서 걱정하시며 말씀하셨어요. "그건 위험하단다. 작년에 한 학생이 나무에서 떨어져 팔이 부러졌어. 그래서 학교에서는 학생들이 나무를 타면 안 된다는 약속을 만들었단다."

은영이의 표정이 우울해 보였어요. 은영이는 마음속으로 생각했어요. "말도 안 돼! 나무를 타는 게 얼마나 재미있는데."

선생님은 지수에게 물어보셨어요. "수아는 몇 살이니?"

지수가 대답했어요. "수아는 어려요. 우리보다 아래 학년이에요."

선생님께서 말씀하셨어요. "그럼 너희들이 수아를 도와줄 수 있겠다. 다음에 운동장에서 수아를 만나면 약속을 지키기 위해 나무를 타면 안 된다고 말해 주렴. 나도 수아를 만나면 그렇게 말할게."

지수가 말했어요. "근데, 수아가 좋아하지 않을 거예요. 수아가 저한테 화를 낼 것 같아요. 수아한테 나쁜 짓을 하는 것 같기도 하고요."

선생님께서 말씀하셨어요. "수아가 좋아하지 않을 수도 있어. 그렇지만 우리가 수아한테 이야기를 하지 않으면 수아는 나무에서 떨어질 수도 있다는 것을 모르고 있을 거야. 그래서 계속 나무를 타다가 떨어져 다치면 어떡하지?"

"그런 일은 안 일어났으면 좋겠어요. 제가 내일 만나면 꼭 이야기할게요." 지수가 말했어요."

토론할 질문

• "이야기 재미있었나요? 어떤 점이 재미있었나요?
• 은영이는 왜 우울해 보였나요?
• 나무를 타도 괜찮은가요?
• 학교는 왜 학생들에게 나무에 올라가지 못하게 했을까요?
• 지수는 왜 수아에게 나무에 올라가면 안 된다고 말하고 싶지 않아 했나요?
• 지수는 왜 마음을 바꿔서 학교 약속을 수아한테 이야기해 주려고 했나요?
• 지수가 수아를 염려하고 있다고 생각하나요? 왜 그런가요? 왜 그렇지 않은가요?"

활동안

• "우리는 지금 친절에 대해 이야기하고 있어요. 그리고 친절이 우리가 마음속에 가질 수 있는 강점이라는 것도 배웠어요.
• 다정하게 말을 해도 의도가 좋지 않으면 친절이 아니라고 이야기한 것 기억나나요?
• 오늘도 이야기를 하나 읽어줄 거예요. 이야기를 들으면서 친절한 순간을 찾아보세요. 숨겨져 있으니까 잘 들어 보도록 하세요."

• (이야기를 읽는다. 학생들이 손을 들면 발견한 친절의 순간에 대해 이야기하도록 한다. 이야기가 끝나면 아래와 같이 질문한다.)

통찰 활동 | 10분
역할극을 통한 능동적 자비 연습

개요
이 활동에서 학생들은 역할극을 진행한다. 이를 통해 스스로 자비와 친절의 마음으로 안 된다고 말하거나, 다른 사람이 자비와 친절의 마음으로 안 된다고 말하는 것을 들으면서 느껴지는 점을 살펴본다.

탐구할 내용/통찰
• 친절과 자비는 안 된다고 이야기하거나 누군가를 대변하는 것을 포함한다.
• 자기 주장을 명확하게 표현하는 것은 무례하거나 불친절한 것과는 다르다.

준비물
없음

수업 방법
• 역할극을 할 때 앞에 나와 연기할 학생을 뽑는다. 수아, 지수, 선생님, 은영이의 역할 중에서 하나를 선택하도록 한다. 수아와 다른 주인공들이 대화하며 역할극을 진행한다. 여기서는 수아의 역할이 무엇보다 중요하다.
• 다음날이 되었고, 수아가 운동장에서 나무를 타고 있다고 설명한다.
• 각각의 학생이 자신의 역할을 이해하고 있는지 확인한다. 수아를 연기하는 학생에게 "너는 이제 수아야. 나무를 정말 정말 타고 싶어 한단다"라고 설명한다. 선생님이나 지수를 연기하는 학생에게 "너는 수아가 떨어져 다칠까봐 걱정하고 있어"라고 말한다. 은영이를 연기하는 학

생에게 "너는 나무를 타지 못하게 한 건 잘못된 것이라고 생각하고 있어"라고 말한다. 그리고 한 명씩 말하게 될 것이라고 설명한다.

- "시작"이라고 말하면 역할극을 시작한다. 각각의 역할을 맡은 학생들에게 차례로 이야기한다.
- 모두가 말하고 나면 역할극을 끝낸다. 그리고 마무리 질문을 한다.
- 새로운 지원자를 받아 다시 역할극을 진행한다.

교사를 위한 팁

- 학생들이 자신 있게 대화할 수 있도록 수업 활동 끝에 첨부된 대화 카드를 사용한다. 수아나 은영이 역할을 맡은 학생에게 첫 번째 카드를 선택하도록 한다. 그리고 이야기하고 싶은 것을 선택해 말하도록 한다. 상대방도 대답한다. 그리고 새로운 카드를 선택해 서로 대화를 나눈다. (모든 카드를 다 사용하지 않아도 된다.) 이 활동을 두 번 정도 하고 나면 자신들만의 대화를 하는 데 어려움을 느끼지 않을 것이다.
- 학생이 지원은 했으나 아무 말도 하지 못하고 있을 때 대화 카드를 사용한다. 이 경우, 학생에게 카드를 선택하도록 하거나 교사가 임의로 선택해 건네줄 수 있다.
- 이 활동에서는 활동안이 제공되지 않는다. 대신, 대화카드와 토론을 위한 질문은 다음과 같다.

역할극을 위한 질문

각각의 질문은 모든 주인공들에게 다 사용할 수 있다.

- "지수가 수아에게 뭐라고 이야기할 수 있을까요?
- 수아는 뭐라고 대답할까요?
- 지수는 지금 기분이 어떨까요?
- 수아의 기분은 어떨까요?
- 지수에게 지금 필요한 것은 무엇일까요?
- 수아에게 지금 필요한 것은 무엇일까요?
- 지수는 수아에게 친절을 보여주고 있는 것일까요?"

반성적 활동 | 6분

개요

다른 사람이나 동물을 보호하기 위해 그들에게 가장 필요한 것을 찾고 책임감을 가지고 친절과 자비를 실천하는 사람의 예를 생각해 본다.

탐구할 내용/통찰

능동적 친절은 다른 사람에게 책임감을 느끼고 그 사람에게 가장 적합한 것을 생각하는 것이다.

준비물

• 종이
• 그림도구

활동안

• "이전 수업에서 지수가 수아에게 나무에 올라가면 안 된다는 말을 해야 하는 것을 알았어요.
• 지수는 수아를 괴롭히려는 것이 아니라 친절하게 대하기 위해 이야기하려고 마음 먹은 거예요. 지수는 수아를 보호해 주고 싶기 때문에 책임감을 느끼고 있어요.
• 이런 일이 우리에게도 일어나는지 잠시 동안 생각해 볼게요.
• 누군가를 보호한다는 것은 무슨 뜻일까요? 어린아이가 불 옆에서 놀고 있는 것을 보고, 아이에게 멈추라고 말 하거나 불에서 멀리 떨어뜨려 놓는다면 그것은 아이가 다치지 않도록 보호하는 거예요. 그것은 아이를 괴롭히려는 것이 아니라 친절을 베푸는 것이지요.
• 다른 예를 생각해 볼까요? 누군가를 보호해 줬거나 누군가로부터 보호받은 경험을 한 친구 있나요?
• 동물을 보살펴 주고, 안전한 곳에 머무르도록 해주었을 수도 있어요. 형제, 자매, 친구들을 배려해 줬을 수도 있고요. (예를 물어본다.)
• 이제, 잠시 동안 조용히 앉아서 누군가가 나를 보호해 줬거나 내가 누군가를 보호해 주었던 때를 생각해 볼게요. 눈은 감아도 좋아요.

- 이제, 우리가 기억하는 순간을 그려보도록 할게요. 그 시간이 떠오르지 않으면 상상해서 그려도 괜찮아요. 아니면 지수와 수아 이야기를 그려도 좋아요. 우리가 그리는 그림에는 누군가를 도와주고 보호해 주는 사람이 있어야 해요.
- (그림을 그릴 시간을 준다. 그림을 다 그리고 나면 이야기 나눈다.)
- 우리가 보호받고 있는 순간을 생각할 때 몸에서 무엇을 느꼈나요? 감각을 알아차린 친구 있나요?"

마무리 | 3분

- "우리가 서로를 보호해주는 것이 왜 중요할까요?
- 누군가가 안 된다고 말해서 화가 났는데, 사실은 그것이 친절한 일이었던 적이 있나요?
- 오늘 배운 것 중에 꼭 기억하고 싶은 것이 있나요?"

대화 카드

세트 1 : 수아/은영

나는 나무에 올라가고 싶어! 너무 재미있어!	걱정해 줘서 고마워.
나무에 못 올라가게 하면 굉장히 화가 날 것 같아.	왜 나무에 못 올라가게 하는지 알겠어.
이해가 안 돼.	

세트 2 : 지수/선생님

네가 걱정이 돼.	작년에 한 학생이 나무에서 떨어져서 다쳤어.
안 돼. 나무에 올라갈 수 없어.	학교에 학생들은 나무에 올라가면 안 된다는 약속이 있어.
나무에 올라가면 떨어져서 다칠 수 있어.	괴롭히려고 그러는 것이 아니야. 걱정이 돼서 그러는 거야.

초등학교 저학년 교육과정(만 5-7세)

7장

함께 하는
우리

7

Center for Contemplative Science and Compassion-Based Ethics | Emory University

개요

복잡해져만 가는 세상 속에서 효과적으로 인성적인 행동을 실천하기 위해서는 관심과 자비의 마음을 가지는 것만으로는 부족하다. 좋은 의도는 우리가 살고 있는 넓은 세상에 대한 이해와 함께 책임감 있는 의사 결정이 수반되어야 한다. 복잡한 문제를 붙들고 싸울 준비가 되어 있을 때 세상에 대해 더 잘 이해하고 그 안에서 실천력을 높일 수 있다.

7장은 시스템과 시스템적 사고를 키우는 데 중점을 둔다. 이들은 교육과정 전반에 걸쳐서 조금씩 소개되고 있기 때문에 완전하게 새로운 주제가 아니다. 1장에서는 상호의존성 그물망을 그리면서 하나의 물건이나 사건에 많은 것이 연결되어 있다는 것을 살펴보았다. 3장과 4장에서는 감정이 맥락 속에서 원인에 의해 생긴다는 것과 작은 불씨가 큰 산불이 되어 주변의 모든 것을 태워버릴 수 있다는 것을 배웠다. 이렇게 시스템적 사고는 전체 교육과정을 통해 개발되고 있다. 7장에서는 조금 더 직접적이고 명확하게 시스템적 사고를 살펴볼 것이다.

시스템적 사고는 무엇인가?

SEE Learning 교육과정은 시스템적 사고를 '어떤 사람, 사물, 사건이 다른 사람, 사물, 사건과 복잡한 인과적 그물망 안에 연결되어 상호의존적으로 존재하고 있다는 것을 이해하는 능력'으로 정의한다.

이 정의가 복잡해 보일 수 있지만, 어린아이들도 시스템적 사고를 할 수 있는 능력을 가지고 있다. '시스템'이라는 용어를 사용하지는 않지만, 아이들도 가족이나 가정환경이 특정한 역학관계 안에서 복잡하게 이루어져 있다는 것을 직관적으로 알고 있다. 가족 구성원 모두가, 또는 교실에 있는 학생 모두가 똑같은 것을 좋아하거나 똑같은 방식으로 행동하지는 않는다. 그러나 시스템에서 한 가지를 바꾸면 그것은 모든 사람에게 영향을 미친다. 우리는 선천적으로 타고난 이러한 시스템적 사고 능력을 학생 스스로 개발하고 연습할 수 있도록 교육해야 한다.

흥미롭게도 시스템적 사고(systems thinking)는 우리가 '시스템'이라고 부르는 것들의 일부에만 적용되는 것이 아니라 물리적 대상이나 과정, 또는 사건을 비롯해 모든 것에 적용될 수 있는 사고방식이다. 이는 시스템적 사고가 특정 현상에만 적용되는 사고방식이 아니라, 사고에 대한 하나의 접근법이기 때문에 가능한 것이다. 시스템적 사고가 갖는 독특한 특징은 대상을 고립되고 정적인 실체로 보는 것이 아니라, 맥락 속에서 상호작용하는 역동적인 실체로 본다는 것이다. 즉, 더 크고 복잡한 전체 안에 있는 상호의존적인 부분으로 접근하는 것이다. 이런 관점에서 보면 우리는 옷 무더기를 보면서도 시스템의 작용 방식을 볼 수 있다. 예를 들어 옷 무더기에 있는 옷 하나에 물이 묻는다면 그 물은 다른 옷에 금세 스며들 것이며, 그 사이에 생긴 곰팡이는 시간이 지나면서 모든 옷으로 퍼져 나갈 것이다. 이러한 것이 시스템이고 이것을 보는 것이 시스템적 사고다. 시스템적 사고의 반대는 어떤 것이 다른 것과는 상관없이 홀로 독립적으로 존재하며 변하지 않는다고 생각하는 것이다.

연결된 사고를 키우고 연습하면서 능숙해지도록 만드는 것이 SEE Learning에서 시스템적 사고를 가르치는 이유다. 이를 위해 반드시 '시스템'이라는 용어를 사용할 필요는 없다. 대니얼 골먼과 피터 센지는 시스템적 사고는 함께 배우고 과제를 수행하는 것만으로도 길러질 수 있다고 설명했다. 또한 서로의 행동과 생각에 집중하고 서로에게서 배울 수 있는 기회를 가지면서 길러질 수 있다고 했다.[1] 이러한 내용은 이미 SEE Learning 교육과정의 각 장에서 다루고 있다. 따라서, 학생들이 7장에 도달하면 시스템적 사고 기술을 어느 정도 습득한 후일 것이며 깊은 탐구를 통해 무언가를 통찰한 상태일 것이다.

---

1 Goleman and Senge, *Triple Focus*.

시스템적 사고와 인성적 실천

시스템에 대해 가르치면서 인간의 기본 덕목이나 가치, 인성적 실천과 연결하지 않는 프로그램도 있다. 그러나 SEE Learning에서 시스템적 사고를 다루는 이유는 이러한 사고 과정이 인성에 바탕을 둔 책임감 있는 의사결정에 중요한 역할을 하기 때문이다. 자신과 타인에게 장기적으로 미칠 영향을 고려하지 않고 습관적으로 결정을 내린다면, 학생들은 그것에 책임감을 느끼지 않을 것이며, 스스로에게도 도움이 되지 않을 것이다. SEE Learning 에서는 인성적 실천을 권위를 가진 사람이 시켜서 해야 되는 하나의 의무로 가르치지 않는다. 여기서는 학생들이 자신의 결정에 대해 돌아보고 그것이 자신과 타인에게 미칠 영향에 대해 생각해 볼 수 있도록 돕는다. 이러한 비판적 사고가 인간의 보편성에 대한 인식이나 모든 사람에 대한 공감과 염려의 마음에 결합되면, 시스템적 사고는 더욱 유용해질 것이다.

수업 활동

수업 활동 1. '마을 전체가 필요하다'에서는 시스템을 이해하기 위해 1장에서 배운 상호의존성으로 돌아간다. 담당하고 있는 연령과 같은 나이대의 아이에 대한 예를 들면서, 한 아이가 성장하는 데에는 다른 사람들의 돌봄과 지원이 필요하다는 것을 확인한다. 학생들은 자신이 지금까지 받아온 돌봄을 인식하고 지금까지도 매일 받고 있는 도움을 생각하면서, 자신이 혼자가 아니며 매우 가치 있는 존재라는 사실을 깨달을 것이다. 또한 다른 사람들이 지금도 도와주고 있다는 점을 깨달으면서 자신감을 가지고 세상을 살아가게 될 것이다. 이를 통해 모든 사람은 시스템적 맥락 속에서 살아가고 있으며 시스템에 의해 구성되고 있다는 것도 알게 될 것이다.

수업 활동 2. 에서는 '시스템'과 '시스템적 사고'의 용어를 설명한다. 먼저 학생들에게 아주 간단한 시스템의 과정에 대한 시각적인 예를 보여준다. 이때 다양한 대상을 활용할 수 있다. 그 뒤 사람, 사물, 사건 등 어느 것이든 시스템적 사고로 바라볼 수 있도록 돕는 '시스템 체크리스트'를 사용해 선택한 대상을 시스템으로 볼 수 있는지 확인한다. 마지막으로,

학교를 하나의 시스템으로써 분석하고 학교에 소속된 다양한 사람을 탐구하면서 학교가 각각의 사람에게 어떻게 연결되어 의존하고 있는지를 살펴본다.

수업 활동 3. 에서는 짧은 이야기를 통해 순환 고리에 대해 살펴본다. 순환 고리는 내부나 외부에서 의도적으로 고리를 끊지 않는 한 계속해서 순환하면서 점점 더 견고해지는 순환 과정을 말한다. 여기서는 두 학생이 서로에게 불친절하게 대하면서 부정적인 순환 고리를 강화시키는 예를 보게 될 것이다. 그리고 서로에게 친절하게 대하면서 긍정적인 순환 고리 안에서 우정이 깊어지는 두 친구의 이야기도 만나볼 것이다.

수업 활동 4. 에서는 순환 고리가 어떻게 전체적인 시스템에 영향을 줄 수 있는지 살펴본다. 이전 장에서 활용한 이야기를 중심으로 상호의존성 그림을 그리고 시스템 안에서 행동들이 어떻게 영향을 주는지 탐구한다. 그리고 도와주기 행동이 어떻게 순환 고리로 이어져 다른 사람에게 영향을 주게 되는지도 알아본다.

이러한 수업 활동은 시스템적 사고에 대한 기본적인 개념과 접근법을 알려줄 것이다. 이는 캡스톤 프로젝트를 위한 토대를 마련해주어 학습한 것을 일상 생활에 적용하도록 도울 것이다.

학생의 개인 연습

순환 고리와 시스템을 찾는 방법을 배우고 상호의존성 그림을 사용하면서 학생들은 기술을 적용할 수 있는 새로운 영역들을 발견할 것이다. 여기서 사용되는 여러 기술들은 역사, 사회, 과학 등 다른 교과목을 가르칠 때도 사용할 수 있다. 좋아하거나 관심 있는 것의 상호의존성 그림을 그리거나 순환 고리를 그리면서 시작해 지속적으로 연습하면 이 사고 과정에 익숙해질 것이다.

교사의 개인 연습

학생들이 선천적으로 가지고 있는 시스템적 사고를 깨우기 위해서는 교사도 시스템적 사고에 동참해야 한다. 따라서 이 장에서 나오는 개념들에 대해서 스스로 꾸준히 생각해보는 시간을 갖는 것이 좋다.

우리가 살고 있는 곳을 포괄하고 있는 큰 시스템에 대해 생각하면 우리가 나약한 존재로 느껴질 수도 있다. 왜냐하면 전체 시스템을 바꾸기에는 힘이 부족하다고 느껴지기 때문이다. 특히 아주 큰 사회 시스템을 떠올리면 자신이 하는 소소한 행동 하나 하나는 전체에 어떤 영향도 미치지 못할 것이라고 생각하기 쉽다. 따라서 여기에서는 아주 작은 시스템이나 순환 고리부터 시작하는 것이 좋다. 예를 들어 가족이나 친구, 교실과 같은 작은 시스템에 대해 생각하면서 시스템과 순환 고리를 찾아본다. 그리고 순환 고리에 변화를 주거나 부정적인 순환 고리를 긍정적으로 바꾸면 어떤 일이 일어나는지 탐구한다. 처음부터 효과가 바로 나타나지 않더라도 실망하지 말자.

이와 비슷하게 상호의존성의 예도 작은 것에서부터 시작할 수 있다. 아주 작게 시작했던 일이 삶의 큰 변화를 일으켰던 때가 있는지 생각해 본다. 그리고 집이나 교실, 학교에서 작고 소소한 것을 바꿔보고 그 결과가 어떻게 나타나는지도 실험해 본다. 변화를 만든 후에 그 결과가 며칠, 혹은 몇 주 후에 나타나는지도 확인해 볼 수 있다.

시스템적 사고를 위한 자료들은 SEE Learning 교사 교육을 위한 플랫폼에서 찾아볼 수 있다.

추가 자료

대니얼 골먼과 피터 센지가 쓴 책 *'The Triple Focus: A New Approach to Education'*을 읽어보길 권한다.

날짜 : _____

부모님/보호자님께,

여러분의 자녀는 이제 SEE Learning의 7장 '함께 하는 우리'를 시작합니다.

7장에서는 시스템과 시스템적 사고에 대해 배울 것입니다. 시스템적 사고는 어떤 사람, 사물, 사건이 다른 사람, 사물, 사건에 상호적으로 연결되어 존재한다는 것을 이해하는 능력입니다. 기본적으로 이것은 사물의 관계에 대한 사고방식입니다. 복잡하게 들릴 수 있어도 많은 심리학자와 교육자들은 아주 어린아이들도 선천적으로 시스템적 사고를 할 수 있는 능력을 가지고 있다고 말합니다. 아이들은 '시스템'이라는 용어를 사용하지는 않지만 이미 가족들과 가정환경이 특정한 관계 속에서 복잡하게 얽혀 있는 것을 이해하고 있습니다. 모든 가족 구성원이나 학급 친구들이 모두 똑같은 것을 좋아하거나 똑같이 행동하지는 않습니다. 그러나 하나의 작은 변화는 시스템에 있는 모든 사람에게 영향을 줄 수 있습니다.

가정에서의 활동
시스템은 부분을 가지고 있고, 그 부분들은 서로 연결되어 있으므로 한 부분을 변화시키면 다른 부분과 전체 시스템도 변합니다. 여러분의 자녀는 체크리스트를 사용해 시스템에 대해 간단하게 살펴볼 것입니다. 아이들이 가정에서, 그리고 외부에서 체크리스트를 사용해 시스템을 확인할 수 있도록 도와주시기 바랍니다.

시스템 체크리스트:
• 이것은 부분을 가지고 있나요? 무엇인가요?
• 부분들이 서로 연결되어 있나요? 어떻게 연결되어 있나요?
• 일부분을 바꾸면 다른 부분도 바뀔까요? 어떻게 바뀔 수 있을까요?
• 이 부분들이 외부의 다른 것과도 연결되어 있나요? 어떻게 연결되어 있나요?

지금까지 배운 내용
• 1장에서는 친절과 자비의 개념을 탐구하고, 그것이 우리의 행복과 건강에 어떻게 연결되어 있는지를 살펴보았습니다.
• 2장에서는 스트레스에 대한 회복탄력성에 대해 배우고, 신체와 신경계를 조절해 행복감을 높이는 방법을 살펴보았습니다.
• 3장에서는 외부의 대상과 내면의 대상, 즉 몸과 마음, 생각, 감정에 집중하는 방법을 살펴보았습니다.
• 4장에서는 감정과 정서를 건강하게 돌보는 방법에 대해 배우면서 감정이 생기는 과정과 그 감정을 다루는 방법에 대해 살펴보았습니다.

• 5장에서는 다양성과 보편적 인간성에 대해 살펴보았습니다. 또한 마음챙김 듣기를 연습했습니다.
• 6장에서는 긍정적인 자기 대화, 용서, 자기 자비(자기 친절), 타인 자비(타인 친절)에 대해 살펴보았습니다.

추가 자료
교육과정 안내서에 있는 SEE Learning 교육과정 모형을 참고하시기 바랍니다.
이 모형은 웹사이트에서도 찾아볼 수 있습니다. www.seelearningkorea.com

궁금한 사항이 있으면, 언제든 저희에게 연락을 주시기 바랍니다.

_____

Center for
Contemplative Science and
Compassion-Based Ethics
EMORY UNIVERSITY

선생님 사인

선생님 이름 _____

선생님 연락처 _____

마을 전체가 필요하다

목적

이 수업 활동에서는 가르치는 학생과 동일한 연령의 아이를 예로 들면서 아이가 성장하기까지 받은 많은 사람들의 돌봄과 지원을 확인하고 이를 통해 중요한 시스템적 사고인 상호의존성에 대해 살펴본다. 자신이 지금까지 받았거나 현재도 받고 있는 돌봄을 인식하면 자신이 혼자가 아니며 가치 있는 존재임을 깨달을 수 있다. 또한 다른 사람들이 여전히 자신을 도와주고 있다는 사실을 인지하면서 자신감을 가지고 삶을 살아갈 것이다. 여기서는 모든 사람이 시스템적 맥락 속에 존재하며, 이를 통해 구성된다는 것을 배울 것이다.

학습 목표

학습자는

• 성장하면서 받은 친절과 돌봄, 지원의 순간을 하나씩 이야기한다.

• 개개인이 공동체에 어떻게 의존하고 영향 받고 있는지를 살펴보면서 시스템적 사고를 탐구한다.

주요 구성 요소

상호의존성에 대한 이해 (3A)

시간

35분

준비물

• 없음

도입 | 3분

• "자, 이제 집중력을 키우는 시간을 가져보도록 할게요. 자세를 어떻게 하면 좋을까요?

• 먼저 허리를 펴고 편안하게 앉아 주세요. 선생님은 눈을 뜨고 있을 거예요. 여러분은 눈을 감거나 아래쪽을 바라보아도 괜찮아요.

• 보물상자에서 자원을 하나 고르거나, 새로운 자원을 하나 상상해 보세요. 여러분의 기분을 더 좋아지게 하고, 안전한 기분을 느끼게 하거나, 행복하게 만드는 것은 어떤 것이라도 좋아요.

• 자원을 마음속으로 가져와 잠시 동안 주의를 기울여 보세요. 원한다면 접촉하기를 해도 좋아요. (잠시 멈춤)

• 몸에서 무엇이 느껴지나요? 유쾌하거나 중립적인 감정이 느껴진다면 그곳에 잠시 머물러 보세요. 불편함이 느껴지면 몸 안에서 더 기분 좋은 곳을 찾아 옮겨갈 수 있어요. (잠시 멈춤)

• 자, 이제 호흡을 알아차려 볼게요. 숨이 우리 몸속으로 들어왔다 나가는 것에 주의를 기울여 볼게요.

• 호흡에 집중하는 것이 불편하면, 자원에 집중하거나 접촉하기를 해도 괜찮아요. (15-30초간 잠시 멈춤)

• 마음이 다른 곳에 있으면 다시 호흡으로 돌아오세요. 호흡을 세어 볼 수도 있어요. (더 오래 멈춘다. 30-60초 이상)

• 자, 이제 눈을 뜨세요. 무엇을 느꼈나요?" (이야기 나눈다.)

설명/토론 | 7분

돌봄은 무엇이고 어떻게 경험하고 있는가?

개요

이 활동에서 학생들은 '돌봄'의 의미를 탐구하고 자신이 보살피고 있는 것과 자신을 보살펴주는 사람들에 대해 생각해 본다.

탐구할 내용/통찰

• 우리는 가치 있다고 생각하는 것을 보살피는 경향이 있다.

• 모든 사람은 살아가면서 많은 사람의 돌봄을 받는다.

준비물

없음

수업 방법

구체적인 예를 들어 돌봄의 의미에 대해 토론한다. 활동안에 제시된 질문과 함께 토론을 진행한다.

교사를 위한 팁

학생들이 토론을 이끌어 가도록 돕는다.

활동안

• "좋아요. 시작하면서 우리 자신을 돌봐주는 시간을 가졌어요. 이제 우리는 편안해졌어요.

• '돌보다'라는 말은 무슨 뜻일까요?

• 우리 친구들이 돌봐주고 있는 사람이나 물건이 있나요? (반려동물, 식물, 정원, 동생, 할머니, 할아버지 등)

• 돌보는 행동의 예는 무엇이 있을까요?

• 이런 물건이나 이 사람들을 돌보는 이유가 무엇인가요? (왜냐하면 우리가 아끼는 것이니까요. 우리에게 중요하니까요. 우리가 사랑하는 것이니까요.)

• 우리는 어떻게 돌보아졌나요? 누가 우리를 돌보았죠? 어떻게 돌보았나요?

• 우리가 지금까지 살아오면서 몇 명의 사람들이 우리를 돌봐 주었는지 셀 수 있을까요?

• 돌보는 것에 대해 이야기 나누어주어 고마워요. 다음 시간에는 재미있는 활동을 통해 돌봄에 대해 더 자세히 알아보도록 할게요."

통찰 활동 | 15분

개요

이 통찰 활동에서 학생들은 5살, 6살, 7살 아이가 성장하기까지 얼마나 많은 사람의 사랑과 일, 에너지가 필요한지 살펴본다. 이 활동은 1장에서 실행했던 상호의존성을 그린 활동과 비슷하다.

탐구할 내용/통찰

• 한 명의 아이가 성장하기 위해서는 많은 사람의 돌봄이 필요하다.
• 다른 사람들을 돌보는 것은 우리를 생존하고, 번영하게 하며, 이를 통해 더 행복하고 건강해진다.
• 돌봄은 보상을 바라고 하는 것이 아니다.

준비물

교사와 학생이 그림을 그릴 수 있는 전지 4장이나 큰 칠판

수업 방법

• 학생들에게 한 아이가 성장하는 데 도움을 준 사람들과 아이가 성장하는 데 필요한 많은 것들, 즉 음식, 옷, 보살핌 등에 생각해 보도록 한다. 이때 4단계로 나누어 진행한다. (1)태아기 (2)영아기, 만 0-1세 (3)유아기, 만2-4세 (4)현재, 만 5-7세.
• 먼저 임신한 여성을 전지 중앙에 그린다. 아이를 돌보는 사람과 아이에게 필요한 것을 물어본다. 학생들의 의견을 그림 옆에 적거나 직접 그림으로 그려보도록 한다.
• 그림에 있는 사람들이 어떻게 아이를 돌보고 지원하는지 물어본다. 가운데 그림에서 사람으로 선을 그리고 돌봄과 지원의 종류를 적는다.
• 나머지 3단계도 위와 같이 한다.
• 발달의 네 단계를 전체적으로 본다. 그리고 무엇을 발견했는지 이야기 나눈다.
• 더 이상 학생들이 의견을 말하지 않으면 다음과 같이 말한다.

- "도움을 줄 때 이 아이에게 무엇을 기대했을까요? 아이에게는 아무것도 바라지 않았어요. 그저 아이를 위한 따뜻한 환경을 만드는 것이 어른의 책임이고 기쁨이라고 생각했던 거예요. 맞아요. 모든 아이들이 이것과 똑같은 환경에 있는 것은 아니에요. 그렇지만 모든 아이들의 삶 속에 있는 어른들은 자신이 할 수 있는 최선의 방법으로 그 아이들을 사랑하고 보살펴 주고 있어요."
- 시간이 충분하면 '마을 전체가 필요하다'는 것이 무슨 말인지에 대해 토론한다.

교사를 위한 팁

- 학생들이 자라면서 보살핌의 경험을 한 것 중에는 이야기되는 것(음식을 먹고, 옷을 입고, 돌보아지고 등)과 이야기되지 않는 것(선물을 받은 것, 부모님이 다 계신 것, 대가족이 있는 것, 집이 있는 것)이 있을 것이다. 어떤 학생들은 가족과 떨어져 살거나 힘든 상황에 놓여 있을 수도 있다. 이 활동이 다른 학생들과 비교하면서 자신이 더 많이 갖고 있다는 생각을 들게 하면 안 된다. 모든 사람이 받는 돌봄에 대한 이야기를 해야 한다. 그리고 자신이 받은 것에 대해 감사한 마음을 가질 수 있도록 도와야 한다. 만일 힘든 감정이 올라오면 자원 활용하기, 접촉하기, 지금 도와주세요! 전략을 사용할 수 있다고 알려준다.
- 네 단계를 미리 포스터에 그려놓을 수도 있다.
- 학생들을 네 그룹으로 나누어 조별로 단계 하나씩을 선택하도록 하면서 진행할 수 있다. 조별로 브레인스토밍을 하고 그림을 그린 후에 발표를 하거나 관객이 되어 하나씩 둘러보면서 이야기 나눈다.

활동안

- "우리는 돌봄의 과정이 필요하고, 다른 사람을 돌볼 수 있다는 것에 감사함을 느낄 수 있어요. 우리가 아기였을 때부터 안전하고 편안하게 살 수 있도록 보살펴준 많은 분들이 계세요.
- 아기들도 조금씩 자라면서 누군가를 돌봐줄 수 있어요. 그럼 잠시 동안 우리를 보살펴 주거나 아니면 우리가 보살펴주는 사람들인 가족, 선생님, 친구, 이웃들에 대해서 생각해 볼게요. 오늘 아침부터 시작해 볼까요? 우리가 아침에 서로를 돌봐주기 위해 하는 일은 무엇이 있을까요? (잠시 멈춤)

- 저녁에는 어떨까요? 저녁에 사람들이 서로를 돌봐 주기 위해서 어떤 일을 할까요? (잠시 멈춤)
- 좋아요. 그럼 이제 한 아이를 키우기 위해 필요한 사람들에 대해 생각해 볼게요. 먼저, 임신하고 있는 엄마와 뱃속에 있는 아기에 대해서 이야기해 볼게요. 여기에 임신하고 있는 엄마를 먼저 그려볼게요. (전지 가운데 임신한 여성을 그린다.)
- 아이가 이렇게 뱃속에 있을 때는 누가 돌봐주나요? (아이들의 의견을 적거나 아이에게 직접 그려 보도록 한다.)
- 좋아요. 아주 좋은 생각이에요. 자, 그럼 다음 단계로 넘어가 볼게요. 태어나서부터 1년 동안 아이에게 어떤 일이 일어나는지 생각해 볼게요. 여기에 갓난아기를 그릴 거예요. (갓난아기를 전지 가운데 그린다.)
- 아기가 태어나서 한 살이 되기까지 누가 보살펴 줄까요? (아이들의 의견을 적거나 아이에게 직접 그려보도록 한다.)
- 자, 이제 이 사람들이 각각 아이를 위해 무엇을 하는지 이야기해 볼게요. 어떤 돌봄이나 지원을 하나요? (각각의 사람에게서 선을 그려 나와 아이들의 의견을 적는다.)
- 아주 좋은 생각이에요. 이제 다음 단계인 두 살에서 네 살로 넘어가 볼게요. 선생님이 먼저 가운데에 그림을 그릴게요. (전지 가운데 그림을 그린다.)
- 두 살에서 네 살까지 이 아이는 누가 보살펴 줄까요? (아이들의 의견을 적거나 아이에게 직접 그려 보도록 한다.)
- 자, 이제 아이가 잘 자랄 수 있도록 이 사람들이 하고 있는 일과 돌보는 방식에 대해 이야기해 주세요. (각각의 사람에게서 선을 그려 아이들의 의견을 적는다.)
- 좋아요. 모두 아주 좋은 의견이에요. 그럼 이제 다음 단계인 다섯 살에서 일곱 살로 넘어가 볼게요. 여기에 아이를 그려볼게요. (다른 전지 중앙에 아이를 그린다.)
- 아이가 다섯 살에서 일곱 살 정도 되면 이 아이를 보살피는 사람들은 누가 있을까요? (아이들의 의견을 적거나 아이에게 직접 그려보도록 한다.)
- 자, 이제 이 사람들이 이 아이가 잘 자랄 수 있도록 무엇을 하고 어떻게 돌보는지 이야기해 주세요. (각각의 사람에게서 선을 그려 나와 아이들의 의견을 적는다.)
- 고마워요! 이제 네 단계를 모두 함께 볼게요. 무엇을 발견할 수 있을까요? (관찰할 시간을 주고 이야기 나눈다.)

- 이분들은 아이를 보살펴 주면서 아이에게 무언가를 얻고 싶어 할까요? 아이에게는 아무것도 바라지 않아요. 아이를 잘 돌볼 수 있는 환경을 만드는 것은 어른들의 책임이니까요. 그리고 아주 기쁜 일이기도 하죠. 물론 모든 아이들이 똑같은 경험을 하지는 않아요. 그러나 어른들은 자신이 할 수 있는 최선의 방법으로 아이들을 사랑하고 보살피고 있어요. "

반성적 활동 | 7분

개요
학생들은 이전 수업과 연결해 자신을 보살펴준 사람들에 대해 쓰거나 그림을 그린다. 자신을 보살펴준 사람들에 대해 생각하면서 몸에서 느껴지는 감각을 알아차린다. 그리고 이에 대해 이야기 나눈다.

탐구할 내용/통찰
- 한 아이를 키우는 데는 많은 사람의 보살핌이 필요하다.
- 보살핌은 대가를 바라지 않는다.
- 우리는 가치 있게 여기는 것을 보살핀다.
- 다른 사람을 보살피는 것은 우리의 생존과 번영을 가능하게 하며, 이를 통해 우리는 더 행복하고 건강해진다.
- 모든 사람들은 살면서 다른 사람의 보살핌을 받는다.

준비물
- 학생들이 이전 수업에서 만든 보살핌 그림
- 종이와 그림 도구

수업 방법
다음의 활동안을 참고해 수업을 진행한다.

활동안

- "가지고 있는 종이 가운데 여러분의 이름을 쓰세요. 자신을 나타내는 그림을 그려도 좋아요. (1분 정도 시간을 준다.)

- 자, 이제 우리가 만든 보살핌의 그림을 보세요. 그리고 그중에서 한 사람과 하나의 보살피는 행동을 선택해서 그림을 그리거나 적어보세요. (몇 분간 시간을 준다.)

- 원한다면 더 많은 사람과 보살핌을 그려도 좋아요.

  - 학생이 힘들어하면 이렇게 질문한다. "오늘 아침에 누가 도와주셨나요? 누가 아침을 만들어 주셨죠? 누가 오늘 가르쳐 주셨나요? 오늘 저녁에는 누가 도와줄까요?"

- 자, 이제 우리에게 오늘(어제) 도움을 준 사람이 몇 명이 있는지 세어볼게요. 몇 명인가요? 그럼, 우리 친구들이 태어나서부터 지금까지 보살핌을 준 사람들은 총 몇 명일까요? (1분 정도 준다.)

- 이 활동을 하는 동안 몸에서 무엇을 느꼈나요? 유쾌한 감각인가요? 중립적인 감각인가요?

- 오늘 활동에 대해 이야기하고 싶은 친구 있나요? 지금 머릿속에 떠오르는 생각은 무엇인가요?" (이야기 나눈다.)

마무리 | 3분

- "돌보는 것에 대해 이야기 나누었는데 어땠나요?

- 오늘 사람들이 서로를 어떻게 보살피는지에 대해 이야기 나누었어요. 다음 활동을 할 준비가 되었으면, 그 활동을 하면서 할 수 있는 돌봄과 친절의 방법은 무엇이 있는지 잠시 생각해 볼게요.

- 아이디어가 떠올랐으면, 엄지손가락을 들어주세요. (잠시 멈춤) 좋아요!"

7장	함께 하는 우리
수업 활동 **2**	# 시스템적 사고 탐구하기

목적

이 수업 활동에서 학생들은 체크리스트를 통해 시스템적 사고의 기본 원리를 배운다. 그리고 다양한 시스템에 대해 확인한다. 학교를 하나의 시스템으로 보고 분석하면서 학교에 있는 다양한 사람들을 탐구한다. 더불어 학교가 그들에게 어떻게 의존하고 있는지에 대해서도 살펴본다.

학습 목표

학습자는

- 시스템 체크리스트를 보면서 시스템적 사고에 참여하는 방법을 배울 것이다.
- 학교에 관련된 사람과 그들이 하는 일을 생각하면서 학교가 하나의 시스템이라는 것을 배울 것이다.
- 하나의 시스템인 학교를 그릴 것이다.

주요 구성 요소

상호의존성에 대한 이해 (3A)

시간

30분

준비물

- 전지
- 매직
- 시스템 체크리스트 (수업 활동 끝에 첨부)

도입 | 3분

- "자, 이제 집중력을 키우는 시간을 가져보도록 할게요. 자세를 어떻게 하면 좋을까요?

- 먼저 허리를 펴고 편안하게 앉아 주세요. 선생님은 눈을 뜨고 있을 거예요. 여러분은 눈을 감거나 아래 쪽을 바라보아도 괜찮아요.

- 보물상자에서 자원을 하나 고르거나, 새로운 자원을 하나 상상해 보세요. 여러분의 기분을 더 좋아지게 하고, 안전한 기분을 느끼게 하거나, 행복하게 만드는 것은 어떤 것이라도 좋아요.

- 자원을 마음속으로 가져와 잠시 동안 주의를 기울여 보세요. 원한다면 접촉하기를 해도 좋아요. (잠시 멈춤)

- 몸에서 무엇이 느껴지나요? 유쾌하거나 중립적인 감정이 느껴진다면 그곳에 잠시 머물러 보세요. 불편함이 느껴지면 몸 안에서 더 기분 좋은 곳을 찾아 옮겨갈 수 있어요. (잠시 멈춤)

- 자, 이제 호흡을 알아차려 볼게요. 숨이 우리 몸속으로 들어왔다 나가는 것에 주의를 기울여 볼게요.

- 호흡에 집중하는 것이 불편하면, 자원에 집중하거나 접촉하기를 해도 괜찮아요. (15-30초간 잠시 멈춤)

- 마음이 다른 곳에 있으면 다시 호흡으로 돌아오세요. 호흡을 세어 볼 수도 있어요. (더 오래 멈춘다. 30-60초 이상)

- 자, 이제 눈을 뜨세요. 무엇을 느꼈나요?" (이야기 나눈다.)

설명/토론 | 9분

시스템적 사고는 무엇인가?

개요

시스템 체크리스트를 통해 시스템적 사고의 기본 원리를 탐구한다.

탐구할 내용/통찰

- 시스템은 부분을 가지고 있으며, 그 부분들은 서로 연결되어 있다.

- 모든 것이 연결되어 있는 것을 발견했다면, 우리는 시스템적 사고를 하고 있는 것이다.

- 시스템은 어디에나 있다!

준비물

- 전지나 화이트보드
- 매직
- 시스템 체크리스트 (수업 활동 끝에 첨부됨)

수업 방법

- 학생들에게 시스템적 사고에 대해 배울 거라고 이야기한다. 시스템을 정의한다.
- "시스템은 부분을 가지고 있어요. 그리고 이 부분들은 서로 연결되어 있지요. 만약 우리가 일부분을 바꾸면 그것은 전체를 변화시키는 것이기도 해요."
- 시스템을 시각적으로 보여준다. 카드로 만든 집을 놓거나 블록이나 책을 쌓아 놓는다. 그리고 다음과 같이 질문한다.
- "여기서 이 카드(블록) 한 장을 빼면 어떤 일이 벌어질까요? 전체 시스템에 어떤 영향을 줄까요?"
- 카드 대신에 그릇에 물을 떠놓고 잉크를 넣으며 이야기할 수도 있다.
- "여기 있는 물에 잉크를 한 방울 떨어뜨리면 어떻게 될까요? 이것이 전체 시스템을 바꿀 수 있을까요?"
- 시스템적 사고가 무엇인지 설명한다.
- "어떤 것을 보면 그것은 부분을 가지고 있어요. 그리고 그 부분들은 연결되어 있죠. 만약 이렇게 생각하고 있다면 시스템적 사고를 하고 있는 거예요. 시스템적 사고는 어떤 것을 시스템적 차원에서 보는 것이에요."
- 시스템 체크리스트를 소개한다. 이 체크리스트를 이용해 시스템을 몇 가지 분석해 본다. 신체, 자전거, 자동차, 친구 관계, 가족 등을 분석해 볼 수 있다.
- 시스템 체크리스트
  - 이것은 부분을 가지고 있나요? 무엇인가요?
  - 부분들이 서로 연결되어 있나요? 어떻게 연결되어 있나요?

- 일부분을 바꾸면 다른 부분도 바뀔까요? 어떻게 바뀔 수 있을까요?
- 이 부분들이 외부의 다른 것과도 연결되어 있나요? 어떻게 연결되어 있나요?
- 학생들에게 탐구하고 싶은 다른 시스템을 이야기해 보도록 한다. 학생들이 이야기하는 시스템을 체크리스트를 활용해 탐구한다.
- 시스템적 사고는 연결성을 찾는 것이라고 이야기하며 토론을 마무리한다.

교사를 위한 팁

거의 대부분의 것은 부분을 가지고 있으며, 일종의 시스템으로 볼 수 있다. 여기서 중요한 것은 시스템이 맞는지를 확인하는 것이 아니라 어떤 것을 시스템적으로 볼 수 있는지를 살펴보는 것이다. 특히 외관상 시스템으로 인지할 수 없는 것도 시스템적 관점으로 바라보는 연습을 할 수 있다.

활동안

- "오늘은 시스템적 사고라고 불리는 새로운 생각 방법을 배워보도록 할게요.
- 시스템이라고 하는 것은 부분을 가지고 있어요. 그리고 그 부분들은 서로 연결되어 있지요. 우리가 어떤 것을 보면서 부분을 보고, 그 부분들이 연결되어 있는 것을 본다면 우리는 시스템적 사고를 하고 있는 거예요.
- 그럼 우리 함께 생각해 볼까요? 우리 몸은 시스템일까요? 여기 체크리스트를 통해 검사해볼 수 있어요.
- 시스템 체크리스트
  - 이것은 부분을 가지고 있나요? 무엇인가요?
  - 부분들이 서로 연결되어 있나요? 어떻게 연결되어 있나요?
  - 일부분을 바꾸면 다른 부분도 바뀔까요? 어떻게 바뀔 수 있을까요?
  - 이 부분들이 외부의 다른 것과도 연결되어 있나요? 어떻게 연결되어 있나요?
- 자, 이제 다른 것을 생각해 볼게요. 시스템으로 보이는 다른 것은 어떤 것이 있나요? (학생들에게 의견을 받는다. 시간이 허락하는 만큼 여러 개의 예를 체크리스트로 검사한다.) 이렇게 많은 것이 시스템이에요.

• 시스템적 사고는 연결되어 있는 것을 보는 것이라는 걸 기억하세요. 우리가 연결되어 있는 것을 보면 우리는 그곳에서 시스템을 찾을 수 있을 거예요!"

통찰 활동 | 15분
학교를 시스템으로 보기

개요
이 활동에서 학생들은 학교를 시스템으로 보면서 학교를 운영하고 유지하는 데 연관된 많은 사람에 대해 탐구한다. 또한 학교는 이 모든 사람들을 필요로 하고 있다는 사실을 인식하고, 이 사람들이 공통적으로 가지고 있는 것에 대해서 탐구한다.

탐구할 내용/통찰
• 학교를 시스템으로 볼 수 있다.
• 학교는 많은 사람들에게 의존하고 있으며, 그들은 공통적인 경험과 느낌을 가지고 있다.

준비물
• 전지나 화이트보드
• 매직

수업 방법
• 1장에서 그린 상호의존성 그림을 떠올리고, 우리가 어떻게 다른 것과 연결되어 있고, 다른 것에 의존하고 있는지 생각해본다. 오늘은 학교에 초점을 맞추어 비슷한 그림을 그릴 것이라고 이야기한다.
• 학교를 중앙에 그린다.
• 시스템 체크리스트를 활용해 학교가 시스템인지 확인한다.
• 학교가 무엇으로 이루어져 있는지 탐구한다. 학교에 어떤 사람들이 필요한지 묻는다. 그리고 최소 10명의 실제 사람을 생각하거나 학교에 연관된 직업이나, 필요한 것, 의존하고 있는 것

을 10가지 이상 이야기한다. 학생들의 의견을 그리거나 적는다.

- 그림에서 특정 그룹을 선택하고 다음과 같이 묻는다. "여기 있는 이 사람들과 우리가 비슷한 점이 있을까요? 다른 부분은 무엇일까요? (이전과 같이 모든 사람들이 감정과 느낌을 가지고 있다고 하거나, 행복을 원하고 친절하게 대하는 것을 좋아한다고 대답할 것이다.)
- 부분을 바꾸면 전체가 변하는지에 대해 질문하면서 각각의 사람들에게 이 개념을 넣어 생각해 보도록 한다.

교사를 위한 팁

- 시스템의 예로 자전거, 날씨, 정원, 가족 등을 들 수 있다. 학교를 시스템으로 그린 그림은 수업 활동 4를 위해 보관한다.
- 이 활동은 학생들이 그림 주변에 서서 이야기할 때 가장 잘 진행될 수 있다.
- 통찰 활동을 하면서 학생들은 자신이 얻은 중요한 통찰을 이야기할 수 있다. 학생들이 중요한 통찰을 이야기하면 한쪽에 적어 놓고 다시 한번 이야기한다.

활동안

- "예전에 우리는 (교실에서 그린) 그림을 그렸어요. 그리고 모든 사람들과 사물들이 (그것이) 거기에 있을 수 있도록 도와준다고 이야기했었죠. 이 활동을 기억하나요?
- 그때 우리는 상호의존성에 대해 이야기했어요. 오늘도 비슷한 그림을 그려볼 거예요. 그런데 오늘은 학교에 초점을 맞춰서 그림을 그려 볼게요. 선생님이 먼저 중앙에 학교를 그려볼게요.
- 자, 이제 다른 그림을 그리기 전에 학교가 시스템이 맞는지 확인해 보고 싶어요. 여기 이 체크리스트를 사용할 수 있는데, 우리 같이 확인해 볼까요?
- 자, 우리 학교가 시스템인지 확인해 볼게요. 이 세 가지 질문에 대해서 생각해 보세요. 우리 학교에 어떤 사람들이 필요한가요? 특정한 사람들이 필요한가요? 누가 필요할까요? (잠시 멈추고 생각하도록 한다.)
- 학교와 연관되어 있거나 학교가 필요로 하거나 의존하고 있는 사람 10명이나 직업 10가지를 이야기해 볼까요? (이야기 나눈다. 학생들의 의견을 적거나 그린다.)
- 학생들이 도움이 필요해 보이면 다음과 같이 질문한다.

- 학교에서 음식을 먹으려면 누가 필요한가요?
- 학교에서 가르치는 사람은 누구인가요? 선생님만 있으면 학교가 유지될까요? 누가 더 있어야 할까요?
- 학교를 깨끗하게 청소해주시는 분이 누구신가요? 학교에 돌봐주는 분 없이 학생들만 있어도 괜찮을까요? 누가 또 필요할까요?
- 여기 이 그룹의 사람들을 볼게요. 선생님 그룹이요. 선생님들은 우리 친구들과 어떤 점이 비슷할까요? 어떤 점이 다를까요? (유사점과 차이점을 그리거나 적는다. 다른 사람들에 대해서도 반복한다.)
- 자, 이렇게 보니까 학교에는 굉장히 많은 부분들이 있는 것 같아요. 그리고 그 부분들은 모두 연결되어 있어요. 그럼 한 부분을 바꾸면 전체 시스템에도 변화가 생기는지 궁금한데요. 학교의 부분을 바꾸면 전체 시스템이 바뀔까요?
- 한번 볼게요. 이 사람들이 학교에 오지 않으면 어떻게 될까요? 어떤 일이 벌어질까요? 우리에게 어떤 변화가 생길까요? (예를 들어, 학생들이 학교에 오지 않으면 교사는 가르칠 수 없게 된다. 학생들이 학교에 오지 않으면 우리는 그 사람들을 그리워 할 것이다 등)
- 학교를 시스템으로 보면, 우리 교실은 시스템의 일부일까요?
- 우리는 서로에게 어떻게 영향을 주고 있을까요? 우리는 교실 밖의 사람들에게 어떤 영향을 주고 있을까요?"

마무리 | 3분

- "시스템에 대해서 생각하는 것은 부분 부분이 모두 중요하고 모든 사람들이 중요하다는 것을 깨닫게 해줘요. 왜냐하면 한 사람 한 사람의 행동이 다른 사람에게도 영향을 주기 때문이지요. 여러분은 누구에게 영향을 주고 있나요? 우리 친구들로 인해서 행동을 바꾼 친구가 있나요? 아니면 다른 사람 때문에 여러분의 선택을 바꾼 적이 있나요?
- 우리가 부분으로 있는 시스템을 뭐라고 부를 수 있을까요?" (이 질문은 처음부터 계속하면서 발전시킬 수 있다.)

이것은 시스템일까?

시스템 체크리스트

☐ 이것은 부분을 가지고 있나요? 무엇인가요?

☐ 부분들이 서로 연결되어 있나요? 어떻게 연결되어 있나요?

☐ 일부분을 바꾸면 다른 부분도 바뀔까요? 어떻게 바뀔 수 있을까요?

☐ 이 부분들이 외부의 다른 것과도 연결되어 있나요? 어떻게 연결되어 있나요?

함께 하는 우리

순환 고리

목적

이 수업 활동에서 학생들은 이야기를 통해 순환 고리에 대해 배운다. 순환 고리란 내부나 외부에서 의도적으로 순환을 끊지 않는 한 자신의 체계를 보존하고 강화시키는 순환 과정을 말한다. 학생들은 친절한 행위가 두 친구 사이의 관계와 우정을 돈독히 하는 긍정적인 순환 고리와 괴롭힘이 두 사람 사이를 악화시키는 부정적인 순환 고리에 대해 살펴볼 것이다.

학습 목표

학습자는

• 긍정적 순환 고리와 부정적 순환고리를 인식할 것이다.

• 친절과 괴롭힘이 긍정적인 순환 고리나 부정적인 순환 고리를 만드는 과정을 살펴볼 것이다.

주요 구성 요소

상호의존성에 대한 이해 (3A)

시간

30분

준비물

• 아래에 제시된 컵케이크 이야기

• 매직

• 전지/화이트보드

• 종이

• 그림 도구

도입 | 3분

- "자, 이제 집중력을 키우는 시간을 가져보도록 할게요. 자세를 어떻게 하면 좋을까요?

- 먼저 허리를 펴고 편안하게 앉아 주세요. 선생님은 눈을 뜨고 있을 거예요. 여러분은 눈을 감거나 아래쪽을 바라보아도 괜찮아요.

- 보물상자에서 자원을 하나 고르거나, 새로운 자원을 하나 상상해 보세요. 여러분의 기분을 더 좋아지게 하고, 안전한 기분을 느끼게 하거나, 행복하게 만드는 것은 어떤 것이라도 좋아요.

- 자원을 마음속으로 가져와 잠시 동안 주의를 기울여 보세요. 원한다면 접촉하기를 해도 좋아요. (잠시 멈춤)

- 몸에서 무엇이 느껴지나요? 유쾌하거나 중립적인 감정이 느껴진다면 그곳에 잠시 머물러 보세요. 불편함이 느껴지면 몸 안에서 더 기분 좋은 곳을 찾아 옮겨갈 수 있어요. (잠시 멈춤)

- 자, 이제 호흡을 알아차려 볼게요. 숨이 우리 몸속으로 들어왔다 나가는 것에 주의를 기울여 볼게요.

- 호흡에 집중하는 것이 불편하면, 자원에 집중하거나 접촉하기를 해도 괜찮아요. (15-30초간 잠시 멈춤)

- 마음이 다른 곳에 있으면 다시 호흡으로 돌아오세요. 호흡을 세어 볼 수도 있어요. (더 오래 멈춘다. 30-60초 이상)

- 자, 이제 눈을 뜨세요. 무엇을 느꼈나요?" (이야기 나눈다.)

통찰 활동 | 17분

순환 고리

개요

이 활동에서 학생들은 서로에게 친절하게 대하는 두 친구와 서로를 괴롭히는 두 친구의 이야기를 통해 순환 고리에 대해 배운다.

탐구할 내용/통찰

- 순환 고리는 어떤 것이 원을 도는 것처럼 계속해서 같은 것을 반복하는 것으로 그것을 멈추거

나 바꾸지 않으면 더욱 견고해진다.
- 순환 고리는 긍정적이거나 부정적일 수 있다.
- 친절과 괴롭힘은 긍정적 순환 고리나 부정적 순환 고리를 만든다.

준비물
- 아래에 제시된 컵케이크 이야기
- 매직
- 전지/화이트보드

수업 방법
- 3장에서 살펴본 불씨와 불꽃 이야기를 상기시킨다.
- 두 친구의 이야기를 읽을 거라고 이야기한다. 이야기는 누군가 멈추지 않으면 문제가 커지게 되는 상황을 보여줄 것이라고 설명한다.
- 이야기를 들려준다.

컵케이크 이야기 1부 부정적인 순환 고리

"오늘은 드디어 다 함께 간식을 먹는 날이에요! 그래서 지현이는 매우 신이 나 있어요. 지현이와 엄마는 교실 친구들과 나눠 먹기 위해 컵케이크를 만들었어요. 모든 친구들이 컵케이크를 먹고 싶어 해요. 선생님께서 지현이에게 컵케이크를 나눠주라고 말씀하셨어요. 그런데 친구들에게 컵케이크를 주면서 지현이는 수아와 싸웠던 것이 생각났어요. 수아는 같은 반 친구예요. 지현이는 일부러 수아에게는 컵케이크를 주지 않았어요! (잠시 멈춤) 수아는 당황했고, 마음에 상처를 받았어요. 그래서 수아는 지현이에게 이렇게 말했어요. "나, 너 싫어!" 그러자 지현이는 수아의 얼굴에 바싹 다가가 이렇게 말했어요. "너 아주 못된 아이구나!" 교실의 다른 아이들은 이 광경을 보며 조용히 웃기 시작했어요."

- 이야기에서 일어난 일을 이해하기 위해 그림을 그릴 것이라고 설명한다.
- 수업 활동 끝에 제시된 것처럼 순환 고리 그림을 그린다.
- 지현이와 수아의 느낌과 행동을 순환 고리 안에 그려 넣을 수 있도록 학생들과 이야기 나눈다.

- 부정적인 순환 고리에 대한 질문들
  - "지현이는 컵케이크를 나누어 주면서 무엇을 생각했나요?
  - 지현이가 수아에게만 컵케이크를 주지 않았을 때 수아의 기분이 어땠을까요?
  - 그리고 어떤 일이 일어났어요? (지현이와 수아 사이에 일어난 일을 몇 가지 더 이야기 나눈다.)
  - 두 친구가 계속 마음을 다치게 하면서 서로를 괴롭히면 어떻게 될까요?
  - 두 친구는 지금 어떤 영역에 있는 것 같아요? 무기력 영역? 과흥분 영역? 회복탄력영역?
  - 두 친구에게 지금 필요한 것이 무엇일까요?
  - 어떤 위험한 감정을 느끼고 있나요?"
- 지금 만든 것이 부정적인 순환 고리라고 설명한다.
- "순환 고리는 어떤 것이 계속해서 반복해 일어나면서 멈출 때까지 계속 강해지고 커지는 것을 말해요. 고리라는 것은 원처럼 둥근 것을 말해요. '순환'이라고 하는 것은 그 원을 돌면서 계속해서 같은 것을 반복해 점점 더 커지고 강해지기 때문이에요."
- 이 그림은 모든 것을 악화시키기 때문에 부정적인 순환 고리라고 한다고 설명한다.
- 불친절한 행동 – 마음의 상처 – 불친절한 행동 – 마음의 상처
- 학생들에게 다음과 같이 질문한다. "무슨 일이 일어났나요? 이 부정적인 순환 고리를 끊어 상황이 더 나빠지지 않게 하기 위해서는 무엇을 해야 할까요? 지현이와 수아가 어떤 선택을 할 수 있을까요?"
- 그리고 컵케이크 이야기 2부를 읽는다.

컵케이크 이야기 2부 긍정적인 순환 고리

"그때, 교실 한쪽에서는 다른 일이 벌어지고 있었어요. 지수는 서준이가 컵케이크를 엄청 좋아한다는 걸 알고 있었어요. 그래서 지수는 자신이 받은 컵케이크를 먹지 않고 가지고 있다가 서준이에게 주었어요.

"고마워!" 서준이가 말했어요. "다음에 네가 좋아하는 간식이 나오면 너한테 꼭 줄게."

"고마워 지수야. 너도 나의 소중한 친구야!" 서준이가 말했어요."

- 위에서 사용한 것과 같은 방식으로 다른 종이에 긍정적인 순환 고리를 그린다. 다음과 같이 질문하면서 위의 과정을 다시 한번 반복한다. 학생들의 의견을 적는다.
  - "지수가 서준이에게 컵케이크를 주었을 때 지수의 기분은 어땠을까요?
  - 지수가 컵케이크를 주었을 때 서준이는 기분이 어땠을까요?
  - 서준이가 어떻게 했나요?
  - 지수의 기분을 좋게 만든 것은 무엇이었나요?"
- 다음과 같이 질문한다. "긍정적인 순환 고리가 이야기 속에서 계속되면 어떻게 될까요?"
- 긍정적 순환 고리를 설명한다.
- 친절한 말 – 마음이 따뜻해짐 – 친절한 말 – 마음이 따뜻해짐
- 마지막으로 두 개의 순환 고리를 옆에 놓는다. 부정적인 순환 고리와 긍정적인 순환 고리를 알게 되었다고 말한다.
- 다음의 비교/대조 질문들을 사용해 학생들이 두 고리를 비교하면서 부정적인 순환 고리를 깰 수 있는 방법에 대해 이야기 나눈다.
- 두 순환 고리를 비교하면서 부정적인 순환 고리를 바꿀 수 있도록 질문한다.
  - "두 순환 고리에서 무엇이 다른가요? 무엇이 같은가요?"
  - 부정적인 순환 고리에 대해 질문한다.
- "지현이가 수아에게 컵케이크를 주지 않았을 때 수아가 "나, 너 싫어!"라는 말 대신 어떻게 할 수 있었을까요?
- 수아가 지금 도와주세요! 전략을 사용하면 어떻게 될까요?
- 부정적인 고리를 끊거나 바꾸기 위해 수아가 할 수 있는 일은 또 무엇이 있을까요?
- 지현이는 어때요? 지현이가 할 수 있는 일은 무엇이 있을까요?"
- 학생들이 친절하거나 도움을 주는 행동을 말하면 이에 대해 적는다. 그리고 다음과 같이 질문한다.
  - "지현이나 수아가 이렇게 했다면 이 친구들의 기분이 어땠을까요?
  - 서로에게 못되게 말하는 것 대신 다음에는 어떻게 할 수 있을까요?"
- 긍정적인 순환 고리를 만드는 것도 우리가 할 수 있는 일이라고 설명한다. 어떤 순간에는 누군가 순환을 멈추어 그 고리가 영원히 계속되지 않도록 만들어야 한다고 설명한다. 그리고

만약 그 누구도 그런 선택을 하지 않으면 계속해서 상황이 더 나빠지고 악화될 것이라고 이야기한다.

- 긍정적인 순환 고리가 우리가 할 수 있는 선택 중에 하나라고 다시 한번 설명한다.

교사를 위한 팁

이 통찰 활동은 한 번에 또는 하루에 다 실행하는 것이 좋다. 그러나 만약 이 수업을 나누어 진행해야 한다면 두 순환 고리를 비교하는 활동은 다음에 한다.

반성적 활동 | 7분
부정적인 순환 고리를 긍정적인 순환 고리로 바꾸기

개요
이 반성적 활동에서 학생들은 지현이와 수아의 상황을 생각해보고 부정적인 순환 고리를 긍정적으로 바꿀 방법을 탐구한다. 그리고 이 방법들을 그림으로 그린다.

탐구할 내용/통찰
- 순환 고리는 어떤 것이 원을 도는 것처럼 계속해서 같은 것을 반복하는 것으로 그것을 멈추거나 바꾸지 않으면 점점 강해진다.
- 순환 고리는 긍정적이거나 부정적일 수 있다.
- 친절과 괴롭힘은 긍정적 순환 고리나 부정적 순환 고리를 만든다.

준비물
- 종이
- 매직이나 그림 도구

수업 방법

• 아래 활동안을 사용한다.
• 학생들의 그림을 걷어 학생들의 이해 정도를 확인한다.

교사를 위한 팁

없음

활동안

• "이제, 반성적 활동을 해보도록 할게요.
• 지현이와 수아 중 한 친구를 이곳으로 초대해서 내가 그 아이가 되었다고 생각해 볼게요.
• 그리고 부정적인 순환 고리를 긍정적인 순환 고리로 바꾸기 위해 우리가 할 수 있는 일을 생각해보고 그림으로 그려볼게요. (4분을 준다.)
• 어떤 생각을 했는지 이야기 나눠볼게요. 누가 먼저 이야기해 볼까요?
• (발표하는 학생에게 질문한다.) 그 행동이 어떻게 긍정적인 순환 고리를 만들 수 있을까요?"

마무리 | 3분

• "교실에서 긍정적인 순환 고리가 일어나는 것을 본 적이 있나요?
• 긍정적인 순환 고리를 만들어 본 적 있나요?
• 교실에서 긍정적인 순환 고리를 더 많이 만들려면 어떻게 해야 할까요?"

순환 고리

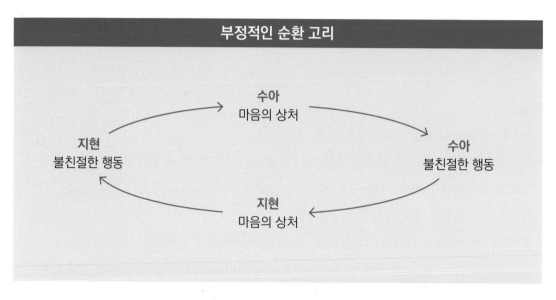

부정적인 순환 고리

수아
마음의 상처

지현
불친절한 행동

수아
불친절한 행동

지현
마음의 상처

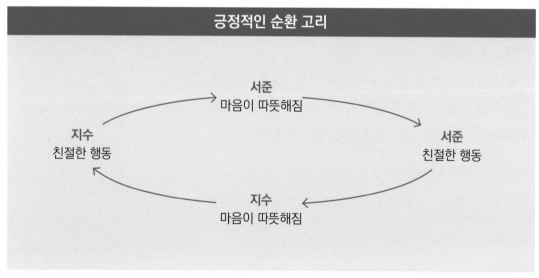

긍정적인 순환 고리

서준
마음이 따뜻해짐

지수
친절한 행동

서준
친절한 행동

지수
마음이 따뜻해짐

함께 하는 세상

목적

이 수업 활동에서 학생들은 넓은 시스템 안에서 행동이 취해지는 방식과 그것이 시스템에 미치는 영향에 대해 살펴본다. 이를 위해 이전 장에서 배운 컵케이크 이야기로 시작한다. 학생들은 상호의존성 그림을 그려 행동이 시스템에 미치는 영향을 탐구하고, 자신의 행동이 순환 고리와 다른 사람들에게 주는 영향에 대해 살펴본다.

학습 목표

학습자는

• 순환 고리가 전체 시스템에 미치는 영향에 대해 인식할 것이다.

• 자신의 행동이 순환 고리와 시스템에 있는 다른 사람들에게 미치는 영향을 탐구할 것이다.

주요 구성 요소

보편적 인간성에 대한 깨달음 (3C)

시간

25분

준비물

• 전지나 화이트보드

• 종이와 그림 도구

• 1장에서 만든 학급 약속

• 긍정적 순환 고리 그림과 예

• 수업 활동 2에서 만든 '학교가 시스템이 된' 그림

• 선택사항: 시스템 체크리스트

도입 | 3분

- "자, 이제 집중력을 키우는 시간을 가져보도록 할게요. 자세를 어떻게 하면 좋을까요?

- 먼저 허리를 펴고 편안하게 앉아 주세요. 선생님은 눈을 뜨고 있을 거예요. 여러분은 눈을 감거나 아래쪽을 바라보아도 괜찮아요.

- 보물상자에서 자원을 하나 고르거나, 새로운 자원을 하나 상상해 보세요. 여러분의 기분을 더 좋아지게 하고, 안전한 기분을 느끼게 하거나, 행복하게 만드는 것은 어떤 것이라도 좋아요.

- 자원을 마음속으로 가져와 잠시 동안 주의를 기울여 보세요. 원한다면 접촉하기를 해도 좋아요. (잠시 멈춤)

- 몸에서 무엇이 느껴지나요? 유쾌하거나 중립적인 감정이 느껴진다면 그곳에 잠시 머물러 보세요. 불편함이 느껴지면 몸 안에서 더 기분 좋은 곳을 찾아 옮겨갈 수 있어요. (잠시 멈춤)

- 자, 이제 호흡을 알아차려 볼게요. 숨이 우리 몸속으로 들어왔다 나가는 것에 주의를 기울여 볼게요.

- 호흡에 집중하는 것이 불편하면, 자원에 집중하거나 접촉하기를 해도 괜찮아요. (15-30초간 잠시 멈춤)

- 마음이 다른 곳에 있으면 다시 호흡으로 돌아오세요. 호흡을 세어 볼 수도 있어요. (더 오래 멈춘다. 30-60초 이상)

- 자, 이제 눈을 뜨세요. 무엇을 느꼈나요?" (이야기 나눈다.)

통찰 활동 | 13분
우리의 행동이 시스템에 주는 영향

개요
이 활동에서 학생들은 컵케이크 이야기를 예로 들어 상호의존성 그림을 그리고 자신의 행동이 교실과 학교에 주는 영향을 알아본다.

탐구할 내용/통찰
- 자신의 행동이 시스템에 주는 영향을 그림으로 표현할 수 있다.

- 순환 고리는 안에 있는 사람에게만 영향을 주는 것이 아니라 다른 사람들의 시스템에도 영향을 주며, 심지어는 전체 시스템에도 영향을 줄 수 있다.

준비물
- 수업 활동 2에서 그린 '학교를 시스템으로 본' 그림
- 컵케이크 이야기 1부
- 매직
- 선택사항: 시스템 체크리스트

수업 방법
- 수업 활동 2에서 그린 학교 시스템 그림을 걸어 놓는다.
- 학생들에게 시스템적 사고에 대해 상기시킨다. 기억을 짚어보면서 우리 학교가 어떻게 시스템이 될 수 있는지 물어본다.
- 수업 활동 2에서 이야기한 시스템 체크리스트의 질문을 살펴본다.
- 컵케이크 이야기에 대해 이야기하면서 시스템적 사고를 설명한다.
- '느낌' '필요한 것' '행동'이라고 칠판에 적는다.
- 컵케이크 이야기 1부를 읽는다. 수아와 지현이의 행동이 다른 학생들의 기분을 어떻게 만들었을지 물어본다. 다른 학생들에게 필요한 것과 그들이 할 수 있는 행동에 대해서도 질문한다. 교사의 느낌과 교사에게 필요한 것, 그리고 교사가 할 수 있는 행동에 대해서도 이야기 나눈다. 그리고 학생들의 의견을 해당하는 곳에 적는다.
- 지현이와 수아의 행동으로 인해 영향을 받은 다른 학생들에 대해 상호의존성 그림을 그린다. 교사가 그리거나 학생들에게 직접 그려보도록 할 수 있다. 지현이와 수아를 중앙에, 그리고 다른 학생들과 교사, 그리고 다른 교실에 있는 학생들을 주변에 그린다. 사람들과 사건 사이에 선을 그으면서 상호의존성 그림을 완성한다.
- 느낌과 필요한 것, 행동에 대한 질문을 하면서 다른 사람들에 대해서도 질문한다. 교실에 있는 학생들에 대해 질문하고 다음으로 교사, 부모, 양육자, 다른 교실에 있는 학생, 선생님 등으로 확장한다. (예를 들어 그들의 교사가 아이들에게 문제를 해결하기 위해 잠시 모든 것을 중단하는 것

을 생각해 볼 수 있다. 이때 두 친구들에게 어떤 느낌을 줄까? 다른 학생들은 기분이 어떨까? 이것 때문에 밖에 나가서 운동을 하지 못하거나 놀지 못하게 된다면 이 일이 학교 일과에 미치는 영향은 어느 정도일까?)

- 상호의존성 그림을 그리면 전체 그림을 함께 보면서 발견한 것에 대해 이야기 나눈다.
- 다음의 질문으로 마무리한다.
- "이 사람들은 모두 같은 것을 필요로 하나요? 이들은 모두 같은 것을 느끼고 있나요?
- 갈등을 해결하기 위해서 언제 개입할 수 있을까요?"

교사를 위한 팁

교사의 수고를 덜기 위해 시스템 체크리스트와 컵케이크 이야기 1부는 아래에 제시한다.

시스템 체크리스트

- 이것은 부분을 가지고 있나요? 무엇인가요?
- 부분들이 서로 연결되어 있나요? 어떻게 연결되어 있나요?
- 일부분을 바꾸면 다른 부분도 바뀔까요? 어떻게 바뀔 수 있을까요?
- 이 부분들이 외부의 다른 것과도 연결되어 있나요? 어떻게 연결되어 있나요?

컵케이크 이야기 1부 (부정적인 순환 고리)

"오늘은 드디어 다 함께 간식을 먹는 날이에요! 그래서 지현이는 매우 신이 나 있어요. 지현이와 엄마는 교실 친구들과 나눠 먹기 위해 컵케이크를 만들었어요. 모든 친구들이 컵케이크를 먹고 싶어 해요. 선생님께서 지현이에게 컵케이크를 나눠주라고 말씀하셨어요. 그런데 친구들에게 컵케이크를 주면서 지현이는 수아와 싸웠던 것이 생각났어요. 수아는 같은 반 친구예요. 지현이는 일부러 수아에게는 컵케이크를 주지 않았어요! (잠시 멈춤) 수아는 당황했고, 마음에 상처를 받았어요. 그래서 수아는 지현이에게 이렇게 말했어요. "나, 너 싫어!" 그러자 지현이는 수아의 얼굴에 바짝 다가가 이렇게 말했어요. "너 아주 못된 아이구나!" 교실의 다른 아이들은 이 광경을 보며 조용히 웃기 시작했어요."

반성적 활동 | 7분

개요

학급 약속과 연관된 자신들의 도움 행동이 순환 고리와 다른 학생들에게 영향을 주는 모습을 그린다.

탐구할 내용/통찰

• 순환 고리는 안에 있는 사람에게만 영향을 주는 것이 아니라 다른 사람들의 시스템이나 심지어는 전체 시스템에도 영향을 줄 수 있다.

• 우리의 선택과 결정은 시스템 안의 다른 사람들에게 영향을 주며, 그것을 그림으로 표현할 수 있다.

준비물

• 종이

• 매직 등 그림도구

• 1장에서 만든 학급 약속

• 긍정적인 순환 고리의 예

수업 방법

• 1장에서 만든 학급 약속을 본다. (1장, 수업 활동 3에서 만든 도와주는 행동 목록을 참고해도 좋다.)

• 학생들에게 원하는 교실의 모습에 대한 약속을 만들었던 것을 떠올리도록 한다. 그리고 교실은 많은 부분을 가지고 있는 시스템이며 우리는 시스템의 일부분이라고 이야기한다. 학급 약속을 큰 소리로 다 함께 읽는다.

• 좋아하는 약속을 하나씩 선택해 도와주는 행동을 이야기한다.

• 몇몇 친구가 이야기하면 긍정적인 순환 고리의 예를 보여주고 도와주는 행동의 긍정적인 순환 고리를 그린다. 컵케이크 이야기 2부에서 지수와 서준이가 보여준 긍정적인 순환 고리를 상기시킨다. 긍정적인 순환 고리에서는 따뜻한 마음과 도와주는 행동이 반복되었다는 것을

이야기한다.

- 학급 약속에 나와 있는 도와주는 행동을 하는 자신을 종이 중앙에 그린다.
- 학생들이 자신의 모습을 그리고 나면, 이 행동에 영향을 받거나 도움을 받은 사람을 그리도록 한다. 그리고 그 사람의 느낌과 그 사람이 다음에 할 수 있는 도움 행동을 그린다.
- 마지막으로, 이 행동으로 인해 영향을 받게 될 모든 사람을 그린다.
- 그림에 대해 이야기 나눈다.

교사를 위한 팁

학생들에게 적합하다고 생각하면, 긍정적인 순환 고리를 보여주는 작은 연극을 진행할 수도 있다.

활동안

- "우리는 교실이라는 시스템 안에 우리가 일부분으로 존재한다는 것을 생각해 볼 수 있어요. 그리고 우리가 하는 선택이 다른 것들이 잘 흘러가도록 돕거나 우리를 더 재미있게 하거나 더 쉽게 배우도록 도울 수 있다는 것도 알 수 있어요. 그리고 때로는 우리의 선택이 반대로 흘러 안좋은 일이 생기게 할 수도 있지요.
- 여기 우리가 함께 만든 학급 약속이 있어요. 이 약속들은 우리 모두가 시스템 안에서 살고 있다는 것을 보여줘요. 우리 다 같이 크게 읽어볼까요? (각각의 약속을 읽고 사이사이에 잠시 시간을 주어 약속에 대해 생각하도록 한다.)
- 우리가 이 약속을 잘 지키면 시스템인 우리 교실이 어떤 영향을 받는지 살펴볼게요. 어떤 도움 행동을 먼저 볼까요? (몇 개의 약속에 대해 이야기 나눈다.)
- 여러분의 의견을 말해주어서 고마워요. 이제, 긍정적인 순환 고리에 대해 이야기 나눠 볼게요. 이야기가 끝나면 여러분만의 그림을 그려보세요. 지수와 서준이의 컵케이크 이야기에서 기억나는 것이 있나요? (이야기 나눈다.)
- 좋아요. 긍정적인 순환 고리에 대해서 잘 기억하고 있는 것 같아요. 따뜻한 마음과 도와주는 행동이 계속되면서 두 친구 사이를 돈독하게 해주었지요.
- 이제, 각자 그림을 그려 보도록 할게요. 여기 종이에다가 각자가 선택한 약속을 직접 실천하는 모습을 중앙에 그려주세요. (몇 분간 시간을 준다.)

- 다음으로 이 행동으로 도움을 받는 사람이나 영향을 받는 친구들의 모습을 그려주세요. 그리고 그 사람의 느낌과 그 사람이 앞으로 할 행동에 대해서도 그려주세요. 글로 적어도 좋아요. (시간을 준다.)
- 마지막으로 이 행동에 영향을 받을 수 있는 모든 사람들을 주변에 그려 주세요."(시간을 준다.)

마무리 | 2분

- "우리가 하는 모든 행동은 힘을 가지고 있어요. 우리가 하는 모든 말도 다 중요하지요. 우리가 행동을 하거나 말을 할 때 조금만 더 생각할 수 있다면, 우리는 시스템에 훨씬 더 좋은 영향을 줄 수 있어요! 잠시 동안 여러분이 재미있게 배울 수 있도록 도와주는 교실 시스템 안에 있는 친구들을 생각해 볼게요. (잠시 멈춤)
- 이제 그 친구들에게 엄지를 올려 "최고"라고 이야기해 주거나 미소를 선물해 보도록 할게요. 시스템 안에서 서로를 보살피면서 함께 살아가고 있는 친구들을 바라보면서 고마운 마음을 전해보는 거예요.
- 준비됐나요? 그럼 시작하세요!"

마음과 생각을 키우는 교육

초등학교 저학년 교육과정(만 5-7세)

캡스톤 프로젝트
더 나은 세상 만들기

Center for Contemplative Science and Compassion-Based Ethics | Emory University

SEE Learning 캡스톤 프로젝트
더 나은 세상 만들기

목적

SEE Learning 캡스톤 프로젝트의 목적은 다음과 같다.

1 지금까지 배운 모든 지식을 통합한다.

2 문제를 탐구하면서 자비로운 시스템적 사고 기술을 협력적으로 개발한다.

3 자신과 학교, 그리고 더 넓은 사회에 긍정적인 영향을 주는 친절한 행동을 실천한다.

주요 구성 요소

지역사회 참여와 국제적 참여 (3E)

개요

SEE Learning 캡스톤 프로젝트는 능동적 학습이 절정에 이를 수 있도록 돕는다. 학생들은 총 여덟 단계로 이루어진 과정을 거친다. 각각의 단계는 하루나 이틀에 걸쳐 수업을 진행한다. 학생들은 먼저 학교 전체의 모든 구성원이 SEE Learning을 배우면서 친절과 자기 자비를 연습한다면 어떤 모습일지 상상해 본다. 그 모습을 그림으로 표현하고, 실제로 학교에서 일어나고 있는 일들을 성찰한다. 그리고 학교에서 일어나고 있는 일들 중 해결할 수 있는 한 가지 문제를 선택해 개별적으로, 그리고 협력적으로 취할 수 있는 행동 지침을 만든다. 행동 지침에 따라 실천하면서 자신의 경험에 대해 돌아보고 다른 사람들에게 배운 지식을 공유한다. 프로젝트를 잘 운영하기 위해서 꼭 기억해야 할 교사의 역할은 이 장 후반부에 제시해 놓았다.

프로젝트 실행하기

캡스톤 프로젝트는 8단계로 나뉘어 있으며, 각 단계별로 수업을 진행할 수 있다. 학생들이 몇 주간 프로젝트에 지속적으로 참여할 수 있도록 배려하면 이 과정에 완전히 몰입하면서 체화된 이해를 습득할 수 있을 것이다. 각 단계에 대한 설명과 참고 부분을 모두 읽은 후에 수업을 진행하기 바란다.

1단계 : 친절하고 자비로운 학교

> **학습 목표**
> 친절하고 자비로운 학교는 어떻게 보이고, 들리고, 느껴지는지 생각하고 조별로 그림을 그린다.

1 교육과정에서 제시한 여러 도입 활동 중에서 하나를 선택해 진행하면서, 학생들이 자신에게 집중하고 수업을 준비할 수 있도록 한다.

2 오늘 수업할 내용을 설명한다.

> "우리가 지금까지 배운 친절, 회복탄력영역, 감정, 자비에 대해 생각해 볼게요. 우리 학교의 모든 사람들이 우리가 배우고 있는 것을 다 함께 배우고 있다면 어떨 것 같나요? 모든 사람이 어떻게 행동할까요? 학교는 어떤 모습일까요? 1분 동안 눈을 감고 조용히 생각해 보세요.
>
> 이제 학교 안을 걸어 다닌다고 상상해 보세요. 무엇이 보이나요? 사람들은 무엇을 하고 있나요? 무슨 말을 하고 있나요?"

3 친절하고 자비로운 학교에서 보이는 것, 그곳에 있는 사람들이 하는 말, 그리고 그들이 하는 행동에 대해서 이야기하면서 학생들의 답변을 '보기', '듣기', '행동하기'라고 쓴 곳에 적는다. 그리고 다음과 같이 질문하면서 목록을 확장한다.

> "이 학교에 있는 사람들은 몸에서 어떤 감각을 느낄까요? 회복탄력영역에 머무르기 위해서 무엇을 할까요?
>
> 서로의 다른 점을 어떻게 존중해 줄까요?
>
> 아이들은 어떻게 자신에게 친절하게 대할까요? 어떤 모습일 것 같나요?
>
> 힘든 일이 생기면 어떨 것 같아요? 어떻게 행동할까요?"

4 2-3명씩 조를 구성해 조별로 전지에 그림을 그린다.

> "지금 우리가 함께 떠올린 멋진 생각들을 보세요. 모두 여기에 있어요. (잠시 멈춤) 이 중에서 다른 사람에게 보여주고 싶은 것을 하나 선택해서 그림으로 그려 볼게요. 이렇게 하면, 다른 사람들이 친절한 학교는 어떤 모습인지 잘 이해할 수 있을 거예요. (잠시 멈춤) 그리고 싶은 것을 떠올린 사람은 손을 들어 주세요. 그리고 멋진 그림을 함께 완성할 두 명의 친구를 선택해 주세요. 모든 사람이 그림을 함께 그리고 색칠할 수 있다는 것을 기억하세요." (모든 아이들이 조를 짜고 그림을 그릴 생각을 할 수 있도록 반복해서 이야기한다.)

참고 : 이번 수업이 학생들과 그림을 그리는 첫 번째 시간이라면, 함께 그림을 그리면서 서로를 배려할 수 있는 방법은 어떤 것이 있는지 목록을 만들어 본다. 그림을 그리는 모든 학생이 함께 작업하는 것에 대해 만족감과 자부심을 느낄 수 있도록 한다.

5 그림을 교실 벽에 걸어둔다. 학생들에게 '갤러리 투어'를 할 것이라고 말한다. 갤러리 투어는 음악과 함께 조용히 그림을 둘러보는 것을 말한다. 그림을 보면서, 가장 좋아하는 그림을 하나 찾고, 왜 그 그림이 좋은지에 대해서 이야기한다.

6 자기 자리에 앉거나 조별로 앉아서 가장 좋았던 그림과 좋은 이유에 대해서 이야기 나눈다.

> 참고 : 시간이 충분하면, 모든 학생이 한 명씩 이야기한다. 시간이 많지 않으면, 옆에 있는 친구에게 이야기하도록 한다. 이야기할 때는, 옆 친구가 자기 말을 잘 듣고 있다고 느낄 수 있도록 노력한다. 두 명에서 네 명 정도의 지원자를 받아서 친구에게 들은 이야기를 전체 학생을 대상으로 발표한다. 만약 짝을 지어서 이야기하는 것이 익숙하지 않은 학생들이 있다면, 마음챙김 듣기 연습을 한 것을 떠올리고 교사가 옆 친구와 이야기하는 모습을 보여준다.

7 다음 시간에는 그림에서 그린 것과 같이 학교를 만들 수 있는 방법들을 함께 생각해 볼 것이라고 설명한다.

Notes

2단계 : 이상과 현실 비교하기

학습 목표
'가장 친절한 학교'에 대한 자신의 생각을 실제 자신이 다니는 학교에서 일어나고 있는 일과 비교하면서, 개선할 수 있는 부분을 생각해 본다.

1 학생들이 자신에게 집중하면서 수업을 준비할 수 있도록 도입 활동을 한다.

2 오늘 수업할 내용을 알려준다.

> "우리는 지금까지 우리 자신과 다른 사람들에게 친절하게 대하는 방법을 배웠기 때문에, 학교에 있는 다른 친구들에게도 우리가 배운 것을 소개할 수 있어요. 그래서 오늘은 우리 학교에 있는 친절하다고 생각되지 않는 상황이나 행동들을 찾아볼 거예요. 그리고 우리가 그 상황을 좀 더 좋게 만들 수 있는 방법은 없는지 고민해 볼 거예요."

3 갤러리 투어를 한번 더 하게 하고, 벽에 걸린 그림을 보면서 다음과 같이 질문한다.

> "우리 학교에서 일어나고 있는 일들이 이 그림에서 보이는 것과 같은가요? 이 그림 속의 일들이 아직 우리 학교에서는 일어나지 않고 있나요?"

4 "이미 일어나고 있어요"라고 여기는 부분에 대해서 물어본다. 그리고 "아직 일어나고 있지 않아요"라고 생각하는 부분에 대해서도 물어본다. 함께 해결할 수 있는 일을 찾기 위해 목록을 작성한다. (학생들의 생각은 다음과 같을 것이다: 점심시간이나 쉬는 시간에 다른 친구들과 함께 해요, 학교를 좀 더 깨끗하게 할 수 있어요, 모든 사람들이 소속감을 느낄 수 있게 해요, 서로에게 존중을 표현할 수 있도록 계획을 세워요 등.)

> 참고 : 학생들이 어떤 특정한 사람이나 사건에 대해서 문제를 제기하면(예: "현수가 나를 밀었어요."), 일반적인 용어를 사용하도록 돕는다(예: "어떤 친구는 다른 친구를 밀기도 해요.").

5 다 함께 집중해서 개선할 수 있는 것을 정한다. 먼저 각각의 문제에 대해서 왜 변화가 필요한지 이야기 나눈다. 또는 조별로 앉아 목록을 살펴보면서 우리 교실이 함께 힘을 합쳐서 해결해야 될 문제인지를 생각해본다. 이 활동을 통해서 학생들은 자신이 연관되어 있는 문제가 아닌 일반적인 문제에 대해서 긍정적으로 생각하는 것을 연습하게 되는데, 이를 통해 조망 수용 능력과 공감 능력을 키울 수 있다. 교실 상황에 따라 학생들의 능력과 요구가 다를 수 있으므로, 이 수업을 다음 날까지 연장해서 학생들이 좀 더 깊이 생각해보도록 하는 것이 좋다. 학생들이 문제 하나를 선택하는 과정을 즐겁게 보낼 수 있도록 돕는다.

6 학생들이 자신의 생각을 다 나누고 나면, 문제를 선택하는 데 초점을 맞추도록 지도한다. 그리고 특정한 하나의 문제에 모두가 동의할 수 있도록 돕는다. 이를 위해, 각각의 학생에게 두 개의 스티커를 주면서 투표하도록 할 수도 있다. 그중에서 가장 많이 득표한 문제 두 개를 고른다. 함께 살펴볼 첫 번째 문제와 곧 다가올 두 번째 친절을 정한다. 이것은 앞으로 학기가 끝날 때까지 쉬는 시간이나 점심시간, 또는 조회 시간 전에 짧게 집중하는 데 사용할 수 있다. 또는 새로운 선생님께서 오실 때 우리가 할 수 있는 일에 대해서 이야기 나눌 때도 사용할 수 있다.

7 학생들이 하나의 결론에 이르는 동안, 문제가 너무 복잡하거나 너무 쉽지 않을 때만 시스템적 사고를 발달시킬 수 있다고 알려준다(너무 어렵거나 너무 간단하지 않은 문제 혹은 너무 크거나 너무 작지 않은 문제). 그리고 우리와 연관이 있는 문제(학생들이 관심 있는 것)일 때 우리가 많이 배울 수 있을 것이라고 설명한다.

8 모든 학급의 학생들이 하나의 문제에 도달하면 다음과 같이 설명한다.

> "내일은 우리가 선택한 문제에 대해서 상호의존성 그림을 그려보도록 할게요. 그리고 그 문제에 연관되어 있는 사람들에 대해서 생각하고, 왜 그 문제가 이 학교에 존재하고 있는지에 대해서도 살펴볼게요. 그리고 이런 것들이 어떻게 연결되어 있는지에 대해서도 생각해 볼게요. (잠시 멈춤.) 잠시 동안 우리가 선택한 이 문제를 해결할 수 있도록 다른 사람을 위해 할 수 있는 방법을 생각해 보세요." (잠시 멈춤.)
>
> "자, 이제 옆 사람과 짝을 지어 보도록 할게요. 두 명이나 세 명씩 짝을 지어서 자신의 생각을 이야기해 주세요. 다른 사람이 이야기할 때에는 주의를 기울여서 잘 들어주세요. (학생들이 대화할 수 있도록 잠시 멈춘다.) 자, 여러분이 이야기한 것 중에서 몇 가지만 들어볼게요. 그리고 다음 시간에 더 이야기 나눠보도록 할게요. (잠시 멈춤.) 어떤 짝꿍이 재미있는 생각을 이야기했나요? 이야기하고 싶은 친구 있나요? 두 명에서 네 명 정도의 학생들이 이야기하도록 하고, 다음 시간을 시작하면서 이에 대해 상기시킨다. 수업에 참여해 준 학생들에게 존경과 감사를 표시하고, 교사로서 다음 수업이 기대된다고 이야기한다."

Notes

3단계 : 상호의존성을 통해 문제 탐구하기

> **학습 목표**
> 자신이 선택한 문제에 많은 사람과 사물이 연관되어 있다는 것을 상호의존성 그림을 통해 탐구한다.

1 학생들은 자신이 선택한 문제에 많은 사람과 사물이 연결되어 있다는 것을 상호의존성 그림을 통해 탐구한다.

2 이전에 토론한 내용에 대해서 이야기하면서, 오늘 이야기할 주제를 정하고, 이 문제를 해결할 수 있는 방법에 대해서 브레인스토밍한다. 필요하다면 하루에 여러 번 반복한다.

3 오늘 수업할 내용을 설명한다.(연령이 높은 학생들에게는 '오늘의 도우미 친구'를 만들어서 녹음을 담당하게 하거나, 작은 조를 이끌어 가도록 책임을 준다.)

4 전지나 칠판에 다섯 개의 칸을 만들어 다음과 같이 쓴다: 누가, 무엇을, 어디서, 언제, 왜.

> " 누가 연관되어 있나요? 연관된 사람들을 적거나 그려보세요.
>
> 무엇을 하고 있나요? 어떤 일이 일어나고 있나요?
>
> 언제 일어났나요?
>
> 어디서 일어났나요?
>
> 왜 일어났을까요?"

5 네 명에서 다섯 명 정도씩 조를 짠다. 원하는 학생들끼리 조를 구성하도록 하거나, 교사가 미리 발달 정도나 학습 정도, 그리고 학습 요구의 다양성을 고려해 조를 구성해줄 수도 있다.

6 조별로 전지를 나누어 주고, 전지 중앙에 문제를 적거나 그리도록 한다. 그리고 그 문제와 관련된 사람이나 사건 등을 그 주변에 적거나 그리도록 한다. 이들은 중앙에 그린 그림과 선으로 연결한다.

> " 자, 시작하면서 여기에 누가/무엇을/언제/어디서/왜라고 적은 것을 보도록 할게요.
>
> 누가 이 문제와 연관되어 있나요?" (예를 들어, 학교에 쓰레기 문제가 있다면 여기에는 쓰레기를 버리는 사람과 쓰레기를 보는 사람, 그리고 쓰레기를 깨끗이 치우는 사람 등이 연관되어 있을 것이다. 따돌림과 관련된 문제가 있다면, 따돌림에 동참하지는 않지만 보고 있는 친구들, 교사, 다른 성인, 그리고 따돌림을 행하는 아이의 가족, 그리고 따돌림을 당하는 아이의 가족 등이 연관되어 있을 것이다. 따돌림이 하나의 예로써 제시되었지만 학생들이 좀 더 쉽고 구체적으로 다룰 수 있는 문제를 각자의 상황에 맞게 선택하는 것이 좋다.)

7 학생들이 상호작용 그림을 그리는 동안 조별로 다니면서 좀 더 다양한 상황이나 사람들에 대해 생각할 수 있도록 돕는다.

8 아이디어가 점점 줄어들기 시작하면, 학급 전체의 아이들에게 다음과 같이 설명한다.

> " 여러분이 그린 것은 중앙에 있는 문제와 모두 연결되어 있어요. 자, 그럼 이번에는 다음 단계로 넘어가 보도록 할게요. 여러분이 그린 생각들은 어떻게 서로 연결되어 있을까요? 조별로 어떻게 연결되어 있는지 이야기 나눠보세요. 그리고 연결되어 있는 것을 그림으로 표현해보세요." (설명하면서 예로 그림을 그려본다.)

9 그림을 다 그리고 나면, 전체 학급이 함께 이야기 나눈다. 그리고 다음과 같이 질문한다.

| "그림에 더 그리고 싶은 다른 연결된 것들이 또 있을까요?"

10 한 조씩 추가하고 싶은 것을 이야기하고 나면, 다음과 같이 질문한다.

| "이 문제가 해결되면, 그것은 어떻게 보일까요? 그리고 어떻게 들릴까요? 그리고 어떻게 느껴질까요? 그것이 더 이상 문제가 아니게 되면 어떨까요? 그러면 어떻게 보이고, 어떤 말이 들리고, 어떤 느낌으로 다가올까요? (잠시 멈춤.) 우리가 지금 발견한 것을 다른 친구들에게 어떻게 알려줄지에 대해서 다음 시간에 이야기 나눠보도록 할게요."

Notes

4단계 : 어떻게 개선할 수 있을까?

학습 목표
학교에 있는 문제를 해결하기 위해 취할 수 있는 도움 행동을 탐구한다.

1 학생들이 자신에게 집중하면서 수업을 준비하도록 도입 활동을 한다.

2 지난 시간에 협력적으로 상호의존성 그물망을 그리면서 느꼈던 즐거움과 기쁨을 떠올린다. 오늘 수업할 내용을 설명하고, (지금 현재 학교가 가지고 있는) 문제를 변화시키기 위해 취할 수 있는 도움 행동을 생각해 본다.

3 지난 시간에 만든 조별로 그대로 모여 상호의존성 그물망을 본다.

> " 이 그림 안에 있는 사람들은 어떤 것이 필요할까요? 이 사람들은 무엇을 느낄까요? 어떻게 이들을 도와줄 수 있을까요?
> 이 그림에서 문제를 해결하기 위해 우리 모두가 함께 할 수 있는 행동을 찾아볼 수 있을까요?
> 이 그림에서 문제를 해결하기 위해 각자 스스로 할 수 있는 행동을 찾아 볼 수 있을까요?"

4 칠판에 '개인적으로 할 수 있는 도움 행동'과 '전체 학급이 함께 할 수 있는 도움 행동'이라고 적고, 개별 학생들이 할 수 있는 일과 전체 학급에서 함께 할 수 있는 일들을 적는다. "나는 … 할 수 있다", "우리는 … 할 수 있다"라고 적을 수도 있다.

5 학생들이 조금 더 다양한 방법을 생각해낼 수 있도록 여러 가지 질문을 던진다.(누군가 쓰레기를 버리면, 그것을 보는 사람들이 있을 수 있어요. 그럼 그걸 본 사람은 무엇을 할 수 있을까요? 아니면 누군가가 버린 쓰레기를 지나가면서 볼 수도 있어요. 그럼 그 학생은 어떻게 해야 할까요?)

6 다음 시간에 도움 행동들을 직접 해볼 것이라고 이야기한다.

학교에 있는 문제에 대해서 학생들이 취할 수 있는 행동의 예는 다음과 같다. (예: 쓰레기 문제, 따돌림 문제)

• 학급 전체가 취할 수 있는 행동:

① 문제에 대한 포스터를 만든다. (학교를 존중하자, 서로에게 친절하자.)

② 학교를 깨끗하게 하는 방법에 대해서 어른들께 여쭤본다. (또는 따돌림을 막는 방법에 대해.)

③ 다른 교실에 있는 학생들에게 이 문제를 알린다.

④ 학급회의 시간이나, 동아리 모임 시간에 이 문제와 관련한 경험을 이야기한다. 이때, 자신의 느낌을 이야기하거나, 다른 친구나 어른들이 도움을 줬으면 하는 부분에 대해서 이야기 나눈다.

• 개별적으로 취할 수 있는 행동:

① 어른들께 말씀드린다.

② 쓰레기를 버리는 사람(괴롭히는 사람)에게 다가가, 쓰레기를 버리지 말라고 말한다.

③ 다른 사람들이 바르게 행동하는 것을 볼 때 칭찬해 준다.

학생들이 문제를 탐구하면서 좀 더 많이 배울 수 있도록 장려한다. 예를 들어 다음과 같이 할 수 있다.

• 상호의존성 그림에 나온 사람들을 교실로 직접 초대해 학생들에게 자신의 의견을 설명하도록 하고, 이에 대한 인터뷰를 진행한다.
• 학생들에게 부모님이나 양육자에게 하고 싶은 질문을 생각해 여쭤보도록 한다. 이 활동은 캡스톤 프로젝트의 과정을 설명하는 가정 통신문과 함께 진행할 수 있다. 부모님으로부터 답변을 받으면, 그 답변을 토론 시간에 활용한다.
• 학생들에게 그 문제와 관련한 상황을 직접 관찰하면서 초점을 맞추어야 할 부분을 구체적으로 확인하도록 하고, 이에 대해 토론한다.

5단계 : 개별적인 행동 계획하기

> **학습 목표**
> 문제를 해결하기 위해 개별적으로 취할 수 있는 도움 행동을 선택한다.

1 자신에게 집중하면서 수업을 준비할 수 있도록 도입 활동을 진행한다.

2 오늘 수업할 내용을 설명한다.

3 지난 시간에 만든 '나는 … 할 수 있다' 목록이나 '개인적으로 취할 수 있는 도움 행동' 목록을 살펴본다. 학생들에게 어떤 행동이 도움이 될지, 그리고 어떤 행동을 실천할 수 있을지 물어본다(예: 기억하기, 용감해지기, 인내심 갖기). 그리고 앞으로 그 행동들을 확인할 것이라고 이야기한다.

4 각각의 학생에게 포스트잇을 나누어 주고, 이름과 자신이 취하고자 하는 행동을 쓰도록 한다. 포스트잇을 칠판에 붙이거나 목록에 있는 자신이 하려고 하는 행동 옆에 붙인다. 만약 전지를 사용하고 있다면, 전지 한 장을 옆에 이어 붙여 포스트잇을 붙일 공간을 마련한다.

5 목록에 있는 것 중에서 두 개의 행동을 할 수 있는 학생이 있는지 물어본다. 학생이 손을 들면 포스트잇을 하나 더 주고, 자신의 이름과 행동을 적어 목록에 붙이도록 한다.

6 조별로 모이거나 원으로 둘러앉아서 '나는 … 할 수 있다' 목록이나 '개인적으로 취할 수 있는 도움 행동' 목록을 함께 본다. 다른 친구들이 어떤 목록에 자신의 이름을 붙였는지 살펴보도록 하고, 혼자서 혹은 작은 그룹으로 모여 고마운 마음과 그 이유를 이야기하도록 한다. 각각의 행동에 대해서 예를 보여준다. (예: "나는 가끔 누구와 놀아야 될지 고민할 때가 있어. 그래서 ○○가 게임을 같이 하자고 말한다고 해서 고마운 마음이 들었어." (한 학생이라고 이야기하는 대신에, 학생들이 모두가 좋아하는 친구의 이름을

사용하거나 학급 전체가 알고 있고 존경하는 사람, 예를 들어 교장선생님, 양호선생님, 사서선생님, 학교 보안관 선생님 등을 사용해도 좋다.) 또는 "나는 친절하게 말하거나 친절하게 행동할 거라고 여섯 명이나 대답한 것에 대해서 고마운 마음이 들어. 왜냐하면 우리가 다 함께 배우고 놀면서 기분이 좋아질 것 같거든.") 모든 학생이 참여해 자신이 고마워하는 부분과 그 이유에 대해서 이야기하도록 한다. 물론 원하지 않는 학생은 꼭 발표하지 않아도 괜찮다.

7 이름을 붙인 그 행동을 실제로 취할 것을 약속한다. 다음 활동으로 넘어가기 전, '티켓 검사' 활동을 진행한다. 여기서 티켓은 각자 자신이 선택한 행동을 큰 소리로 말하고 하이파이브를 하는 것이다.(선생님과 하거나, 같이 이야기한 친구들끼리 진행하도록 한다.)

Notes

6단계 : 협력적인 행동 계획하기

학습 목표
문제를 해결하기 위해 협력적으로 취할 수 있는 도움 행동을 선택한다.

1 자신에게 집중하면서 수업을 준비할 수 있도록 도입 활동을 전개한다.

2 오늘 배울 수업 내용을 설명한다.

> " 우리가 지난 시간까지 이야기 나눈 도움 행동에 대해 생각해 볼게요. (잠시 멈춤)
> 옆 친구에게 자신이 어떤 도움 행동을 했는지, 그리고 그때 어떤 기분이 들었는지
> 이야기해 주세요. 아직 행동을 하지 않은 친구는 하고 싶은 행동을 하면 어떤 기분이
> 들지 이야기해 주세요. (이야기 나누도록 한다.) 자, 이제 우리가 만든 행동 목록을
> 볼게요. 첫 번째 행동을 하고 있는 친구 중에 이야기 듣고 싶은 친구 있나요? (목록에
> 해당하는 행동을 읽는다. 다음 행동에도 이와 같이 진행한다.) 추천해 줘서, 그리고
> 이야기해 줘서 고마워요! 우리 모두 친구들이 계속해서 약속을 잘 지킬 수 있도록
> 응원해 주어요."
>
> • 상황에 따라 아직 행동을 취하지 않은 학생의 이야기를 들어볼 수도 있다. 그리고
>   행동을 취할 때 느낄 수 있는 것에 대해 브레인스토밍하거나 응원해 준다.

3 '우리는 … 할 수 있다'나 '전체 학급이 할 수 있는 도움 행동' 목록에 대해 생각하도록
한다.

4 목록에서 하고 싶은 세 가지 행동을 선택한다. 세 가지 행동을 결정하기 전에 충분히
검토하고 토론할 수 있도록 한다.

5 조별로 모여서 행동을 분석한다. 행동 하나당 최소 두 그룹이 이야기 나누도록 한다.

---

6 조별로 전지 중앙에 행동을 그린다. 글로 써도 좋다. 그리고 상호의존성 그림을 그리는 것처럼, 이 행동에 연관된 것과 필요한 것을 주위에 적는다.(예를 들어 학교에 붙일 포스터를 작성하기로 결정했다면 전지 중앙에 포스터를 그리고 그 주변에는 큰 종이, 매직, 포스터를 붙일 장소, 포스터를 붙일 수 있는 허가증 등 필요한 모든 것을 그린다.)

7 학생들에게 교실을 둘러보면서 같은 행동을 다루고 있는 다른 조의 그림을 보도록 하고, 추가하고 싶은 것이 있으면 그려 넣도록 한다.

8 그림을 다 그리고 나면 조별로 한 명씩 발표자를 선택해 그림을 소개한다.

9 학생들이 발표하는 것에 따라 '행동 단계'를 작성해 각각의 행동을 취하기 위해 해야 할 것들을 적는다. "이 행동을 위해서 우리는 먼저 이렇게 해야 해요."

10 다음 시간에는 이 협력적인 행동을 시작할 것이라고 설명한다. 마무리하면서 개별적인 행동 목록을 먼저 보여주고 포스트잇을 옮기고 싶은 사람은 없는지 물어본다. 그리고 다음 시간에 이 행동을 했는지 확인해 볼 것이라고 이야기한다.

교사를 위한 팁

문제를 해결하기 위해 교실 전체가 할 수 있는 일을 적을 때에는 다음을 참고한다.
"_____ 문제가 나아질 수 있도록 돕기 위해, 우리 반은 _____를 할 것이다."
이 문장을 벽에 붙여 모든 학급 학생이 기억하고 실천할 수 있도록 한다.

Notes

7단계 : 협력적인 행동에 대해 이야기하기

학습 목표
문제를 해결하기 위해 개별적으로, 그리고 협력적으로 실행하고 있는 행동들을 점검하고 지속적으로 실행할 수 있도록 그 과정에 대해 돌아보는 시간을 가진다.

1 자신에게 집중하면서 수업을 준비할 수 있도록 도입 활동을 진행한다.

2 짝을 지어 앉도록 하고 다음과 같이 질문한다.

> " 지난 시간에 이야기한 도움 행동을 실제로 얼마나 했나요? 짝에게 이야기해 주세요. 아직 하지 않은 친구는 왜 아직 하지 못했는지에 대해 이야기해 주세요."

3 아래의 질문을 통해 학생들이 자신의 행동을 돌아보도록 한다.

> " 어떤 행동을 했나요? 어떤 일이 일어났나요?
>
> 좋은 일이 일어났나요?
>
> 예상하지 못한 일이 일어났나요?
>
> 그 행동을 하니까 기분이 어땠나요?
>
> 배운 것이 있나요?
>
> 목록에 있는 다른 도움 행동을 하고 싶은 친구 있나요?
>
> 목록에 추가할 다른 도움 행동이 있을까요?"

4 협력적인 행동을 취하기 위한 단계를 적은 목록을 살펴본다. 어떤 행동이 취해져야 하며 어떤 순서로 취해져야 하는지 이야기 나눈다. 추가해야 할 사항이 있으면 목록을 수정한다.

5 목록에 있는 행동 중 하나를 선택하고, 교실 전체가 함께 실천할 수 있는 구체적인 방법에 대해 이야기 나눈다. 모든 학생이 참여할 수 있도록 독려한다. 그리고 학생들이 실제로 해볼 수 있는 것을 구체적으로 확인하도록 한다. 많은 학생이 같은 행동을 선택해도 괜찮다.

6 (협력적 행동에 대해 이야기하는) 이 활동은 반복적으로 실행하면서 학생들이 협력적 행동을 계속 할 수 있도록 격려한다. 이와 함께 혼자서 할 수 있는 행동도 매번 확인하고 또 다른 행동도 연습할 수 있도록 돕는다.

교사를 위한 팁

- '학급 전체'가 취할 수 있는 행동을 하나씩 단계별로 살펴보고 난 후 다음 행동에 대해 살펴볼 수도 있고 다양한 행동을 다 함께 묶어서 이 행동을 실천하기 위한 단계를 살펴볼 수도 있다.
- 행동 계획을 벽에 붙여 놓고 정기적으로 학생들과 함께 확인한다.
- 더 효과적이거나 추가되어야 할 행동을 발견하면 행동 계획을 수정한다.

Notes

8단계 : 성찰하고, 평가하고, 축하하기!

> **학습 목표**
> 자신의 경험을 돌아보고 다른 사람에게 설명한다.

1. 학생들이 자신에게 집중하면서 수업을 준비할 수 있도록 도입 활동을 진행한다.

2. 오늘 수업할 내용을 설명한다. 학급에 반장이나 학습 도우미 친구가 있으면, 이 학생들과 함께 활동을 진행한다. 연령이 높은 학급에서는 도우미 친구를 '인터뷰'해 본다. 이때 아래 목록을 제시하고 도우미 친구가 대답할 수 있는 질문이 어떤 것일지 물어본다.

3. 학생들이 행동 계획을 완성하면 다음과 같이 질문하면서 학생들의 생각을 촉진한다.

    " 다음 학년으로 올라가기 전에 우리 반에서 계속 해보고 싶은 행동은 무엇인가요?

    가장 자랑스럽게 생각되는 행동은 어떤 것인가요?

    어떤 것이 가장 효과적이었나요? 어떻게 아나요?

    어떤 것이 효과가 없었나요? 어떻게 아나요?

    이 프로젝트를 하면서 학급 친구들에게서 발견한 것이 있나요?

    이 프로젝트를 다시 하게 되면 바꾸고 싶은 것이 있나요? 아니면 다르게 하고 싶은 것이 있나요?

    더 친절한 교실, 학교, 사회를 만드는 것에 대해 무엇을 배웠나요?

    효과적이었던 행동을 어떻게 계속할 수 있을까요?

    우리가 배운 것과 실제로 하고 있는 것을 어떻게 다른 사람에게 보여줄 수 있을까요?

    우리가 다 함께 프로젝트를 진행하고 끝내면서 어떻게 축하받고 싶나요?"

4. 다른 사람들에게 프로젝트에 대해 발표하는 시간을 통해 학생들의 노력과 열정을 축하해준다. 이를 위해 학교에 모든 사람을 초대해 발표회를 열거나 부모님과 양육자에게 결과물을 소개하는 시간을 가질 수 있다.

Notes

캡스톤 프로젝트를 실행할 때 생각해야 할 원칙

이 프로젝트에서 가장 중요한 것은 목표를 성취하는 것이 아니라 과정 그 자체를 통해 배우는 것이다. 이 프로젝트는 우리 모두에 대한 친절과 자비에 초점이 맞춰져 있으며, 지속적으로 시스템적 사고를 키울 수 있도록 설계되었다. 교육 과정의 나눔 활동들(마지막 작품도)에서 만든 작품을 모두 모아 다른 교사나 행정가, 부모, 양육자들을 대상으로 발표회를 여는 것을 고려해보자. 그리고, SEE Learning 팀과도 공유해 주길 바란다. 물론 그 전에 학생들에게 다른 사람에게 작품을 보여줘도 되는지 허락을 받아야 할 것이다.

이 프로젝트를 SEE Learning의 모든 수업이 끝나기 전에 시작할 수도 있다. 이 경우에는 아직 배우지 않아 새롭게 느껴질 수 있는 질문들을 미리 확인해 수업에 적합하게 수정한 뒤 진행하도록 한다.

SEE Learning은 (단점을 보완하는 것이 아니라) 강점을 키우는 접근법을 채택하고 있다. 이 접근법은 건설적인 변화를 위해 이미 갖추고 있는 기반을 확인하도록 돕는다. 학교가 발전할 수 있는 부분에 초점을 맞추면 학생들은 학교 안에 이미 친절과 자비가 있다는 것을 알게 될 것이며, 자신들이 지금도 그 친절과 자비를 받고 있다는 것을 깨닫게 될 것이다. SEE Learning은 학생들의 주체성과 변화를 만드는 능력을 키워주는 프로그램이다. 교육과정 모형에서도 언급했듯이, "학생들이 이 활동을 하면서 짧은 시간 안에 큰 변화를 만들 수는 없겠지만, 작은 변화를 만들어 가면서 의미 있는 일들을 해 나갈 것이다. 학생들이 만든 작은 변화는 점점 자라나 큰 변화를 만들 것이며, 이 작은 변화가 여러 개 모여 다양한 큰 변화들을 일으킬 것이다."

교사의 역할

이 프로젝트에서 교사는 안내자가 되어야 한다. 학생들에게는 이 과정을 잘 통과할 수 있도록, 그리고 계획된 행동을 잘 실행할 수 있도록 지원하고 안내해 줄 사람이 필요하다. 학생들을 지도할 때는 정답을 알려주거나 무엇을 해야 하는지 먼저 말해주지 않는다. 단지 지금까지 배운 지식과 기술을 잘 사용해 문제를 탐구하고 해결방안을 모색할 수 있도록 안내해주는 역할만 한다. 물론 이렇게 부드러운 방식으로 학생들을 이끌어가면 성과를 맺기까지 매우 오랜 시간이 걸릴 수 있다. 그러나 학생들은 실수하고 실패하면서 더 많은 것을 배울 것이며, 서로를 위한 교사가 되어 줄 것이다.

이 프로젝트를 진행할 때에는 이전에 배운 활동들을 적절하게 언급해준다.(예: "책에 대해서 상호의존성 그림을 그렸던 것을 기억하나요? 어땠나요?") 또한 모든 학생이 참여하고 어느 누구도 소외되지 않도록 말이 없거나 참여율이 저조한 학생에게 관심을 기울인다. 학생들에게 도움이 된다면 마음챙김 듣기나 반성적 활동 등 이미 배운 활동을 다시 실행한다.

사회 · 정서 · 인성 교육과정을 더 알고 싶으신 분
'씨러닝코리아'를 통해 확인해 주세요.

| 옮긴이 |

민희정

Ph.D. University of Wisconsin-Madison
동국대학교 WISE 아동청소년교육학과 부교수
동국대학교 아동인성교육연구소 소장
SEE Learning 사회정서인성교육 한국 대표
SEE Learning Level 2 퍼실리테이터
HST 하트스마일 명상 지도자
CBCT 인지적 접근에 기반한 자비 명상 프로그램 지도자

SEE Learning 사회 · 정서 · 인성 교육과정

초판발행	2022년 7월 18일
중판발행	2025년 1월 20일
지은이	Center for Contemplative Science and Compassion-Based Ethics at Emory University
옮긴이	민희정
펴낸이	노 현
편 집	김다혜
표지디자인	Estella Lum Creative Communications · Ben Story
제 작	고철민 · 김원표
펴낸곳	(주) 피와이메이트
	서울특별시 금천구 가산디지털2로 53, 210호(가산동, 한라시그마밸리)
	등록 2014.2.12. 제2015-000165호
전 화	02) 733-6771
fax	02) 736-4818
e-mail	pys@pybook.co.kr
homepage	www.pybook.co.kr
ISBN	979-11-6519-307-2 93370

＊파본은 구입하신 곳에서 교환해 드립니다. 본서의 무단복제행위를 금합니다.

정 가   27,000원

박영스토리는 박영사와 함께하는 브랜드입니다.